普通高等院校城市轨道交通"十三五"规划教材

城市轨道交通运营管理

王志强 主 编

王俭朴 徐永实 副主编

清华大学出版社
北 京

内 容 简 介

本书系统地阐述了城市轨道交通运营管理的理论与实务,主要内容包括:轨道交通系统概述、轨道交通客流、列车开行计划、运输能力、列车运行组织、车站作业组织、车辆运用与调车作业、票务管理、运营安全、成本效益分析、轨道交通投融资模式、运营筹备概述等,每章后面都配有复习思考题,方便学生复习理解。

本书可用作交通运输和城市轨道交通专业"城市轨道交通运营管理"课程的配套教材,也可供从事轨道交通规划建设、运营管理和教学科研的相关人员参考。

版权所有,侵权必究。举报: 010-62782989, beiqinquan@tup.tsinghua.edu.cn。

图书在版编目(CIP)数据

城市轨道交通运营管理/王志强主编. —北京: 清华大学出版社,2019(2024.8重印)
(普通高等院校城市轨道交通"十三五"规划教材)
ISBN 978-7-302-51965-2

Ⅰ. ①城… Ⅱ. ①王… Ⅲ. ①城市铁路—交通运输管理—高等学校—教材 Ⅳ. ①U239.5

中国版本图书馆 CIP 数据核字(2018)第 295510 号

责任编辑: 许　龙
封面设计: 常雪影
责任校对: 赵丽敏
责任印制: 沈　露

出版发行: 清华大学出版社
网　　址: https://www.tup.com.cn, https://www.wqxuetang.com
地　　址: 北京清华大学学研大厦 A 座
邮　　编: 100084
社 总 机: 010-83470000
邮　　购: 010-62786544
投稿与读者服务: 010-62776969, c-service@tup.tsinghua.edu.cn
质量反馈: 010-62772015, zhiliang@tup.tsinghua.edu.cn
印 装 者: 三河市龙大印装有限公司
经　　销: 全国新华书店
开　　本: 185mm×260mm
印　张: 15.75
字　数: 379 千字
版　　次: 2019 年 5 月第 1 版
印　次: 2024 年 8 月第 6 次印刷
定　　价: 48.60 元

产品编号: 080549-01

前 言
FOREWORD

伴随着我国城市化进程的加快，城市交通问题日益加剧。鉴于轨道交通的安全、准点、节能、环保和大容量等特点，发展以轨道交通为骨干的城市公共交通系统已成为解决城市交通问题的共识。

城市轨道交通系统是一个综合复杂的大系统，它的正常运转需要运、机、车、工、电等多个部门以及众多岗位的密切配合才能完成。因此，轨道交通的运营管理工作涉及面广、要求高、难度大，是运营企业的主要工作内容。而随着网络化运营的日益普及，运营企业将面临诸多新的管理课题。为了保证城市轨道交通高效运转、优质服务和安全运营，不仅需要优质高效的硬件设备，还要有与系统规模相适应的管理机构和管理人才。

"城市轨道交通运营管理"课程讲述了与客运行车有关的各岗位及各部门的工作步骤、工作方法和工作要求，并通过时间轴线将其串联起来，形成一个紧密关联的联动系统。依据该主线，本书整理了12章内容，涵盖客流、开行计划、运输能力、行车作业组织等章节，配有详细的复习思考或计算题。本书总结了作者关于该门课程的教学思路和教学资料，可作为交通运输和城市轨道交通专业各层次学生"城市轨道交通运营管理"课程的配套教材，也可供从事轨道交通规划建设、运营管理和教学科研的相关人员参考。

在本书编写过程中，参考了许多轨道运营相关的教程教材和相关研究成果，在此谨向有关专家及部门致以衷心的感谢。限于编写人员水平、资料收集和实践经验的局限，书中内容安排和学术观点难免存在不足之处，恳请读者批评指正。

编 者
2018 年 7 月

目 录
CONTENTS

第 1 章 轨道交通系统概述 ·· 1
   1.1 公共交通的发展历史 ··· 1
   1.2 轨道交通的发展阶段 ··· 5
   1.3 轨道交通系统的分类 ··· 6
   1.4 轨道交通系统的构成 ··· 8
   1.5 轨道交通的运营管理模式 ··· 17
   复习思考题 ·· 18

第 2 章 轨道交通客流 ·· 20
   2.1 客流概述 ··· 20
   2.2 客流特征 ··· 23
   2.3 客流调查 ··· 26
   2.4 客流预测 ··· 27
   复习思考题 ·· 30

第 3 章 列车开行计划 ·· 32
   3.1 全日行车计划 ··· 32
   3.2 列车开行方案 ··· 36
   3.3 列车运行图 ·· 45
   3.4 车辆运用计划 ··· 54
   复习思考题 ·· 57

第 4 章 运输能力 ··· 63
   4.1 运输能力概述 ··· 63
   4.2 线路通过能力 ··· 64
   4.3 列车折返能力 ··· 73

4.4　使用通过能力 ·· 80
　　4.5　运输能力加强 ·· 86
　复习思考题 ··· 93

第 5 章　列车运行组织 ·· 98
　　5.1　列车运行概述 ·· 98
　　5.2　正常情况下的列车运行组织 ··· 103
　　5.3　非正常情况下的列车运行组织 ·· 110
　复习思考题 ·· 113

第 6 章　车站作业组织 ··· 115
　　6.1　车站概述 ·· 115
　　6.2　车站技术设备 ·· 121
　　6.3　车站行车作业 ·· 129
　　6.4　车站客运作业 ·· 135
　　6.5　换乘分析及改善 ··· 138
　复习思考题 ·· 145

第 7 章　车辆运用与调车作业 ·· 148
　　7.1　概述 ··· 148
　　7.2　车辆运用 ·· 150
　　7.3　调车作业 ·· 154
　复习思考题 ·· 158

第 8 章　票务管理 ··· 160
　　8.1　售检票方式及其自动化 ·· 160
　　8.2　AFC 设备配置与布局 ·· 165
　　8.3　车票管理 ·· 173
　　8.4　票款清分结算概述 ·· 176
　复习思考题 ·· 177

第 9 章　运营安全 ··· 178
　　9.1　安全理论 ·· 178
　　9.2　城市轨道交通风险分析 ·· 182
　　9.3　城市轨道交通风险评估 ·· 185
　　9.4　轨道交通故障与事故 ··· 186
　　9.5　轨道交通突发灾害 ·· 193
　复习思考题 ·· 197

第 10 章　成本效益分析 …………………………………………………………… 199
10.1　成本与收入 …………………………………………………………………… 199
10.2　成本与盈利分析 ……………………………………………………………… 203
10.3　票价制定 ……………………………………………………………………… 207
10.4　提高经济效益 ………………………………………………………………… 211
复习思考题 …………………………………………………………………………… 215

第 11 章　轨道交通投融资模式 …………………………………………………… 217
11.1　城市轨道交通产业特征 ……………………………………………………… 217
11.2　国内外城市轨道交通投融资模式 …………………………………………… 219
11.3　投融资的资金来源和管理模式 ……………………………………………… 222
11.4　社会资本参与的 PPP 模式 …………………………………………………… 224
11.5　其他模式简介 ………………………………………………………………… 228
11.6　轨道交通投融资的相关政策 ………………………………………………… 231
复习思考题 …………………………………………………………………………… 231

第 12 章　运营筹备概述 …………………………………………………………… 233
12.1　决策与规划 …………………………………………………………………… 233
12.2　实施与控制 …………………………………………………………………… 237
12.3　试运营与验收 ………………………………………………………………… 239
复习思考题 …………………………………………………………………………… 241

参考文献 ……………………………………………………………………………… 242

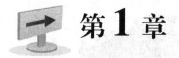

第 1 章

轨道交通系统概述

1.1 公共交通的发展历史

1. 公共交通问题的产生

在奴隶社会和封建社会时期,经济以自给自足的农业生产为主,生产力低下,人民生活水平普遍不高,出行需求很低。除极少数权贵阶层外,绝大多数人的日常出行局限在居住地一定范围内,偶有个别的中长距离出行也可通过官办的驿站或类似方式来解决。

在城镇内,由于城镇的规模较小,市民的出行距离较短,出行时间也不长,出行主要是通过步行实现的。而中长距离的出行需求又很小,仅通过驿站等方式即可解决。因此,古代的公共交通问题在社会发展过程中还不是一个主要的问题,这种情形一直延续到 19 世纪工业革命之前。

工业革命产生了社会分工,蒸汽机的使用使得工厂需要依水而建,密集的劳动力使用需求也使得大量劳动者的居住地点和工作地点无法统一,因此产生了巨大的社会通勤出行需求。工业革命也极大地解放了劳动生产力,改善了生活水平,拓展了人们的活动范围,中长距离出行需求也随之迅速增加。这些都迫使社会管理者寻找安全、经济、高效的解决方法。

马车这种原专属于权贵富裕阶层的私人交通工具,被理所当然地选中。通过一些适当的改装(加大载客量,降低舒适度),就成为了最早出现的城市公共交通工具——出租马车,它也是现代城市中出租汽车的先驱。

2. 公共交通的发展历史

在公共交通发展的历史过程中,按时间顺序先后出现了以下主要的交通工具或系统。

1) 公共马车

公共马车是现代城市公共交通的雏形(见图 1-1)。1819 年,第一条公共马车线路在法国巴黎投入运营。起初,马车行驶的道路为碎石路面,速度慢、乘坐不舒适。1832 年,纽约在街道上铺设了专供马车行驶的铁轨,提高了马车速度和乘坐舒适度,节省马匹使用和降低噪声。至 19 世纪中期,世界上许多城市都修建了铁轨马车线路。

图 1-1　公共马车

2）市郊铁路

1825 年，英国修建了第一条铁路。1838 年，伦敦修建了市郊铁路（见图 1-2）。它连接市区与郊区、中心城市与卫星城镇，为居住在郊区和邻近城镇的上下班客流提供公共交通服务。因此，市郊铁路又被称为通勤铁路。

图 1-2　早期的市郊铁路

3）地下铁道

地下铁道的出现起源于把铁路引入城市中心区域、为城市公共交通服务的想法。1863 年，伦敦修建了世界上第一条地铁线路并投入运营（见图 1-3）。至 21 世纪初，全世界已有 80 多个城市修建了地铁，线路总长度超过了 7000km。

图 1-3　早期的地铁

4）高架铁路

1868 年，纽约修建了第一条高架铁路，为蒸汽机车牵引。但由于煤烟、噪声污染等原因，蒸汽机车牵引的高架铁路并未得到广泛采用。1895 年，第一条电力牵引的高架铁路在芝加哥建成,两年后改为电动车组,具有牵引力大、加速快、运营成本低的优点。

5) 缆车

1873 年,第一条客运缆车在旧金山建成(见图 1-4)。缆车具有爬坡能力强、运营成本低、街道干净等优点。在有轨电车出现后,绝大多数城市停止了缆车线路的运营。目前,仅旧金山保有缆车线路。

图 1-4　旧金山缆车

6) 有轨电车

1881 年,柏林出现了商业运营的有轨电车线路。1886 年,蒙哥马利修建了第一条架空导线供电的有轨电车线路。有轨电车系统在运营、安全和经济上具有良好的绩效。有轨电车曾在城市公共交通中占有主导地位,后由于汽车的逐步推广而被拆除。有轨电车如图 1-5 所示。

(a)　　　　　　　　　　　　　　(b)

图 1-5　旧式有轨电车(a)和新式有轨电车(b)

7) 公共汽车

1885 年德国制造出第一辆汽车。1899 年,伦敦率先在城市公共交通中使用公共汽车。第二次世界大战后,公共汽车发展成为市场份额最大的城市公共交通工具,并直接导致了公共马车的消亡和许多有轨电车线路的拆除。但公共汽车的广泛使用也带来了若干负面影响。

8) 无轨电车

1901 年,第一条无轨电车线路在巴黎投入运营(见图 1-6)。20 世纪 40 年代末无轨电车的发展进入全盛时期。后由于汽车的崛起,无轨电车开始衰退。

图 1-6　无轨电车

9）单轨铁路（独轨铁路）

20世纪初，单轨铁路开始在城市公共交通中出现。直到20世纪后半叶，随着悬挂式和跨座式单轨铁路技术的定型与成熟，使其逐渐成为现代化城市的公共交通工具（见图1-7）。目前，日本是世界上修建单轨铁路最多的国家。

图1-7　悬挂式独轨铁路（a）和跨坐式独轨铁路（b）

10）轻轨

1955年，联邦德国对旧式有轨电车系统进行改造，对新型轻轨车辆的研制成功，为现代轻轨系统的诞生奠定了基础。1978年在第一届国际轻轨交通会议上，将在有轨电车基础上发展起来的新型、中运量轨道交通系统命名为LRT（light rail transit）。它具有路权形式多样、行车速度快、乘坐舒适、噪声较低和车辆购置价格较高等特点。从20世纪80年代起，轻轨已成为世界各国城市发展轨道交通的首选技术之一。

11）高速铁路

世界上对铁路速度等级进行的划分为：100～120km/h为常速；120～160km/h为中速；160～200km/h为准高速或称快速；200～400km/h为高速；400km/h以上为超高速。高速铁路是指通过改造原有线路（直线化、轨距标准化），使营运速率达到200km/h以上，或者专门修建新的"高速新线"，使营运速率达到250km/h以上的铁路系统。自1964年10月日本东海道新干线开通运营以来，世界高速铁路进入了新的历史阶段（见图1-8）。

图1-8　中国和谐号（a）和法国TGV（b）高速列车

广义的高速铁路还包含使用磁浮技术的高速轨道运输系统（见图1-9）。磁浮运输系统是一种非黏着、用直线电机驱动列车运行的新型陆上交通运输系统，具有速度更高、运行安全、乘坐舒适、自动控制、节省能源、无振动和低噪声等特点。

按目标速度划分,磁浮运输系统分为高速和低速两类。按磁浮力产生原理划分,磁浮运输系统分为超导磁斥型和常导磁吸型两类。

图 1-9　上海磁浮列车

1922 年德国工程师赫尔曼·肯培尔在提出磁浮列车概念时,还提出了真空管道运输的设想。它是一种无空气阻力、无摩擦的运输形式。其技术原理是在地面或地下建一个密闭的管道,用真空泵抽成真空或部分真空。在这样的环境中开行车辆(不一定是磁浮列车),行车阻力就会大大减小,可有效降低能耗,同时气动噪声也可大大降低,符合环保要求。该系统目前仍然处于研究阶段,尚无实质性的应用案例。

12) 新交通系统

1968 年提出新交通系统概念,20 世纪 70 年代中期开始研究开发,目前大多处于研究开发试运营阶段(见图 1-10)。新交通系统的核心是新型轨道交通系统和复合交通系统,前者包括 PM 系统和 PRT 系统,后者如有轨与无轨联运的导向公共汽车系统。鉴于上述系统中的列车或车辆均具有自动控制与导向运行的特征,因此又称为自动导向交通。

(1) PRT 线路:线路通向城市各处,采用小型车辆、自动控制、无人驾驶,乘客用智能卡启动车辆、车辆运行途中不停站、无换乘与搭乘的情形。它是为吸引

图 1-10　实验中的新交通系统

私人汽车客流而研发的网络型、小运量城市公共交通系统。

(2) PM(AGT)线路:是为解决步行距离过远而研发的专线型、中运量城市公共交通系统。采用小型车辆、自动控制、无人驾驶、在固定线路上往返或循环运行。适用于中央商务区、机场与主题公园内密集人群的输送。

1.2　轨道交通的发展阶段

1. 初步发展阶段(1863—1924 年)

世界第一条地下铁道的诞生,为人口密集的大都市如何发展公共交通取得了宝贵的经验。特别是 1879 年电力驱动机车的研究成功,大大改善了地下铁道的环境,使得城市轨道交通由此步入了连续发展时期。这一阶段,欧美的城市轨道交通发展较快。

2. 停滞萎缩阶段(1925—1949 年)

由于战争和汽车工业的发展,造成了城市轨道交通的停滞和萎缩。汽车的灵活、便捷及

可达性,使其得到了飞速发展。城市轨道交通因投资大,建设周期长,一度失宠。有轨电车停滞不前,有些线路被拆除。由于地下空间对于战争的特殊防护作用,部分处于战争状态中的国家反而加速进行地铁的建设,如东京、大阪、莫斯科等。

3. 再发展阶段(1950—1969年)

汽车过度增加,使城市道路异常堵塞,行车速度下降,严重时还会导致交通瘫痪,加之空气污染,噪声严重,大量耗费石油资源,市区汽车有时甚至难以找到停车之处。这些问题使得人们重新认识到,解决城市客运交通必须依靠电力驱动的城市轨道交通。这期间有17个城市成为了新建地铁城市。

4. 高速发展阶段(1970年至今)

世界各国城市化的趋势,导致人口高度集中,要求城市轨道交通高速发展以适应日益增加的客流运输,科学技术的进步也为城市轨道交通奠定了良好的发展基础。很多国家都确立了发展城市轨道交通的方针,立法解决建设城市轨道交通的资金来源。这一阶段,地铁以每年1.4个城市的速度增长。

2018年的统计表明,世界上已有180多个城市建成了地铁系统,线路总长度接近14000km。当今世界的大城市和特大城市中,城市轨道交通已在公共交通系统中处于骨干(又称主动脉)地位。

1.3 轨道交通系统的分类

轨道交通是指服务于城市范围内客运、电力驱动的列车(车辆)在钢轨上或沿导向轨运行的城市公共交通系统。

轨道交通分为传统轨道交通和新型轨道交通两大类。传统轨道交通的基本特征是钢轮车辆在钢轨线路上人工或自动控制导向运行;新型轨道交通的基本特征是胶轮车辆在导轨线路上自动控制导向运行。

1. 按历史沿革分类

按历史沿革及技术特征,轨道交通主要有市郊铁路、地铁、轻轨、单轨和自动导向交通5种类型。

(1)市郊铁路:是位于城市范围内,连接市区与郊区,或连接中心城市与卫星城镇的铁路。市郊铁路具有干线铁路的技术特征,主要提供通勤服务。

(2)地铁:一方面,地铁从早期单一地下隧道线路发展成地下隧道、高架和地面线路相结合的线路系统;另一方面,地铁从早期单一的重型地铁发展成包括重型地铁、轻型地铁和微型地铁在内的地铁家族。

重型地铁:即传统的普通地铁,轨道基本采用干线铁路技术标准,线路以地下隧道和高架线路为主,仅在郊区地段采用地面线路,路权专用,运量最大。

轻型地铁:一种在轻轨线路、车辆等技术设备、工艺基础上发展起来的地铁类型,路权专用,运量较大,采用高站台。

微型地铁:也称小断面地铁,采用直线电机驱动,隧道断面、车辆轮径和电动机尺寸均小于普通地铁,路权专用,运量中等,行车自动化程度较高。

(3)轻轨:轻轨是从旧式有轨电车发展而来的。轻轨车辆的容量相对较小,与市郊列车和地铁列车相比较,轻轨列车对轨道施加的荷载相对较轻。轻轨是一种技术标准涵盖范围较宽的轨道交通方式,高标准的轻轨接近于轻型地铁,而低标准的轻轨则接近于现代有轨电车。

轻轨线路敷设往往是因地制宜,既可修建在市区街道上,也可修建在地下隧道或高架轨道上。地面轻轨线路有三种形式:无平面交叉的路权专用线路、有平面交叉的路权专用线路、有平面交叉的路权共用线路。

(4) 单轨:单轨线路通常为高架结构,橡胶轮胎车辆在梁轨合一的单根轨道梁上(下)运行。有跨座式与悬挂式两种。

单轨的特点是占地少、噪声低,能适应小半径(30~50m)和大坡度(60‰~100‰)线路,但小时运能、运行速度低于地铁。

(5) 自动导向交通:指新交通系统中利用导轨导向、自动控制运行的新型轨道交通。导向运行方式有中央导向和侧面导向两种。

导向公共汽车线路:导向公共汽车在普通道路上以人工驾驶方式行驶,在导向线路上借助不同的导向控制技术导向行驶,所采用的导向控制技术主要有导轨导向、电磁导向和光电导向三种。

2. 按支承与导向制式分类

按支承与导向制式,轨道交通主要有钢轮钢轨、胶轮单轨和胶轮导轨三种类型。

(1) 钢轮钢轨系统:线路采用两根钢轨,车辆采用钢制车轮,支承与导向合一,钢轮与钢轨起支承、导向作用,利用轮轨黏着力驱动。如地铁、市郊铁路、有轨电车、轻轨等。

(2) 胶轮单轨系统:线路以高架结构为主、梁轨合一,车辆采用橡胶轮胎,支承与导向分开,走行轮与轨道梁起支承作用,导向轮与轨道梁起导向作用。如单轨交通系统。

(3) 胶轮导轨系统:线路多采用高架混凝土轨道,车辆采用橡胶轮胎,支承与导向分开,走行轮与轨道面起支承作用、导向轮与导向轨起导向作用,根据导向轨的位置,导向方式有中央导向和侧面导向两种。如 PRT 和 PM 系统。

3. 按小时单向运能分类

按小时单向运能,轨道交通主要有大运量、中运量和小运量三种类型。

(1) 大运量系统:小时单向运能为 3 万人次以上。如地铁和市郊铁路。

(2) 中运量系统:小时单向运能为 1.5 万~3 万人次。如微型地铁、单轨、路权专用轻轨。

(3) 小运量系统:小时单向运能为 0.5 万~1.5 万人次。如路权共用轻轨和自动导向交通。

需要注意的是,决定小时单向运能的基本参数是列车间隔、车辆定员与列车编组辆数。因此,按小时单向运能对轨道交通进行分类并不是绝对的。同一轨道交通类型、不同线路的运能相差较大,甚至处于不同的运量等级也并非罕见。

4. 按路权专用程度分类

按路权专用程度,轨道交通主要有全封闭、半封闭和不封闭三种类型。

(1) 线路全封闭型:线路全封闭,路权专用,轨道交通与其他交通无平面交叉。列车或车辆按信号指挥运行,行车速度高、安全性好。如地铁、市郊铁路、高标准轻轨、单轨和自动导向交通。

(2) 线路半封闭型：线路半封闭，大部分路权专用，但轨道交通与其他交通有平面交叉，平交道口设置防护信号，轨道交通列车按设定条件优先通过。如中等技术标准的轻轨。

(3) 线路不封闭型：线路不封闭，路权共用，轨道交通与其他交通车辆混合行驶，受到干扰多，行车速度较低。如低技术标准的轻轨。

5. 按线路服务区域分类

按线路服务区域，轨道交通主要有市区线、市域线和区域线三种类型。

(1) 市区线：线路的起讫点在中心城内，为市区范围的出行提供客运服务。

(2) 市域线：线路穿越中心城，但线路的起讫点在中心城外围(近郊区)，为市区与近郊区、近郊区与近郊区之间的出行提供客运服务。

(3) 区域线：线路呈放射状，线路的一端通常位于中心城或中心城外围的轨道交通环线上，另一端位于远郊区或都市圈卫星城镇，为中心城与远郊区、中心城与都市圈卫星城镇间的出行提供客运服务。

1.4 轨道交通系统的构成

轨道交通的主要技术设备有五大类：线路、车站、车辆及车辆基地、控制系统、其他重要的设备系统。

1. 线路

(1) 线路种类：按其在运营中的作用，轨道交通线路分为正线、辅助线和车场线三类。

正线：连接两个车站并从区间伸入或贯穿车站、行驶载客列车(载客列车行驶速度快，对线路道岔技术要求更高)的线路。包括区间正线和车站正线。

辅助线：指车站内进行列车到发、通过、折返作业的线路，停放列车的线路，列车进出车辆段(停车场)的线路，以及将线网中的不同线路、车辆段与铁路连接起来的线路。一般不行驶载客列车(一般作业速度偏慢，可采用更低技术标准的线路道岔)包括车站侧线、折返线、渡线、存车线、出入段线、安全线和联络线等。

车场线：是车辆段(停车场)内进行车辆停放、编组、列检、检修、清洗和调试等作业的线路。包括停车线、列检线、洗车线、牵出线和试车线等。

(2) 线路敷设方式：轨道交通线路敷设有地下、高架和地面三种方式。

地下线路敷设：按埋设深度有浅埋、中埋和深埋等情形。隧道横断面形式有单跨矩形、双跨矩形、圆形和马蹄形等。采用无渣轨道结构和"高站位、低区间"的节能纵坡纵断面设计。

高架线路敷设：敷设在高架桥上，大都采用混凝土结构，其墩柱应具有足够的强度和稳定性，造型设计还应与城市景观协调。

地面线路敷设：有路权共用和路权专用两类。路权共用的地面线路通常敷设在街道上，有布置在道路两侧、道路一侧、道路中央等情形。

(3) 线路主要技术标准：按远期高峰小时单向运输能力，大运量轨道交通通常采用 A 型车或 B 型车，中运量轨道交通通常采用 C 型车(见表 1-1)。

表 1-1 轨道车辆类型

基本车型	线路类别	A 型车 (3m 宽)	B 型车 (2.8m 宽)	C 型车 (2.6m 宽)
最小曲线半径/m	正线	300～350	250～300	50～100
	辅助线	150～250	150～200	25～80
最大坡度/‰	正线	30～35	30～35	60
	辅助线	40	40	60
钢轨质量/(kg/m)	正线	≥60	50～60	50
	辅助线	≥50	≥50	50

由于小半径曲线有许多缺点,如轮轨磨耗大、噪声大等,实践中应尽量避免采用小半径曲线。

车站应尽可能设置在直线上,高架车站与地面车站的线路一般应采用平坡,地下车站的线路考虑排水需要,需设置 2‰～3‰ 的坡度等。

(4) 限界:限界是指为了保证列车在线路上的运行安全,防止车辆与沿线设备、建筑物发生碰撞而规定的车辆、设备和建筑物不得超出或侵入的轮廓尺寸线,是工程建设、设备和管线安装等必须遵守的依据。

◇ 车辆限界是车辆在正常状态下的最大动态轮廓尺寸线。

◇ 设备限界介于车辆限界与建筑限界之间,是安装沿线设备不得侵入的轮廓尺寸线。

◇ 建筑限界是线路必须具有的最小有效断面的轮廓尺寸线。

所有限界均按列车以计算速度在直线段运行条件进行确定。

2. 车站

轨道交通车站是乘客上下车、换乘的场所,也是列车到发、通过、折返或临时停车的地点。

(1) 车站的分类:可以从不同的角度进行分类。

◇ 按运营功能分为终点站、中间站、折返站和换乘站。

◇ 按是否具有站控功能分为集中控制站和非集中控制站。

◇ 按站台形式分为岛式站台车站、侧式站台车站和岛侧混合式车站。

◇ 按客流量大小分为不同等级的车站。

◇ 按是否有人管理分为有人管理站和无人管理站。

◇ 按线路敷设方式分为地下站、高架站和地面站。

(2) 车站的选址:车站选址应考虑沿线土地利用规划,将车站设置在大型客流集散点,并尽可能与附近的交通枢纽、商业中心融为一体,以吸引客流,缓解地面交通拥挤。

站间距的合理确定要基于对乘客出行时间、车站造价和运营费用的综合考虑。延长站间距会增加乘客到站距离,从而增加到站时间,但能提高列车运行速度,从而减少乘车时间,还能减少车站数量和列车停站次数,从而降低车站造价和运营费用。

站间距确定的原则:在市区客流较大区段,站间距可适当较短,约为 1000m;在郊区客流较小的区段,站间距宜适当延长,为 1500～2000m。

此外,车站选址还应考虑地质、地形、景观、施工难易程度、拆迁工作量等因素。

(3) 车站基本构成:车站一般由出入口、站厅、站台和生产用房等组成,通道、扶梯和自动扶梯将出入口、站厅和站台连接起来。在决定车站规模和设备容量的各项因素中,最重要的是车站远期高峰小时最大客流量。

出入口:是乘客由地面进入站厅或由站厅到达地面的通道。出入口的位置应满足城市规划、交通功能的要求,与客流进出主要方向一致,并尽可能与换乘枢纽、商场、办公楼、停车场等相连通。

站厅:站厅区域可分为非收费区、收费区、作业管理区、机电设备区等。

站台:站台供列车停靠和乘客候车、上下车使用。站台长度按远期列车长度加上停车预留距离确定。站台宽度根据类型、高峰客流量、列车间隔时间和楼梯位置等因素决定。站台高度有高站台和低站台两种。

车站生产用房主要有作业用房、管理用房和设备用房三类。

◇ 行车、客运作业用房包括车站控制室、售票室、广播室、问讯处和休息室等。

◇ 车站管理用房包括站长室、站务室、票务室、警务室和储存室等。

◇ 各种设备用房包括通信、信号、自动售检票、变电、环控、屏蔽门、防灾和给排水等设备用房。

3. 车辆及车辆基地

(1) 车辆:车辆是输送乘客的运载工具,轨道交通车辆不但应保证安全、快速、大容量等功能,具有良好、舒适的乘车环境,还应节能,并在外观设计方面有助于美化城市景观、环境。

轨道车辆大都采用电力牵引,但市郊铁路也有采用内燃机车牵引的情形。车辆通常是编组成列车运行,并且大都采用动拖组合、全列贯通的编组形式。例如,地铁列车在6节编组时,列车中的动拖组合可以是:Tc-Mp-M-M-Mp-Tc 形式(Tc 是带司机室拖车、Mp 是带受电弓动车、M 是不带受电弓动车)。

(2) 车辆分类:

◇ 按技术特征的不同分为地铁车辆、轻轨车辆、单轨车辆等。

◇ 按支承、导向制式的不同分为钢轮车辆、胶轮车辆。

◇ 按容量的不同分为大容量车辆、中容量车辆、小容量车辆。

◇ 按车辆质量不同分为重型车辆、轻型车辆。

◇ 按牵引动力配置的不同分为动车、拖车。

◇ 按牵引电机种类不同分为旋转电机车辆、直线电机车辆。

(3) 车辆基本构造:车辆的基本构造包括车体及附属设备、走行部(转向架)、牵引动力装置、制动装置、车钩缓冲装置和电气系统等。

① 车体及附属设备:车体是车辆中乘坐乘客、司机驾驶的部分,分有司机室车体和无司机室车体两种。车体由底架、侧墙、端墙、顶板、车门与车窗等组成。车体一般采用轻质合金材料,以降低车辆自重。

附属设备有两类:一类是与乘车环境有关的设备,包括座椅、拉手、照明、空调、通风设备等;另一类是与车辆运行、控制有关的设备,包括蓄电池、继电器箱、主控制器箱、空气压缩机、牵引箱等。

② 走行部:又称为转向架,是引导车辆沿钢轨或轨道(梁)运行,将荷载、冲击力等传递给轨道。分为动车转向架和拖车转向架、钢轮转向架和胶轮转向架。转向架一般由构架、轮对轴箱装置和弹簧减振装置等组成,动车转向架还装有牵引电动机及传动装置。

③ 牵引动力装置：主要是受流器与牵引电动机。受流器是从接触网或导电轨将牵引电流引入动车的装置，有受电弓受流器和第三轨受流器。牵引电动机是动车上产生驱动力的装置，有旋转电机和直线电机两大类。

④ 制动装置：制动装置的作用是产生制动力，使列车减速或在规定的地点前停车，制动装置的性能对列车运行安全、提高运行速度及通过能力有直接影响。

车辆制动主要有电气制动（动力制动）与机械制动（摩擦制动）两类，一般制动时优先采用电气制动，制动力不足时辅以机械制动，车辆的机械制动装置采用空气制动机。

列车的制动有以下几种模式：

◇ 常用制动：正常运行时使用的制动方式。在常用制动时，优先使用电制动，电制动中优先使用再生制动。电制动不能满足要求时，空气制动能够迅速、平滑地补充，实现混合制动。

◇ 保压制动：列车运行低速时，电制动退出，空气制动接替。列车停止时仍保持一定的空气制动，使列车在超载情况下，保持在 3.8/‰ 的坡度上不会溜车。

◇ 紧急制动：紧急情况下使用，列车以最大制动力制动并落下受电弓，紧急制动为空气制动。

◇ 快速制动：是一种特殊的制动，是常用制动的属性，但具有紧急制动的最大制动力。与紧急制动不同，快速制动不落下受电弓。

◇ 停放制动：是被动制动。

⑤ 车钩缓冲装置：车钩缓冲装置由车钩、缓冲器、电路与气路连接设备组成。其作用首先是实现车辆与车辆的机械、电路与气路的连接，使车辆编组成列车，并传递动车牵引力；其次是吸收与缓和因列车加减速而引起的车辆间纵向冲击力，延长车辆使用寿命。

⑥ 电气系统：包括车辆上的各种电气设备及其控制电路，可分为主电路、辅助电路和控制电路三个子系统。

主电路是车辆上高电压、大电流、大功率的动力回路。主电路的作用是将电能转变为动能，驱动车辆运行，或通过电气制动将车辆的动能转变为电能，使车辆减速制动。

北京地铁为直流 750V，上海地铁为直流 1500V。受流装置从接触网或第三轨引入车辆内部，供给辅助逆变器和牵引逆变器，牵引逆变器为牵引电机提供电源，辅助逆变器为车辆电气设备提供电源。

辅助电路是为车辆上的空气压缩机、通风机、空调装置和照明设备等提供用电的子系统。

辅助逆变器提供三种电源：为列车上所有三相负载提供 380V/50Hz 三相交流电源，如风机、空调、空气压缩机等。提供 220V/50Hz 的交流电源，如插座、照明等。110V 直流辅助电压为 110V 的直流负载供电并为蓄电池充电。

控制电路是实现司机或列车自动驾驶系统（ATO）对主电路与辅助电路中各种电气设备的控制。

（4）车辆基地：车辆基地是车辆段与停车场的统称。

车辆段：是车辆运用、停放、检修，以及进行列车技术检查、车辆清扫洗刷等日常保养维修作业的场所。

停车场：除不承担车辆定期检修作业外，其余功能与车辆段相同。

车辆段基本构成：车辆段的设施从使用功能上分为生产设施、辅助生产设施和办公生活设施三部分。其中生产设施又分为运用设施和检修设施两类。

◇ 运用设施包括停车库、列检库、停车线、列检线、洗车线、出入段线、牵出线和信号楼等。

◇ 检修设施包括定修库、架修库、定修线、架修线、临修线、静调线和试车线等。

车辆基地设置：原则上每条线路设置一个车辆段，在线路长度超过20km时，按"一段一场"设置。

在轨道交通线网多线运营的情况下，从控制轨道交通建设投资、车辆检修设备的资源共享，以及减少车辆基地用地的目的出发，两条以上线路合用车辆基地检修设施已受到重视。段场合建是指将不同线路的两个车辆基地合建在一起，通过段、场之间的地面联络线，实现不同线路之间的连通，从而实现两个车辆基地运用、检修设施的资源共享。

车辆基地选址应遵循以下原则：

◇ 符合城市总体规划与轨道交通线网规划；

◇ 避开地质不良地区，具有良好的自然排水条件；

◇ 便于几条线路合用车辆基地；

◇ 尽量靠近正线，缩短列车出入段距离；

◇ 留有远期发展余地。

车辆基地有贯通式和尽端式两种。如果停车库、列检库的两端通过出入段线与正线连接，称为贯通式车辆基地（见图1-11）；通过一端连接则称为尽端式车辆基地（见图1-12）。

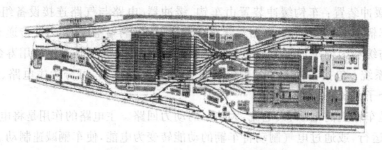

图1-11 贯通式车辆基地示意图

图1-12 尽端式车辆基地示意图

4．控制系统

控制系统的作用是保障列车运行安全、提高线路通过能力、保证作业协调与提高运营效率。控制系统主要由信号系统、通信系统和控制中心构成。

1) 信号系统

广义的信号设备是信号、联锁和闭塞设备的总称。

（1）信号设备：为了适应列车速度的提高与列车间隔的缩短，新建轨道交通线路大都采用列车自动控制（ATC）系统。ATC系统是在传统的信联闭设备（即信号、联锁、闭塞设备）、调度集中系统基础上，应用信息、通信、计算机、自动控制等先进技术，以列车速度自动控制为核心的新型信号系统。

信号设备主要是指视觉信号设备，包括车载信号设备、色灯信号机、信号灯和信号旗等。

车载信号设备是安装在车辆上的信号设备，通过轨道电路等接收来自地面的信息，控制列车安全地追踪运行，以速度码显示。

色灯信号机设置在正线、车站和车辆段的特定位置，用于指示列车运行或车辆调移的命令。有出站信号机、防护信号机、进场信号机、出场信号机、阻挡信号机等。

信号灯和信号旗在显示手信号时采用，一般昼间使用信号旗，夜间使用信号灯，地下站按夜间办理。

信号表示器不具有防护功能，侧重于指示行车设备的位置、状态和信号显示的某种附加含义。有发车表示器、进路表示器、道岔表示器和车挡表示器等。

信号标志设置在线路一侧，用来表示所在位置的某些状态或要求。有停车位置标、警冲标、站界标和司机鸣笛标等。

（2）联锁设备：联锁设备设置在有道岔车站和车场范围内，在道岔、信号机、进路之间建立起一种相互制约的联锁关系，保证列车运行与调车作业的安全。有电气集中联锁设备和微机联锁设备两种。

采用电气集中联锁设备时，道岔、信号机的控制、进路的排列均集中在控制中心及车站控制室和车辆段信号楼。

微机联锁设备包括硬件和软件两部分。微机联锁设备具有排列进路速度快、可靠性与安全性高、便于增加新功能、能降低投资费用与减少维护工作量等优点，因此是联锁设备的发展方向。

（3）闭塞设备：为防止同向列车追尾或对向列车冲撞，正常情况下，在线路上运行的列车通过行车闭塞来实现按空间间隔法行车，实现行车闭塞的设备称为闭塞设备。有固定闭塞设备和移动闭塞设备两类。

采用固定闭塞设备时，区间线路划分为若干个固定的闭塞分区，闭塞分区内设有轨道电路。追踪运行列车的间隔为若干个固定的闭塞分区或轨道电路区段。地对车的信息传输通过轨道电路实现。有三显示带防护区段自动闭塞设备和四显示自动闭塞设备等类型。

在采用移动闭塞设备时，区间线路不划分固定的闭塞分区，不设置固定的制动减速点。追踪运行列车的间隔为后行列车制动距离加上安全防护距离。车地间双向信息传输通过交叉感应环线或无线通信技术实现。

由于移动闭塞设备能实现连续、双向信息传输和列车运行控制，并在确保安全前提下提高通过能力，所以是闭塞方式的发展趋势。

列车自动控制(ATC)系统由列车自动防护(ATP)、列车自动监控(ATS)、列车自动驾驶(ATO)三个子系统组成。ATP和ATO完成列车运行自动化的功能,ATS完成行车指挥自动化功能。

◇ ATP子系统,主要功能包括:自动控制列车速度、确保列车追踪间隔、确保联锁站只有一条进路有效、监督车门和屏蔽门的安全开闭,是一个确保列车运行安全的子系统。有固定闭塞、准移动闭塞和移动闭塞三种制式。

◇ ATS子系统,主要功能包括:列车运行图编辑及修改、列车进路自动排列、列车自动识别与跟踪、列车运行自动调整、设备状态自动监视、乘客导向信息显示、离线模拟或复示列车在线运行等。有集中控制和分散控制两种模式。

◇ ATO子系统,主要功能包括:完成列车自动驾驶操作,包括启动列车、调整列车运行速度、车站定位停车、列车自动折返、车门开闭监督和节能控制等。

2) 通信系统

通信系统由光纤数字传输、专用通信、公务通信、无线通信、闭路电视监控和有线广播等子系统组成。是轨道交通实现安全高效的调动指挥与运营管理,确保各部门、各单位间公务联系,以及向乘客提供信息、提高服务水平的必备手段。

光纤数字传输系统:由光缆、电端机和光端机组成。为程控交换网、无线通信、闭路电视监控和车站广播等系统提供信道,为电力、环控、防灾报警和自动售检票等设备的数据传输提供信道。

调度指挥通信系统:此系统为专用通信系统,它为列车运行组织有关的作业联系提供通信手段,包括有线调度电话、站间行车电话、站内直通电话和区间轨旁电话。

有线调度电话:根据城市轨道交通列车运行和业务管理要求,设置列车调度电话、电力调度电话、防灾环控调度电话。

站间行车电话:又称闭塞电话,是相邻车站值班员间办理行车业务时使用的直通电话。由总机、分机和传输通道三部分组成。

区间轨旁电话:供区间列车司机和维修人员与相邻行车值班员及相关部门紧急联系或通话使用。由电话机箱、便携式电话机和传输线路组成。

公务通信系统:为轨道交通各单位、各部门之间以及轨道交通与外部的公务联系提供通信手段,能直接接入市内电话网。

无线通信系统:为流动作业人员(如列车司机、设备维修人员和抢险救灾人员等)提供通信手段。它是双向无线通信,通常采用几个不同的频率对,分别服务于不同覆盖范围内的业务联系。

闭路电视监控系统:设置闭路电视监控系统是为了向行车、安全有关人员提供列车和车站的各种监控画面,以便行车与安全有关人员及时发现,并处理可能危急行车安全与乘客安全的突发事件。

有线广播系统:主要用于控制中心和车站对乘客和工作人员进行广播。

3) 控制中心

运营控制中心是行车组织、电力监控、车站设备监控和防灾报警监控的调度指挥中枢,同时也是通信枢纽与信息交换处理中心。

控制中心具有行车调度、电力调度、环控调度和维修调度等调度指挥职能。在事故、灾害情况下,控制中心还是突发事件处理指挥中心。

正常情况下,列车运行由 ATC 系统自动监控。列车按 ATS 指令,在 ATP 的防护下,由 ATO 实现列车自动驾驶,列车进路按 ATS 的指令、由车站联锁设备自动排列,列车调度员监控列车的运行。在列车运行秩序紊乱不能进行列车运行自动调整或者发生其他系统不能进行自动处理的特殊情况时,列车调度员可人工介入。

电力调度系统对变电所、接触网设备进行实时监控和数据采集,掌握和处理供电设备的各种故障,保证供电的可靠性与安全性。

环控调度系统负责监控全线各站典型区域的温度、湿度、CO_2 等环境参数和各区间的危险水位报警信号;监控全线车站的通风、空调和给排水设备,以及屏蔽门、自动扶梯和防淹门的运行;并根据具体情况下的环控要求,向车站下达区间隧道通风设备的运行模式。

在轨道交通线网多线运营的情况下,合用控制中心有助于资源共享、提高轨道交通投资建设与运营管理的效率。控制中心的资源共享包括土地与空间、人力与物力、信息管理三方面的资源共享。

5. 其他重要的设备系统

1) 供电系统

供电系统由外部电源、主变电所、牵引供电系统、动力照明供电系统和电力监控系统组成。

(1) 外部电源:城市电源经轨道交通主变电所降压后分别以不同的电压等级对牵引和降压变电所供电,这种供电方式称为集中式供电,上海轨道交通采用此种方式。

由城市电源直接对轨道交通牵引变电所和降压变电所供电,这种供电方式叫分散式供电,北京、天津轨道交通采用此种方式。

供电电源取自城市电网,通过城市电网一次电力系统和轨道交通供电系统实现输送或变换,然后以适当的电压等级供给轨道交通各类用电设备。城市轨道交通供电属于城市电网一级负荷,由两路独立的电源供电。

(2) 主变电所:是由城市电网获得高压电源(一般为 110kV),经降压后以中压电压等级供给牵引变电所和降压变电所的一种变电所。

(3) 牵引供电系统:由牵引变电所、接触网、馈电线、回流线和电分段组成。

◇ 牵引变电所:供给轨道交通一定区域内牵引电能的变电所。

◇ 接触网:经过电动列车的受电弓向列车供给电能的导网。

◇ 馈电线:从牵引变电所向接触网输送牵引电能的导线。

◇ 回流线:供牵引电流返回牵引变电所的导线。

◇ 电分段:为便于检修和缩小事故范围,而将接触网分成若干段,称为电分段。

牵引变电所从城市电源或轨道交通主变电所获得电能,经过降压和整流变成 750V 或 1500V 的直流电流。

牵引变电所的容量和设置距离根据牵引供电计算结果得来,一般设置在沿线车站及车辆段附近,相邻牵引变电所间距 2~4km,一般市区线路两站设一牵引变电所,郊区长线路大区间还需设置区间牵引变电所。每个牵引变电所按其所需容量设置两组整流机组并列运行,任一牵引变电所故障,由两侧相邻的牵引变电所承担该区段的全部牵引负荷。

牵引变电所通过接触网向电动列车供电,分为单边供电和双边供电。接触网在每个牵引变电所附近断开,分成两个供电分区,如果每个供电分区仅从一个牵引变电所获得电能,称为单边供电;如果一个供电分区同时从相邻两个牵引变电所获得电能,则称为双边供电。

接触网按结构分为接触轨式和架空式。接触轨优点是隧道净空高度要求低,结构简单,造价低;缺点是人身和防火方面安全性差。

接触网的电分段是保证供电可靠性和灵活性的有效措施。分段的接触网既可以通过联络闸刀连接起来,又可在故障或检修时缩小故障影响及检修停电范围。

在直流牵引供电系统中,牵引电流并非全部由钢轨流回牵引变电所,有一部分由钢轨杂散流入大地,再由大地流回钢轨和牵引变电所。走行钢轨中牵引电流越大或钢轨对地绝缘程度越差,地下杂散电流也就相应增大,这种杂散电流称为迷流。迷流会对城市轨道交通系统本身和附近的地下金属管道、电缆和其他金属构件产生电腐蚀。设备在长期的电腐蚀作用下,将受到严重的损坏。

(4) 动力照明供电系统:动力照明系统提供车站和区间各类照明、自动扶梯、风机、水泵等动力机械设备以及通信、信号、自动化等设备的电源,由降压变电所和动力照明配电线路组成。

每个车站应设变电所,地下车站负荷较大,一般设于站台两端,其中一端可以和牵引变电所合建为混合变电所。地面车站负荷较小,通常只设一个变电所。

降压变电所的作用是将从城市电网或主变电站获得的电能降压为低压三相380V或220V交流电,供车站设备使用。

动力照明设备大部分集中在车站,仅有少部分分散在区间隧道内,所以降压变电所一般设置在车站附近,此外,车辆段和控制中心专设降压变电所。动力照明等设备根据其重要性分为一级、二级和三级负荷。

(5) 电力监控系统(SCADA):保证控制中心对供电系统的主变电所、牵引变电所、降压变电所用电设备的运行状态进行监视、控制和数据采集。由控制中心主机、设在各变电所的远程控制终端和连接终端与中心的通信网络三部分组成。

2) 环控系统

设置环控系统是为了改善地下车站与区间隧道内的空气质量、温度和湿度环境,以及在发生火灾事故时排烟送风,使乘客能安全撤离。

环控系统包括车站通风空调和隧道通风两个子系统。

车站通风空调除为乘客、作业人员提供舒适的候车环境与工作环境,还为车站设备提供所需要的运行环境。

站台屏蔽门将站台与隧道隔开,降低热交换,使车站空调负荷降低,节省运营费用。此外,还有助于发挥列车在隧道内运行时的活塞通风作用,提高乘客在站台候车时的舒适度与安全性。

区间隧道通风系统在运营开始前、结束后进行机械通风,排除隧道内的余热、余湿;在运营开始后,区间隧道通风系统停止运行,车站隧道通风系统投入运行。

环控系统设中央、车站和就地三级控制。对于高架线和地面线车站,站厅和站台一般采用自然通风,必要时也可设置机械通风或空调系统。

3) 防灾报警系统

轨道交通可能发生的灾害包括火灾、水灾、大风、雷击和地震等。在各种灾害中,火灾占的比例最高,因此,防灾报警的重点是火灾报警。

火灾报警系统(FAS)由监控工作站、火灾报警控制器、各种火灾探测器、手动报警按钮、报警电话和光纤环网等组成,实行中央和车站两级监控。

中央监控设在中央控制室,主要功能为:对全线所有报警、消防设备进行监控,接收火灾报警,并向车站控制室发出防火救灾和安全疏散的指令。

车站监控设在车站控制室,主要功能为对车站报警、消防设备进行监控,接收火灾自动报警,并将信息上传至控制中心,接收控制中心发出的相关指令,通过火灾报警控制器向机电设备监控系统发出模式指令,并由该系统启动消防设备。

1.5 轨道交通的运营管理模式

轨道交通运营组织是运营企业为了有效完成乘客运输任务,通过计划、组织、指挥与控制等过程,运用人力、设备和运能等资源所进行的一系列活动。

运营组织的主要内容是客流分析、行车组织、客运管理、站段工作组织、票务管理、设备保养维修、运营安全管理、服务质量管理和成本控制等。其目标是提高运输生产效率,取得最佳服务水平与企业经济效益。

加强运营组织是轨道交通运营企业应该做好的工作。另外,轨道交通规划设计人员对未来运营组织方面的需求应有充分的重视、了解和预见,在规划设计阶段就应考虑未来运营组织如何做到合理性与经济性。

轨道交通具有明显的自然垄断特征和准公共产品特征。

从经营权与所有权关系的角度,轨道交通运营管理主要有三种模式:

(1) 国有国营模式:即政府出资建设轨道交通设施,并指定政府下属机构、国有企业或国有控股公司负责轨道交通的运营管理。对运营管理中的亏损,政府通常采取财政补贴等措施给予补偿。该模式的特点是提供的服务带有福利性,但运营效率较低。欧美国家采用这种模式较多,如巴黎、柏林、莫斯科、纽约等。

(2) 国有民营模式:政府出资建设轨道交通设施,并通过租赁等形式将轨道交通的经营权转交给民营股份公司。运营者的行为受到政府相关法规的约束,但政府不干涉企业的运营管理,也不对运营亏损进行补贴。该模式的特点是有助于减轻财政支出和提高运营效率,但客流必须达到一定的数量级,如新加坡。

(3) 民有民营模式:民间资本出资建设轨道交通设施,民营股份公司负责轨道交通的运营管理。政府通过合同形式对轨道交通投资建设、运营企业股本结构、票价浮动范围等进行约束,但政府不干涉企业的运营管理,也不对运营亏损进行补贴。该模式的特点是扩大了轨道交通建设资金来源,民间资本在控制成本方面有更大的动力,但轨道交通的公益性目标与民间资本的营利性目标难免存在冲突。如东京的部分地铁、泰国轻轨等。

从运营与投资、建设关系的角度,轨道交通运营管理主要有两种模式:

(1) 运营与投资、建设合一模式:在政府的监督管理下,政府下属机构或专门组建的轨道交通总公司全面负责轨道交通的投资、建设和运营。该模式的特点是体制内的矛盾容易协调,但也存在产权关系不明晰、缺乏市场竞争、效率较低等问题。在国有国营与民有民营时,采用这种模式较为常见。

（2）运营与投资、建设分开模式：在政府的监督管理下，由轨道交通项目公司的建设公司和运营公司分别承担轨道交通投资、建设和运营的职责。该模式的特点是引入竞争机制，实现市场化运作。在国有国营和国有民营时，采用这种模式的较多。

复习思考题

1. 在城市公共交通的发展历史过程中，出现了哪些主要的公共交通工具或系统？
2. 轨道交通具有哪些优点？它在城市公共交通系统中扮演着什么样的角色？
3. 轨道交通的发展经历了哪几个阶段？阐述其发展变化的原因。
4. 当前我国城市交通面临的主要问题有哪些？
5. 什么是轨道交通？传统轨道交通和新型轨道交通各有什么特征？
6. 按历史沿革分类，轨道交通有哪些类型？阐述各类型轨道交通的主要特征。
7. 按支承与导向制式分类，轨道交通有哪些类型？阐述各类型轨道交通的主要特征。
8. 按小时单向运能分类，轨道交通有哪些类型？阐述各类型轨道交通的主要特征。
9. 按路权专用程度分类，轨道交通有哪些类型？阐述各类型轨道交通的主要特征。
10. 按线路服务区域分类，轨道交通有哪些类型？阐述各类型轨道交通的主要特征。
11. 轨道交通主要有哪几种技术设备？
12. 按线路在运营中的作用分，轨道交通线路有哪些种类？各类线路的概念是什么？举例说明。
13. 轨道交通线路的敷设方式有哪些？各敷设方式有哪些主要特点？
14. 线路有哪些主要技术标准？技术标准在选择时有哪些注意事项？
15. 什么是限界？轨道交通的限界有哪几种？各种限界的含义是什么？
16. 轨道交通车站有哪些功能？车站有哪些种类？
17. 轨道交通车站该如何选址？
18. 延长或缩短站间距各有何优缺点？站间距确定的原则是什么？
19. 轨道交通车站的基本构成有哪些？简述各构成部分的功能。
20. 决定车站规模和设备容量的关键因素是什么？
21. 站台有哪些种类？站台的长、宽、高如何确定？
22. 车站生产用房有哪几类？各举几例。
23. 轨道交通车辆应满足什么要求？车辆编组有什么特点？
24. 轨道交通车辆如何分类？各有哪些种类？
25. 车辆的基本构造有哪些？各构造部分的作用是什么？
26. 车辆基地的含义和作用是什么？车辆基地选址应注意什么？
27. 车辆段的基本构成有哪些？段场合建的含义是什么？
28. 贯通式车辆基地与尽端式车辆基地的概念是什么？
29. 控制系统的作用是什么？由哪些部分组成？
30. 轨道交通信号设备有哪些？什么是车载信号设备？
31. 常用的色灯信号机有哪些？
32. 什么是联锁设备？联锁设备有哪两类？主要特点是什么？

33. 什么是闭塞设备？闭塞设备有哪两类？主要特点是什么？
34. ATC 的含义是什么？由哪些子系统组成？各子系统的功能是什么？
35. 通信系统的作用是什么？由哪些子系统组成？各子系统的功能是什么？
36. 什么是控制中心？控制中心有哪些职能？
37. 正常情况下和非正常情况下，列车运行的方式各是什么？
38. 控制中心各类调度的职责是什么？
39. 为什么要合用控制中心？包括哪些方面？合用的依据是什么？
40. 牵引供电系统的组成是什么？牵引供电系统总体的工作流程是什么？
41. 我国轨道交通系统的牵引供电标准是什么？如何确定牵引变电所的数量和容量？
42. 环控系统的功能有哪些？由哪些子系统组成？各子系统的功能是什么？
43. 为什么要设置火灾报警系统？火灾报警系统两级监控的具体含义是什么？
44. 轨道交通运营组织的主要内容有哪些？为什么在轨道交通的规划设计阶段就要考虑将来运营组织的相关问题？
45. 轨道交通运营管理模式有哪几种？各模式的含义和特点是什么？

第 2 章

轨道交通客流

2.1 客流概述

客流是指在单位时间内,轨道交通线路上乘客流动人数和流动方向的总和。客流的概念既表明了乘客在空间上的位移及其数量,又强调了这种位移带有方向性和具有起讫位置。客流可以是预测客流,也可以是实际客流。

根据客流的时间分布特征,轨道交通客流可分为三种:全日客流、全日分时客流和高峰小时客流。全日客流是指全天的客流量;全日分时客流是指全日各小时的客流量;高峰小时客流是指高峰时段每小时的客流量。

根据客流的空间分布特征,轨道交通客流可分为断面客流与车站客流,断面客流是指通过轨道交通线路各分区的客流,车站客流是指在轨道交通车站上下车和换乘的客流。

根据客流的来源,轨道交通客流可分为三种:基本客流、转移客流和诱增客流。基本客流是指轨道交通线路既有客流加上按正常增长率增加的客流。转移客流是指由于轨道交通具有快速、准时、舒适等优点,使原来经由常规公交和自行车出行转移到经由轨道交通出行的这部分客流。诱增客流是指轨道交通线路投入运营后,促进沿线土地开发、住宅区形成规模、商业活动繁荣所诱发的新增客流。

1. 断面客流量

在单位时间内,通过轨道交通线路某一地点的客流量称为断面客流量。这里,单位时间通常是 1h 或全日。显然,通过某一断面的客流量就是通过该断面所在区间的客流量。断面客流量分为上行断面客流量和下行断面客流量,计算公式为

$$P_{i+1} = P_i - P_下 + P_上 \tag{2-1}$$

式中:P_{i+1}——第 $i+1$ 个断面的客流量,人;

P_i——第 i 个断面的客流量,人;

$P_下$——在车站下车的人数,人;

$P_上$——在车站上车的人数,人。

2. 最大断面客流量

在单位时间内,通过轨道交通线路各个断面的客流量一般是不相等的,其中的峰值称为最大断面客流量。轨道交通线路上、下行方向的最大断面客流量一般不在同一断面上。

3. 高峰小时最大断面客流量

在以小时为时间单位计算断面客流量的情况下,全日分时最大断面客流量一般是不相等的,其中的峰值称为高峰小时最大断面客流量。轨道交通的高峰小时一般出现在早晨和傍晚,称为早高峰小时和晚高峰小时。

高峰小时最大断面客流量是决策是否需要修建轨道交通、修建何种类型轨道交通,确定车辆型式、列车编组、行车密度、运用车配置数和站台长度等的基本依据。

4. 车站客流量

包括全日、高峰小时和超高峰期在轨道交通车站上下车和换乘的客流量,以及经由不同出入口、收费区的进出站客流量和方向别的换乘客流量。超高峰期是指在高峰小时内存在一个 15~20min 的上下车客流特别集中的时间段。

车站高峰小时和超高峰期客流量决定了车站设计规模,是确定站台、售检票设备、自动扶梯、楼梯、通道、出入口等车站设备容量或能力的基本依据,如站台宽度、售检票机数量、楼梯与通道宽度等。

5. 客流与客运需求

需求是指人们对于某种物质或精神目标获得满足的愿望,在经济学意义上,对商品和服务的需求受到社会经济条件的制约,必须建立在有购买能力的基础上。城市客运需求是指人们在城市中实现位移的愿望,同样,它也应建立在有能力支付交通服务价格的基础上。因此,客运需求是位移欲望和购买能力的统一。如果说客运需求是潜在的客流,那么客流就是实现了的客运需求。

客运需求具有以下四个方面特性:

(1) 广泛性:与其他商品和服务的需求相比较,客运需求是一种广泛性的需求,城市的各项功能活动都不可能离开它而独立存在。

(2) 派生性:客运需求是一种派生性需求,因为在绝大多数的情况下,乘客实现位移的目的往往不是位移的本身,而是通过空间位移的完成来满足工作、生活或娱乐方面的需求。正是由于客运需求是一种非本源性的需求,决定了部分客运需求的满足在空间和时间上的弹性,以及可以被部分替代的特点,如乘客可以选择迂回路径或避开交通高峰期,现代通信手段的发展减少了城市中人员的流动等。

(3) 时间性:客运需求按一周内的工作日和双休日、一天内的各个小时有规律地变化,客运需求的这种时间特性是城市公共交通系统规划设计和运输组织的基本依据之一。

(4) 空间性:客运需求的空间特性是指潜在的客流在方向上、线路上、车站间分布的不均衡。这种不均衡主要是由城市各区域的土地使用和功能活动不同所决定的。但城市交通网的布局、线路通过能力、交通服务价格与质量也是构成城市中出行在空间分布上不均衡的原因。

6. 影响客流的因素

影响客流的因素包括经济的和非经济的两方面因素,概括起来主要有土地利用、城市布局发展模式、人口规模、社会经济发展水平、客运服务及替代服务的价格与质量、政府的交通运输政策、交通网的规模与布局、私人交通工具的拥有量等。

土地利用包括以下三方面的含义：

◇ 土地的用途，涉及城市各区域功能的定位；

◇ 在用地上建造的建筑类型，涉及用地上进行的社会经济活动类型；

◇ 土地的利用状况，涉及用地上进行的社会经济活动的强度，如人口、就业、产量等。

土地利用与客流的关系是"源"与"流"的关系，城市各区域功能的定位决定了出行活动及出行流量、流向。此外，土地利用规划对城市布局发展模式有着重要的影响，在城市由单中心布局发展到单中心加卫星城镇布局，又进一步发展到多中心布局的过程中，通常伴随着客流的大幅增长。

城市中的出行量与人口规模、出行率存在密切的关系，因此除了分析常住人口、暂住人口和流动人口的数量外，还应分析人口的年龄、职业、出行目的、居住区域等特征。根据出行调查资料，不同人群的出行率存在差异，一般规律是：常住人口中，中青年人群的出行率高于幼年和老年人群的出行率，上班上学人群的出行率高于退休人群的出行率，市区人口的出行率高于郊区人口的出行率；暂住人口、流动人口中，旅游人群的出行率高于民工人群的出行率；流动人口的出行率高于常住人口的出行率等。

票价是影响客流的重要因素，但票价对客流的影响与收入水平对客流的影响是综合产生作用的。票价与收入有四种可能的组合，其中低收入、高票价对客流的吸引最不利。市民的消费能力与收入水平直接相关，轨道交通的客源主要来自中、低收入人群，而中、低收入人群对票价的变动比较敏感，当轨道交通票价支出占收入水平的比例较大时，选择轨道交通方式出行的客流就会下降。1996 年，北京地铁票价由 0.5 元调整为 2 元，当年客运量减少 1.18 亿人次，与上年相比下降 20.4%，如果考虑客流自然增长，实际下降达到 26%。1999 年，类似的情形发生在上海，由于票价调高，轨道交通 1 号线的客运量下降了 13.4%。

在分析票价对客流的影响时，还应注意到乘客会权衡各种出行方式的票价高低及性价比来选择出行方式。在收入水平一定的情况下，只有在轨道交通的性价比高于其他出行方式或替代服务的性价比时，轨道交通才具有吸引客流的优势。

评价轨道交通服务水平的指标主要有列车频率、运送速度、列车正点率、舒适便利和乘客安全等。在收入水平逐渐提高、可选择出行方式增多的情况下，服务水平成为市民选择出行方式时主要考虑的因素，因此服务水平是影响客流及潜在客运需求的关键因素。

大城市确立以公共交通为主、个体交通为辅的交通运输政策，优先发展公共交通、大力发展轨道交通、控制自行车与私人汽车的发展，对引导市民出行利用公共交通与轨道交通有重要意义。而要实现这一交通运输政策，首先是加快公共交通设施的建设，如提高轨道交通线网的密度、建成大型换乘枢纽等；其次是优化现有交通资源的利用，如完善轨道交通与常规公交、自行车、私人汽车的衔接换乘，减少与轨道交通线路走向重复的常规公交线路等。

多层次的轨道交通线网、合理的线路布局及走向和功能完善的换乘枢纽对实现城市中心区 45min 交通圈、增大轨道交通对出行者的吸引力、提高轨道交通在公共交通中的运量分担比例有重要的作用。此外，从土地利用与运输系统互动、运输需求与运输供给互动的角度，国外学者提出了通过建设交通运输走廊来推动车站周边地区土地开发利用的 TOD（transit oriented development，交通引导开发）规划模式。由于轨道交通具有运能大、速度快、能源消耗和空气污染低的优势，TOD 规划模式在轨道交通建设领域得到了较多应用。

国外的研究发现,根据车站附近地区的土地利用情形不同,TOD规划模式可降低小汽车车流量 5%～20%,而轨道交通的客流则相应增加。

2.2 客流特征

轨道交通的客流是动态流,它的分布与变化因时因地而不同,但这种不同归根结底是城市社会经济活动与生活方式以及轨道交通本身特征的反映,因此,客流的分布与变化是有规律的。

客流分析的重点是客流在时间与空间上的分布特征、动态变化规律,以及它们与行车组织、能力配备的关系。

1. 时间分布特征

1) 一日内小时客流分布特征

轨道交通一日内小时客流通常是双峰型。反映客流不均衡程度的系数可按下式计算:

$$a_1 = \frac{p_{\max}}{\sum_{t=1}^{H} p_t / H} \tag{2-2}$$

式中:a_1——单向分时客流不均衡系数;

$p_{\max}$——单向高峰小时最大断面客流量,人;

p_t——单向分时最大断面客流量,人;

H——全日营业小时数,个。

分时客流不均衡系数值大于 1。a_1 趋向于 1 表明分时客流分布比较均衡,反之表明分时客流分布越不均衡。$a_1 \geq 2$ 时,表明分时客流的不均衡程度比较大。位于市区范围内的地铁、轻轨线路的 a_1 值通常为 2 左右,而通往远郊区市域轨道交通线路的 a_1 值通常大于 3。

客流的高峰时段实际并非仅仅 1h,一般情况下,7:30—10:30 和 16:00—19:00 都是客流的高峰期,将这 6h 称为"高峰时间段";其他时间除去运营的第 1 个小时和最后 1 个小时,称为"平峰时间段"。全天运营的第 1 个和最后 1 个小时,其行车计划不是根据客流需求,而是为了保持服务水平和"出车""收车"的需要。

在一日内小时客流不均衡程度较大的情况下,为实现运营组织的经济合理性,可考虑采用小编组、高密度列车开行方案。小编组、高密度与大编组、低密度两种列车开行方案的分时列车运能不变,但在客流低谷时段,小编组、高密度方案具有既能提高客车满载率,又不降低乘客服务水平的优点。

采用小编组、高密度方案需要满足两个条件:一是分时客流不均衡程度比较大;二是线路的客流量较小、尚未达到设计客流量。

2) 一周内全日客流分布特征

由于人们的工作与休息是以周为循环周期进行的,这种活动规律性必然要反映到一周内全日客流的变化上来。在以通勤、通学客流为主的轨道交通线路上,双休日的客流会有所减少;而在连接商业网点、旅游景点的轨道交通线路上,双休日的客流又往往会有所增加。

双休日的早高峰出现时间往往推迟,而晚高峰出现时间又往往提前。此外,周一与节假日后的早高峰小时客流和星期五与节假日前的晚高峰小时客流,都会比其他工作日的早、晚高峰小时客流要大。周五客流量高出日均客流的 7%～10%，周日客流量最小。

根据全日客流在一周内分布的不均衡和有规律的变化，轨道交通常在一周内实行不同的全日行车计划和列车运行图，以适应不同的客运需求和提高运营经济性。

3) 季节性或短期性客流变化

在一年中，劳动节和国庆节期间的客流一般为全年最高。虽然最高客流量在增加，但增加的比例在降低，由开通时增幅近 50%～80% 下降到后期的 20%～30%；当有重要大型活动时，客流量也较高。如果大型活动与周五叠加，则客流量增量更加明显。春节期间客流量为最低谷，除夕客流量是全年最低点。

在旅游旺季，流动人口的增加也会使轨道交通线路的客流量增加。短期性的客流激增通常发生在举办重大活动或遇到天气骤然变化的时候。

对于季节性的客流变化，可采用实行分号列车运行图的措施来缓和运输能力紧张状况。当客流在短期内增加幅度较大时，运营部门应针对某些作业组织环节、某些设备的运用方案采取应急调整措施，以适应客运需求。

4) 车站高峰小时客流分布特征

车站高峰小时客流是确定车站设备容量或能力的基本依据。

轨道交通车站高峰小时客流具有以下特征：

◇ 车站客流的进、出站高峰小时出现时间与断面客流的高峰小时出现时间通常不相同。

◇ 各个车站客流的进、出站高峰小时出现时间通常不相同。

◇ 同一车站客流的进、出站高峰小时出现时间通常不相同。

◇ 同一车站工作日客流与双休日客流的进、出站高峰小时出现时间通常不相同。

◇ 工作日高峰小时进、出站客流通常大于双休日高峰小时进、出站客流。

5) 车站超高峰期客流分布特征

为了避免因超高峰期内特别集中的客流而影响乘客不能顺畅地进出站，甚至影响列车的正常运行秩序，在确定车站设备容量或能力时有必要适当考虑车站客流在高峰小时内分布的不均衡。

车站超高峰期的客流强度用超高峰系数反映，它是单位时间内的超高峰期平均客流量与高峰小时平均客流量的比值，取值一般为 1.1～1.4。

2. 空间分布特征

1) 各条线路客流分布特征

沿线土地利用状况的不同是各条线路客流不均衡的决定因素，而轨道交通线网与接运交通的现状也是各条线路客流不均衡的影响因素。各条线路客流的不均衡包括现状客流分布的不均衡和客流增长的不均衡两个方面。

2) 上下行方向客流分布特征

由于客流的流向原因，轨道交通线路上下行方向的最大断面客流通常是不均衡的。这种不均衡在放射状轨道交通线路上尤为明显。

反映轨道交通线路上下行方向客流不均衡程度的系数按下式计算：

$$a_2 = \frac{\max\{p_{\max}^{上}, p_{\max}^{下}\}}{(p_{\max}^{上} + p_{\max}^{下})/2} \qquad (2-3)$$

式中：a_2——上、下行方向客流不均衡系数；

$p_{\max}^{上}$——上行方向最大断面客流量，人；

$p_{\max}^{下}$——下行方向最大断面客流量，人。

上、下行方向客流不均衡系数值大于 1。a_2 趋向于 1 表明上、下行方向客流比较均衡，反之表明上、下行方向客流越不均衡。当 $a_2 \geqslant 1.5$ 时，表明上、下行方向客流的不均衡程度比较大。

在上、下行方向的最大断面客流不均衡程度较大的情况下，直线线路较难做到经济合理地配备运力；但环形线路上可采取内、外环线路安排不同运力的措施，避免断面客流较小方向的运能浪费。

3) 线路断面客流分布特征

在轨道交通线路上，由于各个车站乘降人数的不同，线路上各区间的断面客流通常各不相同，甚至相差悬殊。

反映轨道交通线路单向各个断面客流不均衡程度的系数可按下式表示：

$$a_3 = \frac{p_{\max}}{\sum\limits_{i=1}^{K} p_i / K} \tag{2-4}$$

式中：a_3——单向断面客流不均衡系数；

p_i——单向断面客流量，人；

K——单向线路断面数，个。

断面客流不均衡系数值大于 1。a_3 趋向于 1 表明断面客流比较均衡，反之表明断面客流越不均衡。当 $a_3 \geqslant 1.5$ 时，表明断面客流的不均衡程度比较大。位于市区范围内地铁、轻轨线路的 a_3 值通常小于 1.5；而通往远郊的线路 a_3 值通常为 2 左右。

在断面客流不均衡程度较大的情况下，为了运营的经济性，可考虑采用特殊交路列车开行方案。此时对行车组织和折返设备都会提出新的要求，线路通过能力与中间站折返能力是否适应是采用特殊列车交路与加开区段列车措施的充分条件，必须进行能力适应性验算。

4) 路段客流分布特征

一条城市轨道交通线路可划分为几个路段，各路段间客流的交通量（OD），以及路段内客流所占的比例，称为路段的客流分布。路段的客流分布是列车运行交路设计时必须考虑的因素。

路段的划分主要参考下列条件：自然条件，如山、河等的分隔；用地性质；断面客流量突变点；其他条件。

（1）路段客运量比例：计算各路段的发送量占全线客运量的比例 C_k。

$$C_k = \frac{Q_k}{Q_q} \tag{2-5}$$

式中：Q_k——路段 k 的客流量；

Q_q——全线客流量。

（2）路段客流强度：计算各路段的客流强度 H_k。

$$H_k = \frac{\sum\limits_{i}(M_i S_i)}{L_k} \tag{2-6}$$

式中：H_k——路段 k 的客流强度；

M_i——路段 k 中的 i 区间全日双向断面客流量；

S_i——i 区间的区间长度，km；

L_k——路段 k 的长度，km。

5）各个车站乘降客流分布特征

轨道交通各个车站的乘降人数不均衡，甚至相差悬殊情况并不少见。不少线路全线各站乘降量总和的大部分往往是集中在少数几个车站上。

车站乘降人数的不均衡决定了各个车站的客运工作量、设备容量或能力的配置、客运作业人员的配备以及日常运营管理的重点。

车站乘降量的集中率 G 计算步骤为：

（1）将各站乘降量列于表中，并按大小排序；

（2）由大到小累加各站的乘降量 Q_m，直至达到全线乘降量 Q 的 40%。

$$D_m = \sum_{i=1}^{m} D_i, \quad D_m \geqslant 0.4Q \tag{2-7}$$

$$G = 1 - \frac{m}{n} \tag{2-8}$$

例如，某市地铁 1 号线设有 27 个车站，全线远期乘降量为 223.06 万人次/天，由大到小累加各站的乘降量，当累加到第 5 个车站时（$m=5$），D_m 已达到 $0.4035Q$，这时即可计算车站乘降量的集中率：$G=1-5/27=0.815$。

由此可见，该线 5 个大站点的乘降量占全线的 40% 以上。

6）车站内客流分布特征

分析轨道交通车站内乘客流向及行程轨迹，车站内客流在空间分布上也存在不均衡现象，包括经由不同出入口的客流不均衡、通过不同收费区的客流不均衡、通过同一收费区不同检票机的客流不均衡和上、下行方向的乘降客流不均衡等。

通过分析可以发现，通过各台进站检票机客流按距离售票区域的近远而呈现明显的阶梯状递减态势，而通过各台出站检票机客流则相对均匀。究其原因，进站客流是陆续到达，乘客为争取时间通常会选择最近的进站检票机；而出站客流是集中到达，乘客为避免排队通常会选择比较空闲的出站检票机。

掌握客流在站内的空间分布特征，对车站自动售检票设备等的合理配置与优化布局具有指导意义。

2.3 客流调查

客流调查是轨道交通日常运营活动的组成部分，目的是掌握客流现状和变化规律。客流调查涉及客流调查内容，地点和时间的确定，调查表格的设计，调查设备的选用和调查方式的选择，以及调查资料汇总整理，指标计算和结果分析等多方面问题。

1. 客流调查种类

全面客流调查，即对全线客流的综合调查，通常也包含乘客情况抽样调查。这种类型的客流调查时间长、工作量大，需要配备较多的调查人员，通过调查和资料整理分析，能对客流现状及变化规律有一个全面清晰的了解。

随车调查是在列车车门处对运营时间内所有上、下车乘客进行写实调查；站点调查是在车站检票口对运营时间内所有进出站乘客进行写实调查。轨道交通全面客流调查基本都采用站点调查方式。

乘客情况抽样调查，抽样调查是用样本来近似地代替总体，这样做有利于减少客流调查的人力、物力和时间。通常采用问卷方式进行，调查内容主要包括乘客构成情况和乘客乘车情况两方面。

乘客构成情况调查一般在车站进行。内容包括年龄、性别、职业、家庭住址和出行目的等。可选择在客流比较正常的运营时间段进行。

乘客乘车情况调查内容包括家庭住址、日均乘车次数、上车站和下车站、到达车站的方式和所需时间、下车后到达目的地的方式和所需时间等。

进行抽样调查，必须首先确定抽样方法与抽样数，以确保抽样调查的结果具有实用意义。抽样方法主要有简单随机抽样、分层抽样、整群抽样和多阶段抽样等。抽样数的大小取决于总体的大小、总体的异质程度以及调查的精度要求。

断面客流调查，是一种经常性的客流抽样调查，可选择一个或几个断面进行调查。一般是对最大客流断面进行调查，调查人员用直接观察法调查车辆内的乘客人数。

节假日客流调查，是一种专题性客流调查，重点对春节、元旦、国庆节、双休日和若干民间节日期间的客流进行调查。内容包括机关、学校、企业等单位的休假安排，城市旅游业、娱乐业的发展程度，市民生活方式的变化等。一般是通过问卷方式进行。

突发客流调查，是主要针对影剧院、体育场馆等客流快速集散的站点进行的专项客流调查，该项调查主要涉及影剧院、体育场馆的规模与附近轨道交通车站的客流影响程度和持续时间之间的相关关系。

2．客流调查统计指标

客流调查结束后，对客流调查资料应认真汇总整理，列成表格或汇成图表，计算各项指标，并将它们与设计（预测）数据或历年调查数据进行比较，分析数据增减的比例及原因。主要指标有：

乘客人数：分时与全日各站上下车人数、换乘人数，高峰小时乘客人数，高峰小时系数等。

断面客流量：分时与全日各断面客流量，最大断面客流量，高峰小时最大断面客流量。

乘坐站数与平均乘距：本线乘客乘坐不同站数的人数及所占百分比，跨线乘客乘坐不同站数的人数及所占百分比，平均乘车距离。

乘客构成：全线不同票种乘客人数及所占百分比，车站别三次吸引乘客人数及所占百分比等。

车辆运用：客车公里、客位公里、乘客密度、客车满载率和断面满载率等。

2.4 客流预测

1．客流预测模式

（1）非基于出行分布的客流预测模式：将相关公交线路和自行车出行的现状客流向轨道交通线路转移，得到虚拟的轨道交通基准年份客流，然后根据相关公交线路的客流增长规律确定轨道交通客流的增长率,并据此推算轨道交通远期客流。又称为趋势外推客流预测模式。

趋势外推客流预测模式能较好地反映近期客流量的增长情况,但由于未考虑土地利用形态等客流影响因素,远期客流预测结果的精度较低,并且在预见未来出行分布变化上可靠性较差。但该客流预测模式操作简单,常用于其他模式预测后的比较验证,或作为定性分析的辅助手段。

(2) 基于出行分布的客流预测模式:将以市民出行OD调查为基础,得到现状全方式出行分布,在此基础上预测规划年度的全方式出行分布,然后通过方式划分得到轨道交通的站间OD客流。这种客流预测模式包括出行生成、出行分布、方式划分和出行分配四个阶段,因此又称为四阶段客流预测模式。

该模式以现状OD调查为基础,结合未来城市发展及土地利用规划,因此,客流预测结果的精度较高。该客流预测模式对于基础数据的要求较高、操作复杂。目前,国内许多城市的轨道交通客流预测采用了四阶段客流预测模式。

(3) 三次吸引客流预测模式:确定一个轨道交通车站对客流的吸引范围,车站吸引范围是一个以车站为圆心、合理的到达车站时间或到达车站距离为半径的圆形区域。在分析车站吸引范围内的土地利用性质,以及确定合理步行区与接运交通区的基础上,可以预测通过步行、自行车和常规公交三种方式到站乘车的人次(分别称为一次吸引客流、二次吸引客流和三次吸引客流),并在车站客流量的基础上进一步推算线路的断面客流量。

采用这种模式需要确定轨道交通车站客流吸引范围,主要是确定一次吸引的合理步行区和三次吸引的合理接运区。

2. 四阶段客流预测工作步骤

城市土地利用状况所反映的城市社会经济活动特征,以及城市交通设施及其特征决定了客流的产生、分布以及出行方式和线路的选择。同时,客流预测、运输规划的结果也会反作用于城市交通系统,并通过城市交通系统对城市的社会经济活动产生影响(见图2-1)。

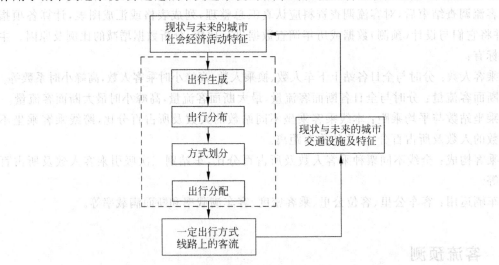

图 2-1　城市交通系统与城市社会经济活动的相互影响

四阶段客流预测的一般步骤为:

(1) 划分交通小区:一般沿河道、铁路、山林、城墙和道路等自然障碍,以方便交通调查、交通分析和交通预测,并且交通小区内的用地性质、交通特点应尽量一致。划分交通小区一般应符合下列条件:①应与城市规划和人口等调查的划区相协调,一般不应打破行政区划,以便充分利用现有资料;②应便于把该区的交通分配到城市道路网、城市公交网、城市轨道网等网络上;③应充分考虑调查区域的大小和规划目的。

一般来说,城市交通规划中交通小区的划分小,区域交通规划中交通小区划分大;交通矛盾冲突的地方,交通小区应划分得小些,反之则可划分大些。如图 2-2 所示。

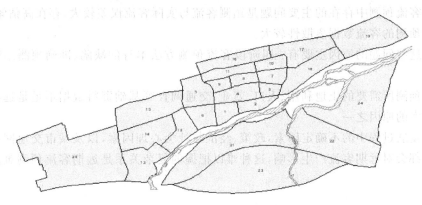

图 2-2　交通小区划分示意图

(2) 出行生成:该阶段预测每一交通小区的出行生成量和出行吸引量。其基础资料是城市远景人口和就业岗位数等预测数据。

根据土地利用规划,可以把交通规划的区域划分成许多交通小区,在已知各交通小区的居住人口数、就业岗位数以及家庭人口、收入和私人交通工具拥有数等特征数据的基础上,应用回归分析法、类型分析法等预测方法来预测各个交通小区的出行生成量和出行吸引量。

(3) 出行分布:该阶段预测各交通小区出行生成量的去向和出行吸引量的来源,即各交通小区间的出行生成与吸引分布。用 OD 矩阵表来表示(见表 2-1)。

表 2-1　交通小区间的 OD 矩阵

O/D	1	2	…	j	…	n	合计
1	T_{11}	T_{12}	…	T_{1j}	…	T_{1n}	O_1
2	T_{21}	T_{22}	…	T_{2j}	…	T_{2n}	O_2
⋮	⋮	⋮		⋮		⋮	⋮
i	T_{i1}	T_{i2}	…	T_{ij}	…	T_{in}	O_i
⋮	⋮	⋮		⋮		⋮	⋮
N	T_{n1}	T_{n2}	…	T_{nj}	…	T_{nn}	O_n
合计	D_1	D_2	…	D_j	…	D_n	T

(4) 方式划分:确定轨道交通、常规公交、自行车、步行、出租汽车和私人汽车等各种出行方式承担的交通小区间 OD 出行量的比例。

其基本思路为:首先预测出行者对各种出行方式的选择率,然后用选择率乘以交通小区的出行生成量、吸引量或者交通小区的 OD 出行量,得到各种出行方式的运量分担比例。

影响出行方式选择的因素有:出行者的特性、出行的特性、交通系统的特性。

预测出行方式选择概率时有两种模型：集计模型和非集计模型。集计模型以交通小区为基本单位预测出行方式的选择率，非集计模型先以个人为基本单位预测出行方式的选择率，然后把个人对出行方式的选择率集计起来。

（5）出行分配：将 OD 出行量按一定的规则分配到交通网中的各条线路上去。出行分配常用的方法有全有全无分配法、逐次平均法和均衡分配法等。

3. 关于客流预测误差

国内客流预测中存在的主要问题是预测客流与实际客流误差较大、存在高估倾向，以及不同机构预测的客流数据离散性较大。

造成这些问题的原因主要有：四阶段客流预测方法本身的缺陷、准确预测远期客流难度较大。

客流预测所需要的土地利用、人口、就业、交通调查等基础资料数据不足是远期客流预测难度较大的原因之一。

城市发展过程中的不确定因素，政策、经济与社会心理因素，以及城市交通网络结构的未来变化都会对远期客流产生影响，这种难以把握的复杂关系是远期客流预测难度较大的另一原因。

复习思考题

1. 什么是客流？客流数据在轨道交通领域中有哪些用途？
2. 轨道交通客流有哪些分类方法？各类客流的含义是指什么？
3. 什么是断面客流量？断面客流量如何计算？
4. 什么是最大断面客流量？
5. 什么是高峰小时最大断面客流量？其有何作用？
6. 车站客流量包括哪些？它们有什么作用？
7. 客运需求有哪四个特性？其具体含义是什么？
8. 影响客流的因素具体包括哪些？各因素是如何影响客流量大小的？
9. 客流分析的重点是什么？
10. 试述轨道交通一日内小时客流分布的特点。
11. 反映轨道交通线路分时客流不均衡程度的系数如何计算？系数的不同值范围各代表什么含义？
12. 小编组、高密度的列车开行方案有哪些优点？其适用条件是什么？
13. 轨道交通一周内的全日客流分布特征是什么？如何针对性地组织运营？
14. 轨道交通季节性和突发性客流变化特征是什么？如何针对性地组织运营？
15. 车站高峰小时客流分布特征有哪些？
16. 什么是超高峰系数？其如何取值？
17. 轨道交通客流的空间分布特征有哪些？
18. 轨道交通各线路客流不均衡的成因是什么？线路客流不均衡包括哪两个方面？
19. 反映轨道交通线路上下行方向客流不均衡程度的系数如何计算？其不同的取值各代表什么含义？

20. 在处理上下行方向最大断面客流不均衡程度较大的情况时,直线和环线有什么不同?

21. 轨道交通线路单向各个断面客流不均衡程度系数如何计算?系数的不同取值各代表什么含义?

22. 在断面客流不均衡程度较大的情况下,如何组织运营较为经济?有何限制条件?

23. 车站乘降人数不均衡的成因是什么?其对车站工作安排有哪些影响?

24. 车站内客流分布特征包括哪些?

25. 掌握客流在车站内的空间分布特征有何作用?

26. 客流调查涉及哪些问题?

27. 客流调查的种类有哪些?简要介绍各类调查的调查方法。

28. 试列举几个客流调查的统计指标。

29. 客流预测的模式有哪些?各预测模式的特点和适用情况如何?

30. 四阶段客流预测包括哪些步骤?各步骤的具体工作内容是什么?

31. 方式划分预测的基本思路是什么?影响出行方式选择的主要因素有哪些?

32. 什么是集计模型?什么是非集计模型?

33. 出行分配常用的方法有哪些?

34. 造成客流预测误差的原因主要有哪些?

第 3 章 列车开行计划

3.1 全日行车计划

全日行车计划是营业时间内各个小时开行的列车数计划,它是编制列车运行图和确定车辆运用的基础资料。

全日行车计划根据营业时间内分时最大断面客流量、列车定员人数、车辆满载率,以及希望达到的服务水平进行编制。

1. 编制资料

1) 营业时间

营业时间的安排主要考虑两个因素:市民出行活动的特点,方便乘客;满足轨道交通各项设备检修施工的需要。大多数城市的轨道交通营业时间在 18~20h,个别城市是 24h 运营,如纽约和芝加哥。适当延长运营时间,是轨道交通提高服务水平的体现。

2) 分时最大断面客流量

站间 OD 客流数据是计算最大断面客流量的原始资料。根据站间 OD 客流数据,首先计算出各站上下车人数,然后计算出断面客流量,最后得到最大断面客流量。

对于新投入运营线路,站间 OD 客流数据来源于客流预测资料;对于既有运营线路,站间 OD 客流数据来源于客流统计或客流调查资料。

分时最大断面客流量有两种确定方法:

(1) 在已知高峰小时最大断面客流量的基础上,根据分时客流占高峰小时客流的比例进行确定;

(2) 在已知全日最大断面客流量的基础上,根据分时客流占全日客流的比例进行确定。

3) 列车定员数

列车定员数是列车编组辆数和车辆定员数的乘积。

列车编组辆数的确定以高峰小时最大断面客流量作为基本依据。此外还取决于列车间隔、车辆选型、站台长度和轨道交通保有的运用车辆数等因素。

车辆定员数取决于车辆的尺寸、车厢内座位布置方式和车门设置数。一般来说,车辆长宽尺寸越大载客越多,车厢内座位纵向布置较横向布置载客要多。

4) 线路断面满载率

线路断面满载率即单位时间内、特定断面上的车辆载客能力利用率。通常是指早高峰小时、单向最大客流断面的车辆载客能力利用率。反映了列车在最大客流断面的满载程度,也反映了乘客的舒适程度。为提高车辆利用率、降低运输成本,在编制全日行车计划时,高峰小时可适当超载。

2. 编制步骤

(1) 计算分时开行列车数:

$$n_i = \frac{p_{\max}^i}{p_{列} \beta} \tag{3-1}$$

式中:n_i——分时开行列车数,列或对;

$p_{\max}^i$——分时最大断面客流量,人;

$p_{列}$——列车定员数,人;

β——线路断面满载率。

(2) 计算分时行车间隔:

$$t_{间隔}^i = \frac{3600}{n_i} \tag{3-2}$$

式中:$t_{间隔}^i$——分时行车间隔,s。

(3) 最终确定全日行车计划。

在计算得出分时开行列车数和行车间隔的基础上,应检查是否存在某段时间内行车间隔过长的情形。

为提高服务水平,轨道交通的行车间隔在非高峰运营时间的 9:00—21:00 一般不宜大于 6min,在其他非高峰运营时间一般不宜大于 10min。

高峰小时的行车间隔的确定应检验与列车折返能力是否相适应。

3. 编制算例

第一步:计算分时最大断面客流量。

根据轨道交通线路站间到发 OD 客流量表,计算出全日最大断面客流量。然后根据各时间段客流量与最大断面客流量的比例关系,算得分时最大断面客流量数据。

例 1 已知某线路高峰小时站间到发 OD 客流量如表 3-1 所示。

根据 OD 客流量表,首先计算得出各车站分方向别上下车人数,如表 3-2 所示。计算方法为:先规定好行车方向,如规定 A 至 H 为下行方向,则 OD 表中对角线的上三角部分数据为下行客流数据,而下三角部分数据为上行客流数据。某车站下行方向的上客人数为该车站所在行中上三角数据部分除去合计之外的数据之和;而该车站下行方向的下客人数为该车站所在列中上三角数据部分的数据之和。反之,若是上行方向,则取下三角部分的数据即可,其他方法相同。

表 3-1　站间到发 OD 客流量表

发/到	A	B	C	D	E	F	G	H	合计
A	—	5830	5200	6200	3505	8604	9620	17658	56617
B	6890	—	1420	4575	3694	5640	6452	14566	43237
C	4580	1212	—	423	724	2100	2430	3511	14980
D	6520	2454	523	—	423	1247	1434	3569	16170
E	3586	1860	866	513	—	356	1211	2456	10848
F	7625	6320	1724	2413	385	—	750	4857	24074
G	9654	8214	2130	4547	1234	960	—	1463	28202
H	15607	12500	4324	5234	2567	5427	2401	—	48060
合计	54462	38390	16187	23905	12532	24334	24298	48080	242188

表 3-2　各车站分方向别上下车人数

下行上客数	下行下客数	车站	上行上客数	上行下客数
56617	0	A	0	54462
36347	5830	B	6890	32560
9188	6620	C	5792	9567
6673	11198	D	9497	12707
4023	8346	E	6825	4186
5607	17947	F	18467	6387
1463	21897	G	26739	2401
0	48080	H	48060	0

根据式(3-1),从起始站开始,逐个推算上下行方向各断面的客流量数据。如上例,下行方向从 A 站开始推算,上行方向从 H 站开始推算。得到各断面分方向别客流量如表 3-3 所示。

表 3-3　各断面分方向别客流量

下行	区间	上行	下行	区间	上行
56617	A—B	54462	80854	E—F	84478
87134	B—C	80132	68514	F—G	72398
89702	C—D	83907	48080	G—H	48060
85177	D—E	87117			

从表 3-3 即可得到最大客流断面为 C—D 段下行区间,其客流量为 89702 人。

若各时间段客流量与高峰小时客流量的比例如表 3-4 所示,则可计算出分时最大断面客流量。

表 3-4 分时客流量与高峰小时客流量比例

时间段	比例	客流量	开行列车数	时间段	比例	客流量	开行列车数
5:00—6:00	0.18	16146	10	14:00—15:00	0.57	51130	31
6:00—7:00	0.41	36778	22	15:00—16:00	0.68	60997	37
7:00—8:00	1	89702	44	16:00—17:00	0.86	77144	38
8:00—9:00	0.74	66379	40	17:00—18:00	0.63	56512	34
9:00—10:00	0.49	43954	27	18:00—19:00	0.43	38572	23
10:00—11:00	0.52	46645	28	19:00—20:00	0.34	30499	19
11:00—12:00	0.64	57409	35	20:00—21:00	0.27	24220	15
12:00—13:00	0.59	52924	32	21:00—22:00	0.24	21528	13
13:00—14:00	0.55	49336	30	22:00—23:00	0.16	14352	9

第二步：计算分时开行列车数。

按照式(3-1)计算。上例中，设车辆定员为 310 人，列车编组为 6 辆，满载率早晚高峰小时为 1.1，其他时间段为 0.9，则高峰小时客流断面的开行列车数计算如下，同理算得各时间段的开行列车数如表 3-4 所示。

$$n = \frac{89702}{310 \times 6 \times 1.1} \text{辆} = 43.84 \text{辆} \approx 44 \text{辆}$$

由于列车数只能是整数，所以计算结果必须取整。轨道交通属于公共客运服务，正常的客运需求如无特殊情况必须满足，所以取整方法一般都是向上取整，即不论小数点后为多少，一律进一。个别情况除外，即当满载率取值为小于 1 时，并且小数点后的值较小时，可以向下取整，如表 3-4 中 18:00—19:00 时间段所示。这是由于满载率取值小于 1，代表所提供的服务水平高于标准服务水平，列车还有一定的载客潜力，同时又因为多出的客流量不大，通过挖掘各趟列车的载客潜力即可完成客流量运输任务，从节约成本的角度出发，不用加开一列列车。

第三步：计算分时行车间隔。

按照式(3-2)计算得出各时间段的分时行车间隔如表 3-5 所示。

表 3-5 分时行车间隔计算结果

时间段	列车数	计算行车间隔/s	最终行车间隔/s
5:00—6:00	10	360	360
6:00—7:00	22	164	164
7:00—8:00	44	82	82
8:00—9:00	40	90	90
9:00—10:00	27	133	133
10:00—11:00	28	129	129
11:00—12:00	35	103	103
12:00—13:00	32	113	113
13:00—14:00	30	120	120
14:00—15:00	31	116	116
15:00—16:00	37	97	97

续表

时间段	列车数	计算行车间隔/s	最终行车间隔/s
16:00—17:00	38	95	95
17:00—18:00	34	106	106
18:00—19:00	23	157	157
19:00—20:00	19	189	189
20:00—21:00	15	240	240
21:00—22:00	13	277	277
22:00—23:00	9	400	400

第四步：最终确定全日行车计划。

在计算得出分时开行列车数和行车间隔的基础上，应检查是否存在某段时间内行车间隔过长的情形。

为提高服务水平，轨道交通的行车间隔在非高峰运营时间的9:00—21:00一般不宜大于6min，在其他非高峰运营时间一般不宜大于10min（各城市轨道交通线路根据自身情况具体规定有所不同）。

高峰小时行车间隔的确定应检验与列车折返能力是否相适应。

算例中，经检查，计算所得的行车间隔都满足服务水平要求，不用调整，因此作为最终行车间隔取用，如表3-5所示。

3.2 列车开行方案

列车开行方案包括列车编组方案、列车交路方案和列车停站方案三部分。列车编组方案规定了列车是固定编组还是非固定编组，以及编组辆数。列车交路方案规定了列车的运行区段与折返车站。列车停站方案规定了列车是站站停车还是非站站停车，以及非站站停车的方式。此外，列车开行方案还规定了按不同编组、交路和停站方案开行的列车数。

列车开行方案是日常运营组织的基础。列车开行方案的比选应遵循客流分布特征与运营经济合理兼顾的原则，以实现既能维持较高的乘客服务水平，又能提高车辆运用效率的目标。

1. 列车编组方案

1) 列车编组种类

大编组方案是指在运营时间内列车编组辆数固定且相对较多，如地铁列车采用的6辆或8辆编组的情形。

小编组方案是指在运营时间内列车编组辆数固定且相对较少，如地铁列车采取3辆或4辆编组的情形。

大小编组方案是指在运营时间内列车编组辆数不固定。一种是在客流非高峰时段编组辆数相对较少，在客流高峰时段编组辆数相对较多，如3/6、4/6、4/8辆编组；另一种是在全日运营时间内均采用大小编组。

离开一定的客流条件来讨论列车编组方案的比选是无意义的。只有在客流尚未达到远期设计客流量，并且分时客流不均衡程度较大的情况下，才有必要对列车编组方案进行比选。

2) 影响列车编组方案比选的因素

影响列车编组方案选用的主要因素是客流、通过能力和车辆选型。此外还应考虑乘客服务水平、车辆运用经济性和运营组织复杂性等因素。

(1) 客流因素：主要是指高峰小时最大断面客流与分时客流不均衡程度。在车辆选型、列车间隔一定的情况下，客流较大，列车编组也较大。

(2) 车辆选型的依据是高峰小时最大断面客流量，在高峰小时最大断面客流量≥3万人时应采用 A 型车和 B 型车，车辆定员分别为 310 人和 230 人。

从提供必要的小时列车运能出发，在车辆定员一定的情况下，为适应小编组方案，列车间隔应相应压缩，但列车间隔的压缩受到线路通过能力和列车折返能力的制约。

(3) 乘客服务水平因素：在进行列车编组方案比选时，应考虑不同编组方案的乘客服务水平。在客流量不大、列车密度较低的情况下，与大编组方案相比，采用小编组方案时的乘客候车时间较短。因此，小编组方案有助于提高乘客服务水平。

(4) 车辆运用经济性：采用小编组方案，对提高列车满载率及降低牵引能耗具有积极的意义，但动车比例的增加会导致车辆平均价格的上升，而小编组列车开行数的增加也会使乘务员配备数增加。

(5) 运营组织复杂性：与采用固定编组方案相比，在选用大小编组方案时，列车的编组与解体、高峰与非高峰时段的过渡以及列车间隔的调整等均增加了运营组织的复杂程度。

2. 列车交路方案

1) 列车交路种类

列车交路有常规交路、混合交路和衔接交路三种。

(1) 常规交路又称为长交路，列车在线路的两个终点站间运行，到达线路终点站后折返（见图 3-1）。

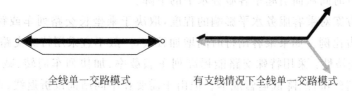

全线单一交路模式　　　　有支线情况下全线单一交路模式

图 3-1　常规交路模式

采用常规交路方案行车组织简单、乘客无须换乘、不需要设置中间折返站。若线路各区段断面客流不均衡程度较大，则会产生部分区段列车运能的浪费。

(2) 混合交路又称为长短交路，长短交路列车在线路的部分区段共线运行，长交路列车到达线路终点站后折返，短交路列车在指定的中间站单向折返（见图 3-2）。

采用混合交路方案可提高长交路列车满载率、加快短交路列车周转，但部分乘坐长路列车乘客的候车时间增加，需要设置中间折返站。

(3) 衔接交路又称为短交路，是若长短交路的衔接组合，列车只在线路的某一区段内运行，在指定的中间站折返（见图 3-3）。

采用衔接交路方案可提高断面客流较小区段的列车满载率，但跨区段出行的乘客需要换乘，以及需要设置中间折返站。短交路列车在中间站是双向折返，增加了折返作业的复杂性。

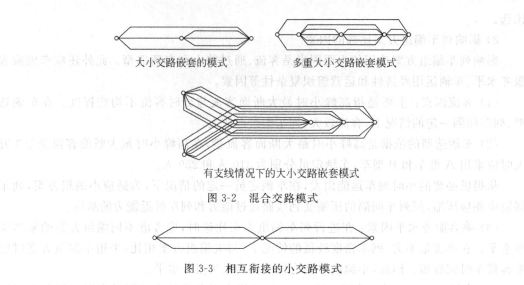

图 3-2 混合交路模式

图 3-3 相互衔接的小交路模式

2) 影响列车交路方案比选的因素

符合客流的空间分布特征是列车交路方案选用的前提条件和必要条件。影响列车交路方案的比选因素如下：

(1) 客流的空间分布特征：只有在线路各区段断面客流分布不均衡程度较大时，才有必要对常规交路和特殊交路方案进行比选。

在断面客流分布为阶梯形时可选用混合交路或衔接交路方案；在断面客流分布为凸字形时可选用混合交路方案；在断面客流分布比较均衡时，一般选用常规交路方案。

(2) 乘客服务水平：在采用混合交路时，部分乘坐长交路列车的乘客会增加候车时间；在采用衔接交路时，跨区段出行的乘客需要在中间折返站换乘。因此，采用特殊交路会使部分乘客增加出行时间从而引起乘客服务水平的下降。

特殊交路方案对乘客服务水平影响的程度，取决于乘坐长交路列车或跨区段出行乘客的数量及其所占比例。如果乘客出行时间增加较大，一般不宜采用特殊交路方案。

(3) 运营经济性：采用特殊交路能提高列车满载率、加快列车周转、减少运用车数，从而提高车辆运营经济性、降低运营成本。但由于需要在中间站铺设折返线、道岔和安装信号设备，因此也会增加投资和运营费用。

(4) 通过能力适应性：在采用特殊交路方案时，不同交路列车的折返作业可能会产生进路干扰，此时，线路折返能力，甚至最终通过能力均有可能降低。因此，通过能力是否适应是采用特殊交路方案的充分条件之一。

(5) 运营组织复杂性：由于列车按不同的交路运行并在中间站折返，以及需要加强站台乘车导向服务，特殊交路方案的运营组织要比常规交路方案复杂。

此外，在采用特殊交路方案时，中间折返站的选择也是运营组织中需要考虑的问题。

3. 列车停站方案

1) 列车停站种类

(1) 站站停车：列车在全线所有车站均停车(见图 3-4)。

优点：线路上开行列车种类简单，不存在列车越行，乘客无须换乘，也无须关注站台上的列车信息显示。

缺点：在跨区段、长距离出行乘客比例较大时，站站停车在车辆运用与服务水平方面均未达到最佳状态。

图 3-4 站站停车方案示意图

（2）区段停车：在长短交路情况下采用，长交路列车在短交路区段外每站停车，但在短交路区段内不停车通过；而短交路列车则在短交路区段内每站停车，短交路列车的终点站同时又是乘客换乘站（见图 3-5）。

优点：采用区段停车方案有利于压缩长距离出行乘客的乘车时间和减少车辆运用、降低运营成本。

缺点：在行车量较大的情况下可能会产生越行，需要修建侧线；且在不同交路区段上下车的乘客会增加换乘时间，而在短交路区段内上下车的乘客会延长候车时间。

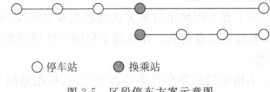

图 3-5 区段停车方案示意图

（3）跨站停车：在长交路的情况下采用，将线路上开行的列车分为 A、B 两类，全线的车站分为 A、B、C 三类，其中 A、B 类车站按相邻分布的原则设置，C 类车站按每隔 4 或 6 个车站选择一个的原则设置（见图 3-6）。

A 类车在 A、C 类车站停车，在 B 类车站通过；B 类车在 B、C 类车站停车，在 A 类车站通过。

优点：跨站停车方案比较适用于 C 类车站上下车客流较大，并且乘客乘车距离较远的情形。

缺点：由于 A、B 两类车站的列车到达间隔加大，在 A、B 两类车站上车乘客的候车时间有所增加；此外，在 A、B 两类车站间上下车的乘客需要在 C 类车站换乘，会增加换乘时间及带来不便。

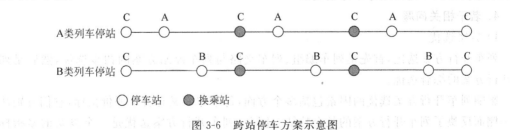

图 3-6 跨站停车方案示意图

（4）部分列车跨多站停车：是指线路上开行两类长交路列车，即普速、站站停列车和快速、跨多站停列车，快速列车只在线路上的主要客流集散站停车，而在其他站则不停站通过

(见图3-7)。

优点：该停车方案在提高跨多站停车列车旅行速度的同时，避免了跨站停车方案存在的部分乘客需要换乘问题，做到既能提高运营经济性，又不降低对乘客的服务水平。且该停车方案运用比较灵活，运营部门可根据客流特征、按不同比例确定快速列车开行对数。

缺点：在线路通过能力利用率比较高的情况下，采用该停车方案通常会引起快速列车越行普速列车；如果不安排列车越行，则只能以损失线路通过能力来保证追踪列车间隔时间。

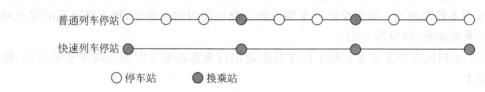

图3-7 部分列车跨多站停车方案示意图

2) 影响列车停站方案比选的因素

(1) 站间OD客流特征：在长距离出行乘客比例较大及某些发到站间的直达客流也较大时，采用非站站停车方案通常是有利的。在线路上以同一区段内发到的短途客流为主时，不宜采用非站站停车方案。

(2) 乘客服务水平：采用非站站停车方案是否可行，应根据站间OD客流，定量分析计算长途乘客节约的出行时间与部分乘客增加的换乘与候车时间。如果乘客的节约时间总和大于增加时间总和，或者乘客的节约时间与增加时间基本持平，采用非站站停车方案是可行的，能提高或至少不降低乘客服务水平。

(3) 列车越行问题：采用非站站停车方案，必须对列车越行相关问题，如列车越行判定条件、越行站设置数量及位置等做进一步分析。

(4) 运营经济性：非站站停车方案能加快列车周转、减少运用车数，从而降低运营成本。但采用非站站停车方案时，通常要在部分中间站增设越行线，车站土建与轨道等费用的增加会引起车站造价上升。

(5) 运营组织复杂性：由于各类列车的停站安排不同以及列车在中间站越行，控制中心、车站控制室对列车运行的监控以及站台上的乘车导向服务均应加强。因此，非站站停车方案的运营组织要比站站停车方案复杂。

4. 若干相关问题

1) 方案选优

列车开行方案选优，首先是列车编组、列车交路与列车停站方案的初步选优，然后是列车开行方案的综合选优。

影响列车开行方案选优的因素包括多个方面，每个方面又有若干评价指标，它们分别从某一侧面反映了列车开行方案的某个特征。因此，列车开行方案选优是一个复杂的多指标综合评价问题。

列车开行方案选优的评价指标包括五个方面。

(1) 乘客服务水平：包括乘客乘车时间、候车时间、换乘时间、换乘次数和平均出行速度等。

(2) 车辆运用：包括列车周转时间、旅行速度、运用车数、日车走行公里和车辆满载率等。

(3) 通过能力适应性：主要是评价列车开行方案实施后的能力损失，以及最终通过能力是否适应。包括线路通过能力利用率、列车折返能力利用率等。

(4) 运营组织复杂性：运营组织很复杂的列车开行方案，实践中通常不为运营部门所接受。在列车开行方案选优时，可用等级或排序的方式来反映运营组织的复杂程度。

(5) 运输成本：包括车辆购置费用、增设折返线费用、增设越行线费用、列车运行距离相关费用和乘务人员费用等。

2) 列车越行

(1) 越行判定条件：如图 3-8 所示，A、B 两站间的车站数为 $n-2$，前行列车为 A、B 两站间开行的站站停车列车，后行列车为 A、B 两站间开行的不停站列车；前、后行列车在 A、B 两站间的运行时间分别为 $T_{前行}$ 和 $T_{后行}$，前、后行列车在 A 站的发车间隔时间为 $T_{间隔}$。

$$\begin{cases} T_{前行} = \sum_{i=1}^{n-1} t_{运,i} + \sum_{j=2}^{n-1} t_{站,j} \\ T_{后行} = T_{前行} - \sum_{j=2}^{n-1} (t_{停,j} + t_{站,j} + t_{起,j}) \end{cases} \quad (3-3)$$

式中：$t_{运,i}$——第 i 区间的列车运行时间，s；

$t_{站,j}$——第 j 站的列车停站时间，s；

$t_{停,j}$——第 j 站的停车附加时间，s；

$t_{起,j}$——第 j 站的启动附加时间，s。

后行列车是否会越行前行列车，可按前、后行列车到达 B 站的间隔时间是否大于或等于追踪间隔时间 h 的条件来判定。

在 $T_{间隔} + T_{后行} - T_{前行} \geq h$ 时，后行列车在 A、B 两站间不越行前行列车；在 $T_{间隔} + T_{后行} - T_{前行} < h$ 时，后行列车在 A、B 两站间越行前行列车。

(2) 越行站设置数量：先假设前行站站停车列车与后行不停站列车的开行比例为 $p:1$（p 为整数），此时，后行列车越行前行列车的次数即为需要设置的越行站数（见图 3-9）。

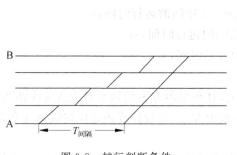

图 3-8 越行判断条件

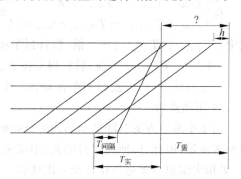

图 3-9 越行站设置数量计算示意图

后行列车越行前行列车的次数 $K_{越}$，可按下式计算：

$$K_{越} = \frac{T_{前行} + h - T_{后行} - T_{间隔}}{I} \tag{3-4}$$

式中：$K_{越}$——越行次数，次；

I——前行站站停列车的平均发车间隔时间，s。

当前行站站停车与后行不停站列车的开行比例为 $p:q(p>q\geqslant 1$，且 p,q 均为整数)时，首列不停站快速列车越行前行站站停车列车的次数仍为前述 $K_{越}$，而其他不停站快速列车越行前行站站停车列车的次数均小于 $K_{越}$。

因此，在 $p:q$ 的情况下，尽管总的越行次数会增加，但仍可根据首列不停站快速列车越行前行站站停车列车的次数来确定越行站的设置数。

(3) 越行站设置位置：如图 3-10 所示，如果后行不停站列车与前行站站停车列车在 $m-1$ 站的不同时发车间隔时间大于等于追踪列车间隔时间，但在 m 站的不同时到达时间间隔小于追踪列车间隔时间，则后行列车应在 $m-1$ 站越行前行列车。

如图 3-11 所示，如果后行不停站列车与前行站站停车列车在 m 站的不同时到达时间大于等于追踪列车间隔时间，但在 m 站的不同时发车间隔时间小于追踪列车间隔时间，后行列车应在 m 站越行前行列车。

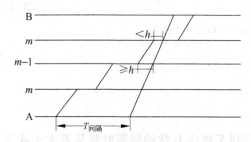
图 3-10 越行站设置位置(情况一)

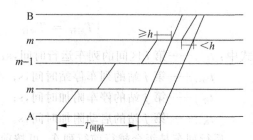
图 3-11 越行站设置位置(情况二)

根据以上分析，提出确定越行站设置位置的条件如下：

在 $\begin{cases} T_{间隔} + T_{后行,m-1} - (T_{前行,m-1} + t_{站,m-1}) \geqslant h \\ T_{间隔} + T_{后行,m} - T_{前行,m} < h \end{cases}$ 时，应将 $m-1$ 站确定为越行站；

在 $\begin{cases} T_{间隔} + T_{后行,m} - T_{前行,m} \geqslant h \\ T_{间隔} + T_{后行,m} - (T_{前行,m} + t_{站,m}) < h \end{cases}$ 时，应将 m 站确定为越行站。

式中：$T_{前行,m-1}$、$T_{后行,m-1}$——前、后行列车在 A、$m-1$ 站间的运行时间，s；

$T_{前行,m}$、$T_{后行,m}$——前、后行列车在 A、m 站间的运行时间，s；

$t_{站,m}$、$t_{站,m-1}$——前行列车在 m、$m-1$ 站的停站时间，s。

3) 车站造价

由于小编组方案对降低车站的造价影响不大，且小编组方案的列车只能适应线路的初、中期客流量，因此，即使在运营的初、中期采用小编组方案，站台长度还是应按线路远期客流量，采用大编组方案进行设计和一次建成。

在车站的建设规模上，以增加较小的工程投资换取必要的运能储备或发展预留是必需的。

4) 设置配线

车站设置越行线会使车站造价增加，但车站配线的设置也为运营组织带来若干附加功能：

◇ 在列车运行晚点或临时加开短交路列车时，有助于提高列车运行调整的机动性。

◇ 在短交路列车折返作业与长交路列车接发作业干扰时，有助于消除作业干扰对线路通过能力的不利影响。

◇ 在列车故障或发生行车事故时可作为临时停车线使用，有助于在最短时间内开通正线，恢复行车。

◇ 在夜间可作为列车停留线使用，有助于压缩车辆段建设规模、减少工程投资和运营费用。

5．列车开行方案编制算例

1) 编制基础资料

(1) 线路站间到发 OD 客流数据：站间 OD 客流特征是编制列车开行方案的基础。根据获得的 OD 客流矩阵，分析路段 OD 客流分布特征、车站乘降客流分布特征，找到线路的重点客运区段和重点客运车站，作为后期确定编组、交路和停站方案的基本依据。

(2) 线路基础设施及其能力数据：包括线路站间距、折返站的设置位置、每个折返站的折返能力、站台长度、车站是否设置配线以及配线的数量等。这些数据在确定列车交路计划、编组计划和停站方案时都需要用到。

(3) 车辆长度及定员数据：用于确定列车编组方案时使用。

2) 编制步骤

例 2 已知某线路高峰小时车站分方向别上下车人数如表 3-6 所示，该线路采用 A 型车辆，长度 22.8m，定员 310 人，高峰满载率取 1.1，沿线各站站台有效长度均为 200m，该线路 A、C、F、G、H 站均为折返站且折返能力充足。试以提高运能利用率为优化目标，编制经济合理的列车开行方案，并计算方案的实际运能利用率指标。

表 3-6 高峰小时各车站方向别上下车人数

下行上客数	下行下客数	车站	上行上客数	上行下客数
15617	0	A	0	24462
13347	1830	B	7890	8560
5188	2620	C	8792	7567
6673	11198	D	4497	7707
1023	15346	E	16825	4186
5607	7947	F	12467	6387
1463	1897	G	2739	2401
0	8080	H	8060	0

第一步：根据客流数据，找出重点客运区段和重点客运车站。

① 计算车站乘降量集中率。

各车站分方向乘降量从大到小排序如表 3-7 所示。

表 3-7 各车站分方向乘降量排序表

序号	车站	下行乘降量	序号	车站	上行乘降量
1	D	17871	1	A	24462
2	E	16369	2	E	21011
3	A	15617	3	F	18854
4	B	15177	4	B	16450
5	F	13554	5	C	16359
6	H	8080	6	D	12204
7	C	7808	7	H	8060
8	G	3360	8	G	5140

由大到小累加各站的乘降量 Q_m，直至达到全线乘降量 Q 的 40%，求得 m 值。
根据式(2-7)，求得上、下行方向 m 值均为 3。根据式(2-8)计算集中率如下：

$$G = 1 - \frac{m}{n} = 1 - \frac{3}{8} = 0.625$$

由此可见，该线乘客乘降量并未过度集中于极少数车站，不需要采用非站站停车方案。
② 计算路段客运量比例。
由表 3-6 计算得出断面分方向客流量如表 3-8 所示。

表 3-8 各断面分方向别客流量

下行	区间	上行	下行	区间	上行
15617	A—B	24462	10854	E—F	14478
27134	B—C	25132	8514	F—G	8398
29702	C—D	23907	8080	G—H	8060
25177	D—E	27117			

观察表 3-8 中数据可知，A—E 区段的客运量占总客运量的比例达到 75% 以上，因此可考虑采用非常规交路来满足客运需求。由于 E 站不是折返站，为完整覆盖大客流量区段，拟安排在 F 站进行小交路列车折返作业。

$$C_\text{下} = \frac{Q_\text{A-E}}{Q_\text{总}} = \frac{97630}{125078} \approx 0.78, \quad C_\text{上} = \frac{Q_\text{A-E}}{Q_\text{总}} = \frac{100618}{131554} \approx 0.76$$

观察表 3-6 发现，两个方向的 G 站和 H 站上下车总人数都超过了 11000 人，且大多数为跨区段出行，因此不适宜采用衔接交路方案。

综上分析，此例拟采用站站停车的大小交路套跑方案，大交路的运行区间为 A—H，小交路运行区间为 A—F。

第二步：确定列车开行计划。

根据题意，站台有效长度为 200m，车辆长度为 22.8m，则站台的允许最大编组数为 8。而断面最大客流量为上行方向 A—B 区间的 24462 人，按定员 310、满载率 1.1 计算，所需的总车辆数为 72。

若取行车间隔为 5min，则高峰小时共可开行 12 对列车。设大小交路开行比例设为 1∶1，则 F—H 区段的实际行车间隔为 10min，能够开行 6 对列车，得出 F—H 区段所需的最小编组数为5,然后反算得到A—F区段小交路列车所需的编组数为7。

因此,开行计划为:列车停站方案采用站站停车;列车交路方案为全线开行大小交路,大交路运行区段为A—H,小交路运行区段为A—F,大小交路开行比例为1:1,行车间隔均为10min;列车编组方案为采用静态编组形式,大交路编组数为5,小交路编组数为7。

第三步:计算方案的运能利用率。

方案指标的具体计算需要较多数据支持,这里仅以运能利用率指标为例,计算其值。

$$运能利用率 = \frac{客运量 \times 平均运距}{\sum(客运列车数 \times 列车定员 \times 列车运行距离)} \quad (3-5)$$

设线路间的站间距离如表3-9所示,则根据式(3-5)即可完成计算。

表3-9 区间长度表

区间	区间长度/m	区间	区间长度/m
A—B	1300	E—F	1200
B—C	900	F—G	1550
C—D	800	G—H	2080
D—E	1000		

$$运能利用率 = \frac{284506500}{(12 \times 310 \times 1.1 \times 5 \times 8830) + (12 \times 310 \times 1.1 \times 7 \times 5200)} = 86.3\%$$

即,本开行方案的运能利用率为86.3%。

注:本例仅从运能利用率最高角度优化设计列车开行方案,未考虑其他因素,作为一个简单示例,方便学员学习掌握列车开行方案的分析确定方法。实际列车开行方案的编制需要考虑较多的因素和制约,不会只有某个单一指标,故最终结果与本例所得结果区别较大。

3.3 列车运行图

列车运行图是列车运行的时间与空间关系的图解,它规定了各次列车占用区间的次序,列车在区间的运行时分,在车站的到达、出发或通过时刻,在车站的停站时间和在折返站的折返时间,以及列车交路和列车出入车辆段时刻等。

列车运行图能直观地显示出列车在各区间运行及在各车站停车或通过的状态。列车运行图是列车运行组织的基础。

在运营企业内部,列车运行图不但规定了线路、车站、车辆等技术设备的运用,同时也规定了与列车运行有关各部门、各工种的工作要求。所有与列车运行有关的部门、工种均应根据列车运行图的要求,严格按照一定程序有条不紊地进行工作,因此,列车运行图是轨道交通运营组织的综合性计划。

1. 列车运行图图解原理

列车运行图有两种格式,一种是以横坐标表示时间,纵坐标表示距离;另一种是以横坐标表示距离,纵坐标表示时间。我国通常是采用第一种图解方式(见图3-12)。

在列车运行图上有横线、竖线和斜线三种线条。

(1) 横线将纵轴按一定比率加以划分,代表车站的中心线,通常中间站的车站中心线可

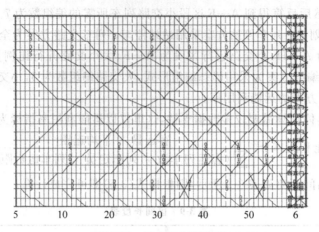

图 3-12 列车运行图示意

以较细线条表示,换乘站、折返站和终点站则以较粗线条表示。

车站中心线的确定,有按区间运行时分比率和按区间实际里程比率两种方法,实际工作中通常采用按区间运行时分比率来确定车站中心线。采用这种方法,列车运行线基本上是一条斜直线,并且容易发现列车区间运行时分的差错。

(2) 竖线将横轴按一定的时间单位进行等分,代表一昼夜的小时和分钟。根据竖线等分横轴的时间单位不同,列车运行图主要有以下四种格式:

◇ 一分格运行图,横轴以 1min 为单位进行等分。是地铁、轻轨采用的列车运行图格式。

◇ 二分格运行图,横轴以 2min 为单位进行等分。是市郊铁路编制新图时的列车运行图格式。

◇ 十分格运行图,横轴以 10min 为单位进行等分。是市郊铁路日常使用的列车运行图格式。

◇ 小时格运行图,横轴以 1h 为单位进行等分。是编制旅客列车方案图、机车周转图或客车周转图时采用的格式。

(3) 斜线是列车运行的轨迹,代表列车运行线。列车运行线与车站中心线的交点就是列车在车站的到达、出发或通过时刻。

在列车运行图上,下行列车的运行线由左上方向右下方倾斜,车次数为单数;上行列车的运行线由左下方向右上方倾斜,车次数为双数。

对于不同种类的列车,采用不同的列车运行线线条符号、颜色和列车车次范围来加以区别,列车车次通常由列车识别符号和列车目的地符号组成。

2. 列车运行图分类

(1) 按区间正线数目的不同分

单线运行图:列车运行图上,上下行列车都在同一正线上运行,上下行方向列车交会必须在车站进行(见图 3-13)。

双线运行图:列车运行图上,上下行列车在各自的正线上运行,上下行方向列车交会可在区间或车站进行。

单双线运行图:兼有单线和双线运行图的特点,列车在单线区间和双线区间分别按单

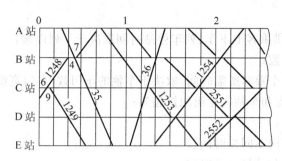

图 3-13 单线运行图示意

线运行图和双线运行图运行。

(2) 按列车运行速度的不同分

平行运行图:列车运行图上,同方向列车的运行速度相同。

非平行运行图:列车运行图上,同方向列车的运行速度不相同。

(3) 按上下行方向列车数目的不同分

成对运行图:列车运行图上,上下行方向的列车数目相等。

不成对运行图:列车运行图上,上下行方向的列车数目不相等。

(4) 按同方向列车运行方式的不同分

连发运行图:列车运行图上,同方向列车的运行以站间区间为间隔,采用连发运行图时,在连发的一组列车之间不铺画对向列车。

追踪运行图:列车运行图上,同方向列车的运行以闭塞分区或制动距离加上安全防护距离为间隔,即在一个区间内允许有一列以上同方向列车运行。采用追踪运行图必须是安装自动闭塞设备的线路。

3. 列车运行图要素

列车运行图要素的实质是把列车运行过程按空间或时间上衔接的特征划分为若干单项作业。决定单项作业时间的主要因素有:活动设备和固定设备的技术条件、作业的质量要求、作业人员数量和作业环境条件。

轨道交通列车运行图的要素包括:列车区间运行时分、列车停站时间、列车在折返站停留时间、列车折返出发间隔时间、列车出入车辆段作业时间、追踪列车间隔时间和连发间隔时间。

1) 列车区间运行时分

列车区间运行时分是指列车在两个相邻车站间的运行时间标准,通过牵引计算和列车试运行相结合的方法计算确定。

由于上下行方向线路平纵断面条件,以及列车运行速度的不同,区间运行时分应按上下行方向和各种列车分别确定。

区间运行时分应根据列车在每一区间的两个车站上不停车通过和停车两种情况分别确定。列车不停车通过两个相邻车站所需的区间运行时分称为纯运行时分。因列车到站停车和列车起动出站而增大的区间运行时分与纯运行时分之差称为停车附加时分和起动附加时分。起停附加时分应根据车辆类型、列车编组辆数,以及进、出站线路的平纵断面条件等进行确定。

2) 列车停站时间

列车停站是为了供乘客上下车,列车停站时间取决于下列因素:

◇ 车站上下车人数;

◇ 平均上(下)一个乘客所需时间,取决于车辆的车门数、车门宽度、车厢内的座椅布置方式、站台高度和车站客运组织措施等;

◇ 开关车门时间;

◇ 车门和屏蔽门的不同步时间;

◇ 确认车门关妥与信号显示时间。

$$t_{站} = \frac{(p_{上} + p_{下})t_{上(下)}}{n_{高峰}md} + t_{开关} + t_{不同} + t_{确认} \quad (3-6)$$

按上式计算的列车停站时间一般应适当加一余量并取整。在实际工作中,通常将全线各站的列车停站时间确定为 3 或 4 种时间标准。

3) 列车在折返站停留时间

列车在折返站停留时间是指列车在折返站办理各项作业时所需时间。

在站后折返时,按作业顺序,列车应办理的作业如下:

◇ 在站线上,开车门、乘客下车作业;

◇ 列车入折返线走行;

◇ 在折返线上,列车换向作业;

◇ 列车出折返线走行;

◇ 在站线上,乘客上车、关车门作业。

站后折返过程示意图如图 3-14 所示。

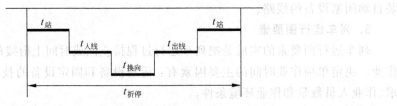

图 3-14 站后折返过程示意图

在站前折返时,列车在折返站应办理的作业有:

◇ 在站线上,乘客下车、上车以及开、关车门作业;

◇ 在站线上,列车换向作业。

上述各单项作业时间可根据分析与查标相结合的方法计算确定。综合各个单项作业所需时间,即为列车在折返站的停留时间。

4) 列车折返出发间隔时间

列车折返出发间隔时间是指列车在折返站的最小出发间隔时间。主要取决于折返线的布置、采用的折返方式等。

5) 列车出入车辆段作业时间

列车出入车辆段作业时间是指:①列车在车辆段与正线防护信号机间的运行时间;②列车在正线防护信号机与列车始发站间的运行时间;③列车在进入区间正线前等待信号

开放和确认信号的时间。

前两项时间可通过牵引计算和列车试运行相结合的方法计算确定,第三项时间可根据分析与查标相结合的方法计算确定。

6) 追踪列车间隔时间

在自动闭塞线路上,同方向运行两列车以闭塞分区(轨道电路区段)或制动距离加上安全防护距离为间隔运行,称为追踪运行。追踪运行的两列车在运行过程中相互不受干扰的最小间隔时间称为追踪列车间隔时间。

影响追踪列车间隔时间的主要因素包括列车停站时间、列车运行控制方式、列车间隔距离、列车运行速度、接近车站线路的平纵断面、车站是否设置配线和行车组织方法等。

(1) 固定(自动)闭塞线路:轨道交通车站一般不设置配线,客运作业在车站正线上办理,由于追踪列车经过车站时的间隔时间远大于在区间运行时的间隔时间,追踪列车间隔时间应根据追踪运行的两列车先后经过车站的条件计算确定。

当前行列车出清了车站轨道电路区段,在确保行车安全的条件下,后行列车以规定的进站速度恰好位于某一分界点的前方,如图3-15所示。按追踪列车先后经过车站必须保持的最小列车间隔距离计算得到的间隔时间,即为追踪列车间隔时间。后行列车从初始位置至前行列车所处位置,需经历进站运行、制动停车、停站作业和起动出站四项作业过程,即追踪列车间隔时间由四个单项作业时间组成:

$$h = t_{运} + t_{制} + t_{站} + t_{加} \tag{3-7}$$

式中:$t_{运}$——列车从初始位置时起至开始制动时止的运行时间,s;

$t_{制}$——列车从开始制动时起至站内停车时止的制动时间,s;

$t_{加}$——列车从车站起动加速时起至出清车站轨道电路区段时止的运行时间,s。

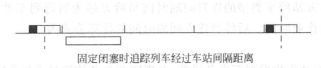

固定闭塞时追踪列车经过车站间隔距离

图 3-15　固定闭塞追踪列车间隔时间计算示意图

(2) 移动(自动)闭塞线路:在前行列车出清车站轨道电路区段与安全防护距离时,后行列车以规定速度恰好运行至进站位置处。按图3-16中所示的列车间隔距离计算得到的间隔时间就是追踪列车间隔时间。

后行列车从初始位置至前行列车所处位置,需经历制动停车、停站作业和起动出站三项作业过程,即追踪列车间隔时间由三个单项作业时间组成:

$$h = t_{制} + t_{站} + t_{加} \tag{3-8}$$

7) 连发间隔时间

从列车到达或通过前方车站时起至由车站向该区间发出另一同方向列车时止的最小间隔时间称为连发间隔时间。

连发间隔时间有两种类型、四种形式,如图3-17所示。两种类型根据后行列车在后方站通过或停车进行划分。四种形式分别为:

◇ 后行列车在后方站通过,前行列车在前方站通过;

◇ 后行列车在后方站通过,前行列车在前方站停车;

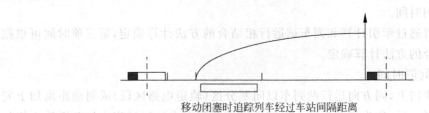

移动闭塞时追踪列车经过车站间隔距离

图 3-16 移动闭塞追踪列车间隔时间计算示意图

◇ 后行列车在后方站停车,前行列车在前方站通过;
◇ 后行列车在后方站停车,前行列车在前方站停车。

后行列车在后方站通过类型的连发间隔时间由两部分组成:第一部分为后方站为后行列车准备接车进路、办理闭塞和开放信号等作业时间;第二部分为后行列车通过后方车站进站距离的时间。后通型连发间隔时间的计算公式为

$$\tau_{连(后通)} = t_{作业} + t_{进} = t_{作业} + \frac{0.5 l_{列} + l_{确} + l_{制} + l_{进}}{v_{进}} \quad (3-9)$$

式中:$\tau_{连}$——连发间隔时间,s;
　　$t_{作业}$——后方站为通过列车准备接车进路、办理闭塞和开放信号等作业时间,s;
　　$l_{列}$——列车长度,m;
　　$l_{确}$——司机确认信号显示时间内列车运行距离,m;
　　$l_{制}$——列车制动距离,m;
　　$l_{进}$——进站位置至车站中心位置的距离,m;
　　$v_{进}$——列车平均进站速度,m/s。

后行列车在后方站停车类型的连发间隔时间是后方站为后行列车准备发车进路、办理闭塞和开发信号等作业时间。后停型连发间隔时间的计算公式为

$$\tau_{连(后停)} = t_{作业} \quad (3-10)$$

式中:$t_{作业}$——后方站为出发列车准备进路、办理闭塞和开放信号等作业时间,s。

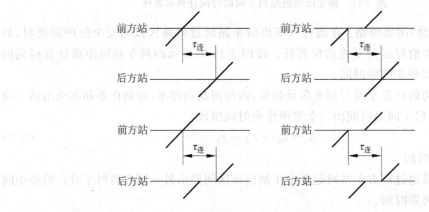

图 3-17 连发间隔时间示意图

4. 列车运行图编制

在新线投入运营、既有线技术设备、客运量或行车组织方法发生较大变化时,均需要进

行列车运行图的重新编制。

1) 编图要求

◇ 确保行车安全：列车运行图应符合《行规》等行车规章的有关规定，严格遵守行车作业程序和各项时间标准。

◇ 合理运用设备：列车运行图应流线结合，充分利用线路通过能力。在满足客流需求的同时，注意提高车辆满载率和旅行速度。

◇ 优化运输产品：列车运行图应根据客流特点，开行列车间隔、编组辆数、列车交路和旅行速度不同的列车。

◇ 配合站段工作：为使换乘站的客运作业能均衡进行，列车运行图应安排列车交错到达换乘站，并预留调试列车运行线。

2) 编图步骤与编图资料

列车运行图的编制由运营管理部门负责组织，大体经历研究讨论、编制方案、铺画详图和计算指标四个阶段。

◇ 按编图要求与编图目标确定编图注意事项；

◇ 收集编图资料，对有关问题组织调查研究和试验；

◇ 总结分析现行列车运行图的完成情况和存在问题，提出改进意见；

◇ 编制列车运行方案；

◇ 征求调度、车站、车辆部门对列车运行方案的意见，并进行必要的调整；

◇ 根据列车运行方案铺画详细的列车运行图，编制列车时刻表；

◇ 对列车运行图的编制质量进行全面的检查，并计算列车运行图指标；

◇ 将编制完毕的列车运行图、列车时刻表与编制说明等报有关部门审核批准。

在编制列车运行图前应收集的编图资料包括：运营时间、分时最大断面客流量、全日行车计划、列车编组方案、列车交路方案与列车停站方案，运用车数、线路通过能力、列车折返能力、列车出入段能力、换乘站设备能力与车站存车线能力，列车区间运行时分、列车停站时间、列车在折返站停留时间、列车折返出发间隔时间、列车出入车辆段作业时间、追踪列车间隔时间与连发间隔时间、列检、列车上线调试与乘务员作息安排，与其他交通方式的衔接，以及对现行列车运行图完成情况的分析等。

3) 列车运行图铺画

列车运行图铺画分两步进行。第一步编制列车运行方案，着重解决列车运行图的全面布局问题；第二步铺画列车运行详图，即详细规定每一列车在各个车站上的到达、出发或通过时刻。在铺画列车运行图前，首先应确定车站中心线的位置。

(1) 确定车站中心线，如图 3-18 所示。

(2) 编制列车运行方案，应考虑的主要问题有：

◇ 方便乘客：主要体现在合理排定始、末班车的发、到时刻；清晨与夜间的列车间隔不宜太长；合理规定列车的停车站及停站时间；各线路列车在换乘站到发时刻合理衔接；轨道交通列车与其他交通工具在到发时刻上合理衔接等。

◇ 列车运行与折返站作业协调：列车在折返作业时，有可能会产生进路干扰，应调整列车在折返站的到发间隔，尽可能安排平行作业，最大限度避免进路干扰、提高列车折返能力。

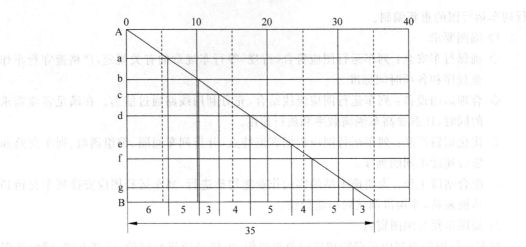

图 3-18　按区间运行时分比率确定车站中心线

◇ 列车运行与换乘站作业协调：为避免车站设备运用紧张与客运作业秩序混乱，在编制列车运行方案时应安排各线列车交错到达换乘站，如图 3-19 所示。

◇ 列车运行与车辆段作业协调：为保证运用车技术状态良好，应均衡安排列检作业时间；考虑列检能力；考虑乘务员的作息时间安排等。

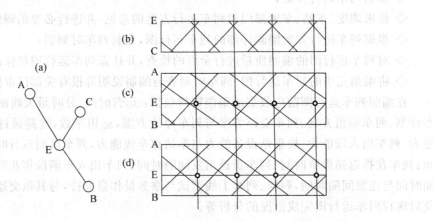

图 3-19　换乘站列车到发时刻的衔接

(3) 铺画列车运行详图：在一分格列车运行图上精确铺画每条列车运行线，详细规定列车在每个车站的到达、出发和通过时刻以及在折返站的停留时间等。

列车铺画顺序按照列车等级依次为专用列车、客运列车、调试列车和空驶列车。自列车出车辆段起，从始发站铺画到折返站，经过折返作业停留后，由折返站出发向区间铺画。

在铺画详图时，应注意确保行车安全和乘客安全，必须做到：

◇ 遵守列车区间运行时分和列车停站时间标准；

◇ 遵守列车在折返站停留时间和列车折返出发间隔时间标准；

◇ 遵守追踪列车间隔时间和连发间隔时间标准；

◇ 遵守乘务员作息时间标准；

◇ 列车在车站折返时，停在折返站上的列车数应与该站的站线数相适应；

◇ 列车在车站越行时，停在越行站上的列车数应与该站的侧线数相适应。

除编制基本运行图外，为适应客流量波动和人工驾驶需要，还应编制分号运行图，包括双休日运行图、节假日运行图和人工驾驶运行图等。

(4) 列车运行图编制的自动化：列车运行图的人工编制要求编图人员具有丰富的行车组织实践经验和较高的列车运行图编制技巧，并且每次编图需要很长时间。由于重新编一次列车运行图要做大量工作，费工费时，在实际工作中不得不减少编图次数，延长执行时间，结果是列车运行图不能及时适应运量和设备的变化。

从 20 世纪 60 年代起，许多国家开展了利用计算机编制列车运行图的研究。一些国家开发的编制地铁列车运行图软件在 20 世纪 70 年代达到实用化。列车运行图编制软件主要包括铺画列车运行线、安排运用车组、安排乘务人员和数据管理四个功能模块。此外，在节省运用车组和乘务人员方面也有一定效果。图 3-20 所示为西南交通大学开发的一款计算机编图系统操作界面。

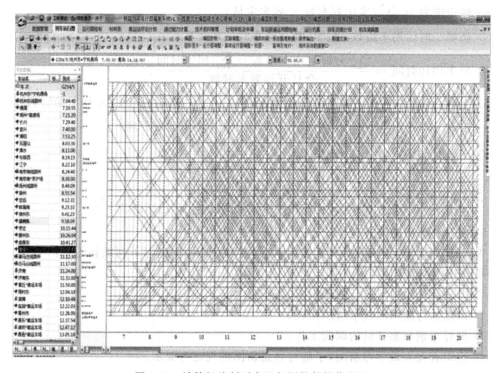

图 3-20　计算机编制列车运行图软件操作界面

4) 列车运行图指标计算

列车运行图编制完毕后，应对其质量进行检查，主要检查内容有：

◇ 开行列车数、折返列车数及列车折返站是否符合要求。

◇ 列车运行线的铺画是否符合规定的各项时间标准。

◇ 停在折返站上的列车数是否超过该站的站线数。

◇ 停在越行站上的列车数是否超过该站的侧线数。

◇ 换乘站的列车到发是否均衡。

◇ 乘务员的作息时间是否符合规定。

在确认列车运行图符合各项要求后,计算列车运行图指标。为了评价新编列车运行图的质量,应将新图的各项指标与现图的各项指标进行比较,分析各项指标提高或降低的原因。列车运行图主要指标有:

◇ 开行列车数:按列车种类和上下行分别计算。
◇ 折返列车数:按各个折返站分布计算。
◇ 行车间隔:包括高峰小时与非高峰小时时段。
◇ 首、末班车列车始发站发车时刻。
◇ 客运列车技术速度 $= \dfrac{\sum 列车单程运行距离}{\sum (列车单程旅行时间 - \sum 列车停站时间)}$。
◇ 客运列车旅行速度(运送速度) $= \dfrac{\sum 列车单程运行距离}{\sum 列车单程旅行时间}$。
◇ 输送能力 $= \sum (客运列车数 \times 列车定员)$。
◇ 高峰小时运用车组数:按早、晚高峰小时分别计算。
◇ 列车周转时间 $= \dfrac{\sum 分时运用车组数 - \sum 回库时间}{全日开行列车对数}$。
◇ 车辆总走行公里(包括图定车辆空驶里程) $= \sum (客运列车数 \times 列车编组辆数 \times 列车运行距离)$。
◇ 车辆日均走行公里(日车公里) $= \dfrac{车辆总走行公里}{\sum 分时运用车数}$。
◇ 运能利用率 $= \dfrac{日客运量 \times 平均运距}{\sum (客运列车数 \times 列车定员 \times 列车运行距离)}$。

5) 实行新图前的准备工作

为保证新图能够正确和顺利地实行,必须在实行新图前做好下列准备工作:
◇ 发布实行新图的命令;
◇ 印刷并分发列车运行图和列车时刻表;
◇ 拟定执行新图的技术组织措施;
◇ 做好车辆和乘务员的调配工作;
◇ 组织有关人员学习新图,了解与熟悉新图的规定与要求。

3.4 车辆运用计划

1. 车辆运用分类

为完成乘客运送任务,轨道交通必须设置车辆基地,配属一定数量的车辆。按运用上的不同,车辆分为运用车、检修车和备用车三类。

1) 运用车

运用车是指为完成日常客运任务而配备的技术状态良好的车辆。计算公式为

$$N_{运用} = \dfrac{n_{高峰}\theta_{列}m}{3600} \tag{3-11}$$

式中：$N_{运用}$——运用车数，辆；

$n_{高峰}$——高峰小时开行列车数，列；

$\theta_{列}$——列车周转时间，s；

m——列车编组辆数，辆。

列车周转时间是指列车在线路上往返一次所消耗的全部时间。它包括了列车在各区间的运行时间、在各中间站的停站时间，以及在两端折返站的折返停留时间。

$$\theta_{列} = \sum t_{运} + \sum t_{站} + \sum t_{折停} \tag{3-12}$$

式中：$\sum t_{运}$——列车在线路上往返一次各区间运行时间的和，s；

$\sum t_{站}$——列车在线路上往返一次各中间站停站时间的和，s；

$\sum t_{折停}$——列车在折返站停留时间的和，s。

确定运用车组数的方法有分析法和图解法两种。

（1）分析法计算公式：

$$N_{车组} = \frac{\theta_{列}}{t_{间隔}} \tag{3-13}$$

（2）图解法确定运用车组数：在列车运行图上，垂直于横轴的截取线（J）与列车运行线、折返站停留列车的交点数即为运用车组数，如图 3-21 所示。

2）检修车

检修车是指处于定期检修状态的车辆。车辆经过一段时间的运用后，各部件会产生磨耗、变形或损坏，为保证车辆技术状态良好，确保列车运行安全和延长车辆使用寿命，需要定期对车辆进行各种修程的检修。目前，国内轨道交通实行计划维修和故障维修相结合的车辆检修制度。

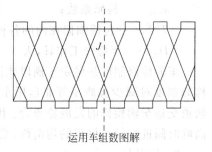

图 3-21 图解法确定运用车组数

车辆的定期检修分为月检、定修、架修和大修（厂修），有的轨道交通线路还增设了双周检、双月检或半年检等。车辆检修修程、检修周期根据车辆各部件使用寿命和车辆运用环境等因素综合考虑确定，具体见表 3-10。

车辆检修除定期检修外，还有日常检修，包括列检和临修，具体见表 3-11。

表 3-10 车辆检修修程、周期及停时

检修修程	检修周期		检修停时/日
	运用时间	走行距离/万 km	
双周检	2 周	0.4	0.5
双月检	2 月	2	2
定修	1 年	10	10
架修	5 年	50	25
大修	10 年	100	40

表 3-11　我国常见修程及主要检修内容

检修级别	检修内容或要求
例检	对主要部件作外观检查,检查制动系统、风动门系统和车载信号系统功能是否完好
双周检	对主要部件详细的外观检查,检查蓄电池液面、牵引电机换向器和碳刷、轮对制动闸瓦等
双月检	对使用周期短的部件进行更换或修理,对主要部件的状态作检查和测试
定修	架车,局部解体,对大型部件作较细致的检查、测试和修理,对轮对踏面进行不落轮旋削
架修	架车,基本解体,对走行部及牵引电机等主要部件进行分解、清洗、检查和修理
大修	架车,解体,对车体及转向架进行整修。对牵引电机、电气线路、轮对等进行分解、检查和修理。对车辆进行外表油漆等

检修车的数量取决于运用车配属数、检修周期与检修停时。检修周期与检修停时对检修车数量的影响可用检修系数反映。

$$N_{检修} = N_{运用}\alpha_{检修} \tag{3-14}$$

$$\alpha_{检修} = \frac{\sum T_i^{检修}}{D_{年}} \tag{3-15}$$

式中：$N_{检修}$——检修车数,辆；

　　　$\alpha_{检修}$——检修系数；

　　　$T_i^{检修}$——包括临修在内的各种检修修程年均检修停时,天；

　　　$D_{年}$——年检修工作日,天。

车辆检修制度是确定车辆段建设规模、计算检修车数与配属车数的依据。合理的车辆检修制度对减少检修车等非运用车数、降低轨道交通建设投资与运营成本具有重要意义。轨道交通车辆检修的发展趋势为：优化车辆检修制度,延长车辆检修周期,利用非运营与非高峰时间进行较小修程的均衡修,采用直接更换车辆零部件的方式进行换件修。

3) 备用车

备用车是指为完成临时紧急运输任务或为替换退出运营故障列车而储备的技术状态良好的车辆。备用车数一般控制在运用车数的 10% 左右。

2. 车辆运用计划

车辆运用包括列车的出入段、正线运行和列检等作业。车辆运用应按计划进行,车辆运用计划根据列车运行图与车辆检修计划进行编制。

1) 排定出入段顺序与时间

新图下达后,车辆段应根据列车运行图的要求,排定运用车组的出段顺序、时间和担当车次、回段顺序、时间和返回方向。运用车组出段时间应分别明确乘务员出勤时间和运用车组出库、出段时间。

2) 铺画车辆周转图

列车正线运行通常采用循环交路,根据列车运行图和车辆出入段顺序,车辆运用计划以车辆周转图的形式规定了全日对应各出入段顺序的运用车组在正线上往返运行的列车交路,运用车组在两端折返站的到、发时刻,以及运用车组出入段时间和顺序,如图 3-22 所示。

3) 确定对应各出段顺序的运用车

根据车辆的运用状态与检修计划,确定担当次日各出段顺序、列车交路的运用车(编号)

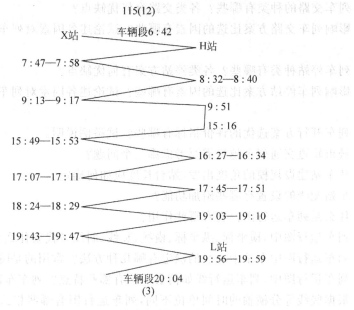

图 3-22 车辆周转图示意

与待发股道。在安排车辆运用时,应注意使运用车的走行公里在一定时期内大体均衡。

4）配备乘务员

轨道交通的乘务制度通常是采用轮乘制。由于乘务员值乘的列车不固定,在编制车辆运用计划时,应对乘务员的出退勤时间、地点和值乘列车车次以及工间休息和途中用餐等同步做出安排。在安排乘务员的工作时,应注意乘务员的连续工作时间不要超劳。

复习思考题

1. 全日行车计划的概念是什么？有哪些作用？
2. 全日行车计划的编制资料有哪些？
3. 轨道交通营业时间的安排需要考虑哪些因素？目前大多数城市的轨道交通营业时间是多少？
4. 站间 OD 客流数据来源于何处？
5. 列车定员数如何计算？
6. 列车编组辆数如何确定？有哪些限制因素？
7. 车辆定员数取决于哪些因素？
8. 线路断面满载率的含义是什么？在实际工作中通常是指什么？
9. 列车开行方案包括哪些内容？各部分内容的具体含义是什么？
10. 列车开行方案的比选应遵循什么原则？
11. 列车编组方案有哪些种类？各类编组方案的含义是什么？
12. 对列车编组方案进行比选的前提条件是什么？
13. 影响列车编组方案选用的主要因素有哪些？试论述各因素对列车编组方案选择的具体影响。

14. 列车交路的种类有哪些？各类交路有何优缺点？

15. 影响列车交路方案比选的因素有哪些？试论述各因素对列车交路方案选择的具体影响。

16. 列车停站种类有哪些？各类停站方案有何优缺点？

17. 影响列车停站方案比选的因素有哪些？试论述各因素对列车停站方案选择的具体影响。

18. 列车开行方案选优的评价指标有哪些？试举例说明。

19. 城市轨道交通列车越行需要考虑哪三个问题？

20. 从车站建设规模的角度出发，站台长度应如何确定？

21. 车站配线的设置有哪些附加功能？

22. 什么是列车运行图？它有哪些作用？

23. 列车运行图中，横坐标、纵坐标、横线、竖线、斜线各代表什么？

24. 列车运行图中车站中心线的确定有哪几种方法？常用的是哪种方法？为什么？

25. 列车运行图中，列车运行线如何表示？有哪些特点？列车车次一般怎样表示？

26. 根据竖线等分横轴的时间单位不同，列车运行图有哪些格式？各格式运行图的应用范围是什么？

27. 列车运行图有哪些分类方法？具体分类情况如何？

28. 列车运行图的要素有哪些？其实质是什么？

29. 列车区间运行时分的含义？列车区间运行时分有哪些种类？如何确定列车区间运行时分？

30. 列车停站时间取决于哪些因素？如何计算列车停站时间？

31. 什么是列车在折返站停留时间？站前和站后折返时，列车办理折返作业的顺序是什么？

32. 什么是列车折返出发间隔时间？

33. 什么是列车出入车辆段作业时间？

34. 什么是列车追踪运行？什么是追踪列车间隔时间？如何计算列车追踪间隔时间？

35. 影响追踪列车间隔时间的主要因素有哪些？

36. 什么是列车连发间隔时间？如何计算列车连发间隔时间？

37. 什么时候需要编制列车运行图？列车运行图的编图要求有哪些？

38. 编制列车运行图的总体步骤有哪几步？

39. 铺画列车运行图时，编制列车运行方案需要考虑哪些问题？

40. 如何在铺画详图时，确保行车安全和乘客安全？

41. 列车运行图编制质量检查的主要内容有哪些？

42. 列车运行图的主要指标有哪些？

43. 实施新运行图前有哪些准备工作需要做？

44. 如何铺画列车运行图？（计算绘图题）

45. 车辆运用分为哪几类？各类车辆的概念是什么？如何计算？

46. 什么是列车周转时间？如何计算列车周转时间？

47. 确定运用车组数有哪些方法？如何确定？

48. 国内轨道交通实行的车辆检修制度是什么？一般包括哪些具体的检修安排？

49. 车辆检修制度是确定什么的依据？其发展趋势如何？

50. 车辆运用计划的主要内容点有哪些？详细说明各点的工作内容。

51. 已知某轨道交通线路站间到发 OD 客流量表 3-12 所示，其他数据与 3.1 节算例相同，试编制全日行车计划。

表 3-12　OD 客流量表

发/到	A	B	C	D	E	F	G	H	合计
A	—	7019	6098	7554	4878	9313	12736	23798	71396
B	6942	—	1725	4620	3962	6848	7811	16538	48446
C	5661	1572	—	560	842	2285	2879	4762	18561
D	7725	4128	597	—	458	1987	2822	4914	22631
E	4668	3759	966	473	—	429	1279	3121	14695
F	9302	7012	1988	2074	487	—	840	5685	27382
G	12573	9327	2450	2868	1345	1148	—	2133	31844
H	22680	14753	4707	5184	2902	5258	2015	—	57499
合计	69551	47570	18525	23333	14874	27268	30382	60951	292454

编制完成后，要求提交完整的全日行车计划编制计算书，计算书的内容包括如下：

◇ OD 客流量表；

◇ 其他计算参数取值情况；

◇ 各车站分方向上下车人数表；

◇ 断面分方向客流量表；

◇ 分时客流量及开行列车数计算表；

◇ 分时行车间隔计算确定表；

◇ 计算取值过程中的一些细节事项。

52. 已知某轨道交通线路站间到发 OD 客流量表如表 3-13 所示，其他数据与 3.2 节算例相同，试以提高运能利用率为优化目标编制列车开行方案。

表 3-13　OD 客流量表

发/到	A	B	C	D	E	F	G	H	合计
A	—	119	298	754	1278	2313	2736	3798	11296
B	142	—	125	520	1362	1848	2811	2538	9346
C	361	172	—	360	642	1585	2279	2762	8161
D	1725	628	297	—	358	2287	2822	3914	12031
E	1668	959	266	373	—	529	2279	2121	8195
F	2302	2012	988	1574	687	—	440	1685	9688
G	3573	2327	1450	1168	845	448	—	333	10144
H	3680	2753	1707	2184	1102	858	315	—	12599
合计	13451	8970	5131	6933	6274	9868	13682	17151	81460

设计完成后,要求提交完整的列车开行方案编制计算书,计算书的内容包括如下:
◇ OD 客流量表;
◇ 其他计算参数取值情况;
◇ 各车站分方向上下车人数表;
◇ 断面分方向客流量表;
◇ 重点区段和重点车站分析计算结果;
◇ 具体的列车开行计划方案;
◇ 方案评价指标计算(仅计算"运能利用率"指标即可)。

53. 列车运行图、车辆周转图、乘务员排班计划图编制课程设计。

编制资料:

1) A—H 区段示意图如图 3-23 所示

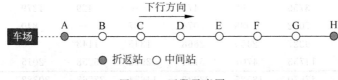

图 3-23 区段示意图

2) 全日行车计划编制资料

(1) 地铁某号线早高峰小时(6:30—7:30)客流量为 39000 人。

(2) 全日分时最大断面客流分布规律见表 3-14。

(3) 列车编组为 6 辆,车辆定员为 310 人。

(4) 线路断面满载率在高峰小时(早高峰为 6:30—7:30、晚高峰为 16:30—17:30)为 1.2,在其他运营时间为 0.9。

(5) 该线路的追踪间隔时间 $h=90s$。

表 3-14 全日分时最大断面客流分布规律

时间段	客流量比例	时间段	客流量比例
5:00—5:30	0.08	14:30—15:30	0.64
5:30—6:30	0.43	15:30—16:30	0.68
6:30—7:30	1	16:30—17:30	0.87
7:30—8:30	0.65	17:30—18:30	0.56
8:30—9:30	0.5	18:30—19:30	0.38
9:30—10:30	0.39	19:30—20:30	0.27
10:30—11:30	0.4	20:30—21:30	0.26
11:30—12:30	0.47	21:30—22:30	0.2
12:30—13:30	0.56	22:30—23:00	0.08
13:30—14:30	0.56		

3）各类时分数据见表 3-15～表 3-18

表 3-15　区间运行时分和距离

区间运行时分	A—B	B—C	C—D	D—E	E—F	F—G	G—H
上行方向	3′42″	4′10″	3′52″	2′55″	3′30″	5′02″	4′25″
下行方向	3′35″	4′05″	4′00″	3′02″	3′32″	5′00″	4′10″
区间距离	2.5km	2.81km	2.56km	1.96km	2.45km	3.62km	2.86km

表 3-16　车站停站时分

停站时分	A	B	C	D	E	F	G	H
上行方向	40″	30″	50″	30″	30″	50″	30″	40″
下行方向	40″	30″	50″	30″	30″	50″	30″	40″

表 3-17　折返时间

	A	H
折返时间	3′20″	3′20″
折返出发间隔时间	1′30″	1′30″

表 3-18　进出车场时间

	列车进入车场时间	列车驶出车场时间
时间	4′20″	4′30″

4）列车相关

（1）列车编号规则

列车编号由五位数组成：

1～2 位为线路号：01 表示 1 号线；12 表示 12 号线。

3～5 位为列车序号，如 001、012、102 等。

例：01001 表示 1 号线列车序号为 1 的列车；

02051 表示 2 号线列车序号为 51 的列车。

（2）其他相关信息

◇ 假设该线路号为 2 号线，即线路号为 02。

◇ 车场连接车站 A，列车始发时一律从车场出发进入正线，列车回库时一律从 A 站驶回车场。

◇ 已知车场内共有设备状态良好的车辆 60 辆。

◇ 已知本线路本班次配备乘务员 50 名，编号分别为"乘1、乘2、……、乘50"。

5）各种作业时间标准

（1）本线路乘务制度为"轮乘制"，每趟列车实行单人值乘。乘务员可在车场、A 站和 H 站完成换班工作，其他车站不能换班。

（2）每趟列车连续线上运行时间不得超过 4h。

（3）每位乘务员连续工作时间不得超过 2h。

设计要求：

(1) 根据全日行车计划编制资料，计算本线路的全日行车计划方案。

(2) 根据全日行车计划方案的计算结果，铺画满足该要求的本线路全日运营时间段内的列车运行图。

(3) 铺画列车运行图时，要求时间上大致均衡利用车场内技术状态良好的车辆，不能严重偏废。即车场内设备状态良好的车辆在全日运营时间段内的运行时间保持大致相近。

(4) 合理安排乘务排班及换班计划，要求每位乘务员的全日工作时间保持大致相近。

(5) 列车运行图铺画完成后，编制每趟运用车的车辆周转图，编制每位乘务员的排班、换班工作计划安排表。

(6) 参考3.3节所列的列车运行图指标，计算所编列车运行图的几项指标（要求有完整的公式计算过程，不可只列出指标值）。

(7) 对编制的列车运行图进行自我评价，说明该图有哪些优缺点，解释原因。

设计说明书内容：

第一章　绪论

概述列车运行图的重要意义及本次课程设计的基础资料。

第二章　全日行车计划

全日行车计划的完整计算过程和结论。

第三章　列车运行图

(1) 基于上述全日行车计划，铺画完整的全日运营时间段内的列车运行图。

(2) 列车运行图指标计算。

(3) 对该图的自我评价。

第四章　车辆周转图和乘务排班计划

(1) 基于上述列车运行图，铺画各车辆的车辆周转图。

(2) 基于上述列车运行图，编制每位乘务员的排班计划。

(3) 对车辆周转图和乘务排班计划的自我评价。

第五章　个人小结

此次课程设计的收获、体会，有哪些不足之处，等等。

第 4 章

运输能力

4.1 运输能力概述

运输能力是通过能力和输送能力的总称。运输能力的大小主要取决于固定设备、活动设备、技术设备的运用、行车组织方法和行车作业人员的数量、技能水平。

1. 通过能力

轨道交通线路的通过能力是指在采用一定的车辆类型和一定的行车组织方法条件下,轨道交通线路的各项固定设备在单位时间内(通常是高峰小时)所能通过的最大列车数。

研究影响通过能力的因素、通过能力的计算确定和提高通过能力的途径、措施等问题,对于轨道交通新线的规划设计和既有线的日常运能安排、扩能技术改造,都具有重要的理论和实践意义。

地铁、轻轨的通过能力按下列固定设备计算:

(1) 线路,是指由区间和车站构成的整体,其通过能力主要受正线数、列车停站时间、列车运行控制方式、车站是否设置配线、车辆技术性能、进出站线路平纵断面和行车组织方法等因素影响。

(2) 列车折返设备,其通过能力主要受折返站的配线布置形式及折返方式、列车停站时间、车站信号设备类型、车载设备反应时间、折返作业进路长度、调车速度以及列车长度等因素影响。

(3) 车辆段设备,其通过能力主要受车辆的检修台位、停车线等设备的数量和容量等因素影响。

(4) 牵引供电设备,其通过能力受牵引变电所的配置和容量等因素影响。

根据以上各项固定设备计算出来的通过能力一般是各不相同的,其中通过能力最小的固定设备限制了整条线路的通过能力,该项固定设备的通过能力即为整条线路的最终通过能力。

因此,通过能力是各项固定设备的综合能力。根据分阶段发展的可能性,各项固定设备的通过能力配置应相互匹配、协调,以避免出现通过能力紧张或闲置的现象。

$$n_{最终} = \min\{n_{线路}, n_{折返}, n_{车辆}, n_{供电}\} \tag{4-1}$$

式中:$n_{最终}$——最终通过能力,列;

$n_{线路}$——线路通过能力,列;

$n_{折返}$——折返设备通过能力,列;

$n_{车辆}$——车辆段设备通过能力,列;

$n_{供电}$——牵引供电设备通过能力,列。

在实际工作中,通常还把通过能力分为设计通过能力、现有通过能力和需要通过能力三个不同的概念。

(1)设计通过能力,是指新建线路或技术改造后的既有线路所能达到的通过能力。

(2)现有通过能力,是指在现有固定设备和现有行车组织方法条件下,线路能够达到的通过能力。

(3)需要通过能力,是指为了适应中、远期规划年度的客运需求,线路应具备的包括后备能力在内的通过能力。

2. 输送能力

轨道交通线路的输送能力是指在一定的车辆类型、固定设备和行车组织方法的条件下,按照现有活动设备的数量、容量和乘务人员的数量,轨道交通线路在单位时间内(通常是高峰小时、一昼夜或一年)所能运送的乘客人数。输送能力是衡量轨道交通技术水平与服务水平的重要指标。

在最终通过能力一定的条件下,输送能力可按下式计算:

$$p = n_{最终} m p_{车} \tag{4-2}$$

式中:p——1小时内单向最大输送能力,人;

m——列车编组辆数,辆;

$p_{车}$——车辆定员数,人。

3. 通过能力与输送能力的关系

通过能力从固定设备的角度确定线路所能开行的列车数,输送能力则是从活动设备与行车作业人员配备的角度确定线路所能运送的乘客人数。输送能力以通过能力为基础,输送能力是运输能力的最终体现。

在通过能力一定的条件下,线路最终输送能力还与车站设备的设计容量或能力存在密切关系。这些设备包括站台、售检票设备、自动扶梯、楼梯、通道和出入口等。

4.2 线路通过能力

1. 线路通过能力计算原理

1)追踪列车间隔时间

线路通过能力是指轨道交通线路在单位时间内(通常是高峰小时)能够通过的最大列车数。自动闭塞线路通过能力计算的一般公式为

$$n_{线路} = \frac{3600}{h} \tag{4-3}$$

式中：h——自动闭塞行车时的追踪列车间隔时间，s。

显然，线路通过能力计算的关键是确定追踪列车间隔时间。在自动闭塞行车时，列车停站时间与列车运行控制方式是决定追踪列车间隔时间的主要因素。

轨道交通一般采用双线自动闭塞，追踪运行，站站停车。为了降低造价，轨道交通车站一般不设置配线，列车停在车站正线上供乘客上下车。

根据这种特点，列车追踪运行经过车站时的间隔时间远大于列车在区间追踪运行时的间隔时间，如图4-1所示。列车停站时间是影响线路通过能力的主要因素之一。因此，在计算线路通过能力时，没有必要再去分别计算区间通过能力和车站通过能力，而应把区间和车站看成是一个线路整体来进行计算。

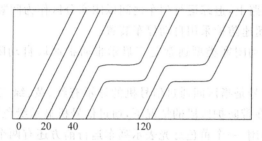

图 4-1　列车追踪间隔时间分布示意图

列车运行控制概念通常涉及追踪运行列车的间隔、速度控制和行车调度指挥。在研究追踪列车间隔时间的影响因素时，列车运行控制概念侧重于前者，见表4-1。

表 4-1　各种列车运行控制方式比较

列车运行控制方式	行车闭塞法	同方向列车运行	线路通过能力
基于通信的	移动（自动）闭塞	追踪运行	高
采用ATC系统	固定（自动）闭塞	追踪运行	较高
采用传统信号	固定（自动）闭塞	追踪运行	中
非自动闭塞	双区间闭塞等	连发运行	低

2）列车运行控制方式

在自动闭塞线路上，线路通过能力是由列车间隔时间决定的，而列车间隔时间又与列车间隔距离密切相关。

缩短列车间隔距离能压缩列车间隔时间，进而提高线路通过能力。但是列车间隔距离的缩短是有前提的，不能危及列车运行安全。采用先进的列车运行控制方式，能在确保列车运行安全的同时使线路通过能力达到最大。

列车运行自动控制的一般原理是：

◇ 自动检测追踪运行列车的位置、速度和线路的平纵断面等信息，并将检测到的信息传输到控制中心；

◇ 控制中心根据接收到的信息、列车运行图资料，自动生成对车载设备与地面设备的控制命令；

◇ 车载设备与地面设备根据控制命令自动对列车运行间隔与速度等实施具体的控制。

在采用的列车检测技术中,目前使用最多的是轨道电路技术,其他还有计轴设备、交叉感应环线和无线通信等技术。

根据列车运行控制技术的发展水平,轨道交通的列车运行控制主要有采用传统信号的列车运行控制、采用 ATC 系统的列车运行控制和基于通信的列车运行控制三种方式,见表 4-1。

(1) 采用传统信号的列车运行控制

自动闭塞信号设备将区间正线按传统原则划分成若干个固定的闭塞分区,每个闭塞分区内设置一个独立的轨道电路,每个闭塞分区的入口处设置通过信号机进行防护。

通过轨道电路将列车运行位置的变化与通过信号机的自动显示联系起来。

在自动闭塞轨道线路上,追踪运行列车之间以闭塞分区作为间隔,通常用机车信号取代地面通过信号机,列车超速防护采用自动停车装置。

轨道交通采用的自动闭塞类型通常是三显示带防护区段自动闭塞和四显示自动闭塞两种。

三显示自动闭塞信号是指区间通过信号机的显示有红、黄、绿三种灯光,列车按图定速度在绿色灯光下运行,在带防护区段的情况下,通过信号机显示绿色灯光表示列车运行前方至少有三个闭塞分区空闲,一个黄色灯光表示列车运行前方还有两个闭塞分区空闲,一个红色灯光表示列车运行前方最多还有一个闭塞分区空闲,不准列车越过该信号机。如果司机因失去警惕而未采取停车措施时,自动停车装置将起作用,使行驶的列车自动停车,如图 4-2 所示。

在行车密度大、列车速度高的情况下,为提高线路通过能力和保证列车运行安全,可考虑采用四显示自动闭塞设备来进行列车间隔、速度的控制,即在红、黄、绿三种灯光信号显示的基础上,增加一种灯光信号显示(黄绿色),如图 4-3 所示。

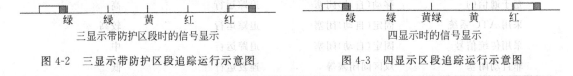

图 4-2 三显示带防护区段追踪运行示意图　　图 4-3 四显示区段追踪运行示意图

列车间隔时间取决于列车间隔距离与列车运行速度,而列车间隔距离主要取决于闭塞分区的数目及其长度。

在采用三显示带防护区段信号制式的自动闭塞线路上,为给司机创造良好的驾驶条件,当列车在区间追踪运行时,列车空间间隔一般应保持四个闭塞分区,这样后行列车就能始终在绿色灯光下运行,不必频繁地调速。

闭塞分区的长度,应同时满足大于或等于列车制动距离加上一个安全距离余量和大于或等于列车长度。若不考虑线路平纵断面对制动距离的影响,闭塞分区长度可按下式计算:

$$l_{分区} = \frac{v_{\max}^2 f}{2b_{\max}} \tag{4-4}$$

式中:$l_{分区}$——闭塞分区长度,m;

$v_{\max}$——列车最高运行速度,m/s;

f——安全系数,经验取值为 1.35~1.5;

$b_{\max}$——紧急制动减速度,m/s^2。

(2) 采用 ATC 系统的列车运行控制

列车自动控制系统包括列车自动防护(ATP)、列车自动驾驶(ATO)和列车自动监控(ATS)三个子系统,具有列车运行自动化和行车指挥自动化两大功能,如图 4-4 所示。

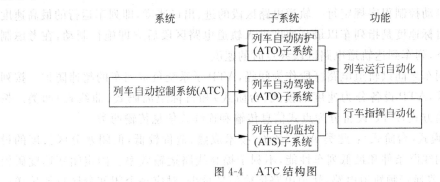

图 4-4　ATC 结构图

ATP 子系统的功能包括:
◇ 自动检测列车的位置和实现列车间隔控制,以满足规定的通过能力;
◇ 连续监视列车的速度,实现超速防护,当列车实际速度大于允许速度时,施加常用制动,当列车速度大于最大安全速度时,施加紧急制动,保证列车不冒进前方列车占用的区段。

ATP 设备根据前行列车位置及运行速度、区间运行限制速度等信息确定后行列车的最大允许速度,车载设备将列车的最大允许速度与实际运行速度进行比较,并根据比较结果自动改变牵引工况(制动或加速)。

与采用传统信号设备的列车运行控制比较,采用 ATP 子系统能使列车在确保行车安全的前提下缩短列车间隔和提高运行速度,从而提高线路通过能力。

ATO 子系统的功能包括:
◇ 控制列车在允许速度下运行,并自动调整列车的速度;
◇ 列车在区间或站外停车后,一旦信号开放,即可自动起动;
◇ 系统控制列车到达站台的最佳制动,使列车停于预定目标点;
◇ 停站结束、车门关闭后,列车能自动起动,通过与列车再生制动配合,还可以节约列车能耗。

使用 ATO,列车可以经常处于最佳运行状态,避免了不必要的、过于激烈的加速和减速,显著提高旅客舒适度,提高列车准点率及减少轮轨磨损率。

ATS 子系统的功能包括:
◇ 自动显示列车车次、运行位置和信号设备工作状态;
◇ 自动或人工办理进路;
◇ 编制和管理列车运行图;
◇ 自动调整运行计划;
◇ 自动描绘和复制列车运行实绩;
◇ 列车运行模拟仿真;
◇ 车辆维修周期管理;

◇ 向旅客向导系统提供信息；

◇ 对运行数据自动统计和制表等。

采用 ATC 系统时，区间正线划分成若干个固定的轨道电路区段，不设地面信号机，使用车载 ATP 速度信号。

列车运行自动控制程序规定每一轨道电路区段的进、出口速度，即列车运行的最高速度和目标速度。目标速度是指列车以最高速度进入轨道电路区段后立即施行制动，在考虑制动生效的情况下，列车到达轨道电路区段终点时的速度。

追踪运行列车之间以轨道电路区段作为间隔，ATP 子系统负责列车的超速防护。按列车速度控制方式，ATP 设备分为速度码模式（台阶式）和目标距离码式（曲线式）两类。按车—地信息传输方式，ATP 设备分为点式信息传输和连续式信息传输两类。

① 速度码模式（台阶式）：此类 ATC 系统，技术成熟，造价较低，但闭塞分区长度的设计受限于最不利线路条件和最低列车性能，不利于提高线路运输效率。固定闭塞速度码模式 ATC 是基于普通音频轨道电路，轨道电路传输信息量少，对应每个闭塞分区只能传送一个信息代码，从控制方式可分成入口控制和出口控制两种。

以出口防护方式为例，轨道电路传输的信息即该区段所规定的出口速度命令码，当列车运行的出口速度大于本区段的出口命令码所规定的速度时，车载设备便对列车实施惩罚性制动，以保证列车运行安全。由于列车监控采用出口检查方式，为保证列车安全追踪运行，需要一个完整的闭塞分区作为列车的安全保护距离，限制了线路通过能力的进一步提高和发挥。此类产品生产厂家有英国 WSL 公司、美国 GRS 公司、法国 ALSTOM 公司、德国西门子公司等。

② 目标距离码模式（曲线式）：目标距离码模式一般采用音频数字轨道电路或音频轨道电路加电缆环线或音频轨道电路加应答器，具有较大的信息传输量和较强的抗干扰能力。

通过音频数字轨道电路发送设备或应答器向车载设备提供目标速度、目标距离、线路状态等信息，车载设备结合固定的车辆性能数据计算出适合于列车运行的目标距离速度模式曲线（最终形成一段曲线控制方式），保证列车在目标距离速度模式曲线下有序运行。不仅增强了列车运行的舒适度，而且列车追踪运行的最小安全间隔缩短为安全保护距离，有利于提高线路的通过能力。如上海轨道交通 2 号线引进的美国 US&S 公司信号系统、3 号线引进的法国 ALSTOM 公司信号系统、广州地铁 1、2 号线引进的德国西门子公司系统。表 4-2 所示为上海轨道交通线路 ATP 设备的对比。

根据列车自动控制程序对轨道电路区段进、出口速度的规定，轨道电路区段的长度可按下式计算：

$$l_{电路} = t_{空} v_{始} + \frac{v_{始}^2 - v_{终}^2}{2 b_{max}} \quad (4-5)$$

式中：$l_{电路}$——轨道电路区段长度，m；

$t_{空}$——制动空走时间，s；

$v_{始}$——列车位于轨道电路区段始点时的最高速度，m/s；

$v_{终}$——列车到达轨道电路区段终点时的目标速度，m/s。

表 4-2　上海轨道交通线路 ATP 设备比较

项　目	1号线	2号线	3号线	5号线
轨道电路	音频无绝缘轨道电路	数字编码无绝缘轨道电路	数字编码无绝缘轨道电路	数字编码无绝缘轨道电路
速度控制方式	速度码	目标速度	目标距离	目标距离
信息传输方式	连续式	连续式	连续式	点式
联锁设备	电气集中联锁	微机联锁	微机联锁	微机联锁

（3）基于通信的列车运行控制

移动闭塞与固定闭塞的主要区别是：在移动闭塞的情况下，区间正线不再划分固定的闭塞分区或轨道电路区段，车—地信息传输不再通过有线方式进行，列车制动的起点和终点不再是固定的。

移动闭塞将前行列车的后部看成是假想的闭塞分区或轨道电路区段，由于这个假想的闭塞分区或轨道电路区段随着前行列车的运行而移动，因此称为移动闭塞。

移动闭塞 ATC 系统由无线数据通信网、控制中心设备、联锁区设备和车载设备等组成。无线数据通信是移动闭塞实现的基础，并可实现车—地间双向、大容量的信息传输，如图 4-5 所示。

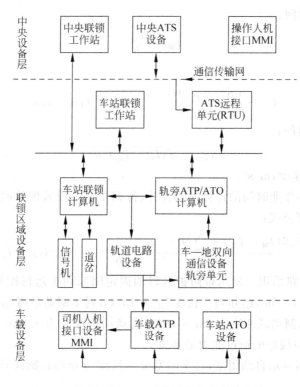

图 4-5　移动闭塞 ATC 系统设备与控制结构模型

2．线路通过能力计算方法

1）固定（自动）闭塞线路

在把区间和车站作为一个整体进行分析时，计算追踪列车间隔时间的最小间隔距离如

图 4-6 所示。后行列车从初始位置至前行列车所处位置,需经历进站运行、制动停车、停站作业和起动出站四个单项作业过程,追踪列车间隔时间计算公式如下:

列车进站运行时间:

$$t_{运} = \frac{0.5(l_{站}+l_{列})+\sum l_i - l_{制}}{v_{运}} \quad (4-6)$$

式中:$l_{站}$——车站闭塞分区或车站轨道电路区段长度,m。

$l_{列}$——列车长度,m。

l_i——闭塞分区或轨道电路区段长度,m。

$l_{制}$——列车制动距离,m;$l_{制}=v_{制}^2/2b$,其中,$v_{制}$ 为制动初速度,m/s,b 为常用制动减速度,m/s²。

$v_{运}$——列车运行速度,m/s。

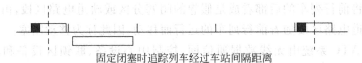

固定闭塞时追踪列车经过车站间隔距离

图 4-6 固定闭塞列车追踪间隔

列车制动停车时间:

$$t_{制} = \frac{v_{制}}{b} \quad (4-7)$$

列车停站时间:

$$t_{站} = \frac{(p_{上}+p_{下})t_{上(下)}}{n_{高峰}md} + t_{开关} + t_{不同} + t_{确认} \quad (4-8)$$

列车起动出站时间:

$$t_{加} = \sqrt{(l_{列}+l_{站})/a} \quad (4-9)$$

式中:a——起动加速度,m/s²。

将上述四个单项作业时间的计算过程合并,得到车站不设置配线时的自动闭塞线路追踪列车间隔时间计算公式:

$$h = \frac{0.5(l_{列}+l_{站})+\sum l_i - l_{制}}{v_{运}} + \frac{v_{制}}{b} + t_{站} + \sqrt{(l_{列}+l_{站})/a} \quad (4-10)$$

例1 某地铁线路采用三显示带防护区段的固定闭塞列车运行控制方式,假设各闭塞分区长度相等,均为1000m,已知列车长度 $l_{列}$ 为135m,列车制动距离 $l_{制}$ 为100m,列车运行速度 $v_{运}$ 为70km/h,制动减速度为2m/s²,列车启动加速度 a 为1.8m/s²,列车最大停站时间 $t_{站}$ 为40s。试求该线路的通过能力是多少?

若该线路改成四显示自动闭塞,每个闭塞分区长度为600m,则此时线路的通过能力是多少?

解:

$$v_{制} = \sqrt{l_{制} \times 2 \times b} = \sqrt{100 \times 2 \times 2} = 20\text{m/s}$$

(1) 三显示带防护区段自动闭塞

$$t_{运} = \frac{0.5 \times (l_{站} + l_{列}) + \sum l_i - l_{制}}{v_{运}} = \frac{0.5 \times (1000 + 135) + 3000 - 100}{70/3.6} s \approx 178.3s$$

$$t_{制} = \frac{v_{制}}{b} = \frac{20}{2} s = 10s$$

$$t_{站} = 40s$$

$$t_{加} = \sqrt{(l_{列} + l_{站})/a} = \sqrt{(1000 + 135)/1.8} s \approx 25.1s$$

$$h = t_{运} + t_{制} + t_{站} + t_{加} = (178.3 + 10 + 40 + 25.1)s = 253.4s$$

$$n = \frac{3600}{253.4} \approx 14.2 \text{ 辆} \approx 14 \text{ 辆}$$

(2) 四显示自动闭塞

$$t_{运} = \frac{0.5 \times (l_{站} + l_{列}) + \sum l_i - l_{制}}{v_{运}} = \frac{0.5 \times (600 + 135) + 1800 - 100}{70/3.6} s \approx 106.3s$$

$$t_{制} = \frac{v_{制}}{b} = \frac{20}{2} s = 10s$$

$$t_{站} = 40s$$

$$t_{加} = \sqrt{(l_{列} + l_{站})/a} = \sqrt{(600 + 135)/1.8} s \approx 20.2s$$

$$h = t_{运} + t_{制} + t_{站} + t_{加} = (106.3 + 10 + 40 + 20.2)s = 176.5s$$

$$n = \frac{3600}{176.5} \approx 20.4 \text{ 辆} \approx 20 \text{ 辆}$$

答：采用三显示带防护区段的线路通过能力是每小时 14 辆，四显示自动闭塞线路通过能力是每小时 20 辆。

2) 移动（自动）闭塞线路

计算移动闭塞线路通过能力的一般公式与自动闭塞线路相同。追踪运行列车先后经过车站时的间隔距离如图 4-7 所示，后行列车从初始位置至前行列车所处位置，需经历制动停车、停站作业和起动出站三个单项作业过程，追踪列车间隔时间计算公式为

$$h = t_{制} + t_{站} + t_{加} \tag{4-11}$$

式中：$t_{制}$——列车制动停车时间，s；$t_{制} = t_{空} + \frac{v_{进}}{b}$，其中，$v_{进}$ 为规定列车进站速度，m/s。

$t_{站}$——列车停站时间，s，计算方法同自动闭塞。

$t_{加}$——列车起动出站时间，s；$t_{加} = \sqrt{(l_{列} + l_{站} + 2l_{安})/a}$，其中，$l_{安}$ 为安全防护距离，m。

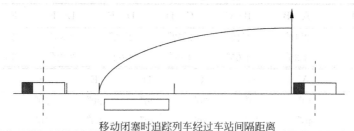

移动闭塞时追踪列车经过车站间隔距离

图 4-7 移动闭塞列车追踪间隔

例2 某地铁线路采用移动闭塞列车运行控制方式,已知列车长度 $l_{列}$ 为 135m,车站闭塞分区 $l_{站}$ 为 750m,安全防护距离 $l_{安}$ 为 200m,列车进站规定速度 $v_{进}$ 为 60km/h,制动空驶时间 $t_{空}$ 为 1.6s,制动减速度为 $2m/s^2$,列车启动加速度 a 为 $1.8m/s^2$,列车最大停站时间 $t_{站}$ 为 40s。试求该线路的通过能力是多少?

解:

$$t_{制} = t_{空} + \frac{v_{进}}{b} = \left(1.6 + \frac{60/3.6}{2}\right)s \approx 9.9s$$

$$t_{站} = 40s$$

$$t_{加} = \sqrt{(l_{列} + l_{站} + 2l_{安})/a} = \sqrt{(135 + 750 + 2 \times 200)/1.8}\,s \approx 26.7s$$

$$h = t_{制} + t_{站} + t_{加} = (9.9 + 40 + 26.7)s = 76.6s$$

$$n = \frac{3600}{76.6} \approx 46.99\,辆 \approx 46\,辆$$

答: 线路通过能力是每小时 46 辆。

3)非自动闭塞线路

双线线路:轨道交通新线建成后,如果自动闭塞信号系统尚未安装就投入过渡期试运营,此时除采用调度监督组织指挥列车运行外,为确保列车运行安全,列车间隔按同一时间、两个区间内只准有一个列车占用进行控制,即以双区间闭塞为基本闭塞法。

在双区间闭塞情况下,同方向列车按连发方式运行,a 站开放出站信号的条件是前行列车已驶离 c 站的车站正线和双区间闭塞手续办妥。如图 4-8 所示。线路通过能力计算公式为

$$n_{线路} = \frac{3600}{t_{运}^{ab} + t_{站}^{b} + t_{运}^{bc} + t_{站}^{c} + \tau_{连}} \quad (4\text{-}12)$$

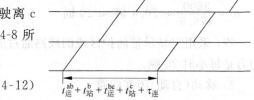

图 4-8 双区间隔行车列车连发间隔

式中:$t_{运}^{ab}, t_{运}^{bc}$ ——列车在 a—b,b—c 区间的运行时分,s;

$t_{站}^{b}, t_{站}^{c}$ ——列车在 b,c 站的停站时间,s;

$\tau_{连}$ ——连发间隔时间,s。

例3 某地铁线路为双线线路,列车采用非自动闭塞的连发方式运行,已知列车在各区间的运行时分和停站时分如下,线路的连发间隔时间 $\tau_{连}$ 为 12s。试求该线路的通过能力是多少?

区间运行时分	A—B	B—C	C—D	D—E	E—F	F—G	G—H
上行方向	3′42″	4′10″	3′52″	2′55″	3′30″	5′02″	4′25″
下行方向	3′35″	4′05″	4′00″	3′02″	3′32″	5′00″	4′10″
停站时分	A	B	C	D	E	F	G	H
---	---	---	---	---	---	---	---	---
上行方向	40″	30″	50″	30″	30″	50″	30″	40″
下行方向	40″	30″	50″	30″	30″	50″	30″	40″

解:

(1) 计算上下行方向各站的连发间隔时间如下:

连发间隔时间/s	A	B	C	D	E	F	G	H
上行能力	564	574	479	477	604	649		
下行能力			542	577	514	466	604	642

(2) 取最大连发间隔时间计算线路通过能力: $n_{线路} = \dfrac{3600}{649} \approx 5.5$ 对。

答:线路通过能力是每小时 5.5 对。

单线线路:单线半自动闭塞的市郊铁路,其车站设置配线、列车成对运行、线路的平行运行图通过能力,即一昼夜内能够通过的最大列车数可按下式计算:

$$n_{线路} = \frac{1440}{T_{周}} \tag{4-13}$$

$$T_{周} = t_{下} + t_{上} + \tau_a + \tau_b + \sum t_{起停} \tag{4-14}$$

式中:$n_{线路}$——平行运行图通过能力,对;

$T_{周}$——限制区间列车运行图周期,min,如图 4-9 所示;

$t_{下}$——下行列车区间运行时分,min;

$t_{上}$——上行列车区间运行时分,min;

τ_a, τ_b——a、b 站的车站间隔时间,min;

$\sum t_{起停}$——列车起停车附加时间,min。

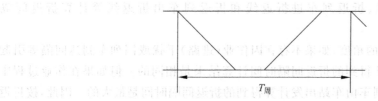

图 4-9 单线线路半自动闭塞行车运行图周期

由式(4-14)可知,平行运行图通过能力与列车运行图周期成反比。在线路各区间中,运行图周期最大的区间称为限制区间,限制区间的通过能力就是线路的区间通过能力。

4.3 列车折返能力

1. 列车折返能力计算原理

1) 计算折返能力的一般公式

列车折返能力是指轨道交通折返站在单位时间内(通常是高峰小时)能够折返的最大列车数。

列车折返能力计算的一般公式为

$$n_{折返} = \frac{3600}{h_{发}} \tag{4-15}$$

式中:$h_{发}$——折返出发间隔时间,s。

2) 折返出发间隔时间

在折返作业正常进行、考虑作业与进路干扰情况下，折返列车在折返站的最小出发间隔时间称为折返出发间隔时间。

折返出发间隔时间的长短反映了列车折返的迅速程度，是计算确定列车折返能力的基本参数。

研究列车折返能力问题，只有在列车折返间隔时间大于列车追踪间隔时间时才有意义。如果追踪间隔时间大于理论计算的折返间隔时间，则实际需要的折返间隔时间等于追踪间隔时间。此时列车折返能力不是最终通过能力的限制因素。

列车折返间隔时间与列车在折返站停留时间是两个不同的概念。前者反映的是两个列车在折返站先后出发的时间间隔，后者反映的是一个列车在折返站由到达至出发的时间间隔，如图4-10所示。

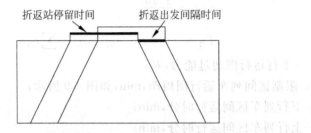

图4-10 折返停留时间与折返出发间隔时间

列车折返间隔时间有多种计算方式，如按折返列车由车站出发、按折返列车到达车站、折返列车在进站位置、折返列车进折返线和折返列车出折返线等计算折返间隔时间。

从折返作业循环进行的角度，如果不存在因作业（进路）干扰或因列车到达间隔等引起的作业等待情形，各种算法得到的折返间隔时间计算结果是相同的。但如果在作业过程中存在等待情形，则按折返列车由车站出发计算得到的折返间隔时间是最大的。因此，按折返列车由车站出发计算折返间隔时间能够确保列车折返能力不被高估。

图4-11为站后尽端线折返时的折返列车间隔时间图解，假设列车①进折返线运行20s后即可办理列车②的接车进路，按给定的各个单项作业时间绘制的折返作业过程及折返间隔时间表明：折返列车到达间隔时间为90s，折返列车出发间隔时间为105s。后者更大的原因是，列车②在折返线上作业完毕后必须等待列车①驶出车站后才能办理出折返线进路作业，期间存在15s的等待时间。

折返出发间隔时间的确定方法有图解法和解析法两种。

图解法将组成列车折返作业过程的各个单项作业时间按作业顺序绘制在折返技术作业程序上，然后在图上找出相邻两列折返列车的折返出发间隔时间。图解法适用于确定特定折返站的折返出发间隔时间，也可用来验证采用解析法计算得到的结果。

解析法通过对列车折返作业过程以及列车在折返站的作业（进路）干扰等影响因素的分析，确定满足最小折返出发间隔时间的条件，并在此基础上建立计算折返出发间隔时间的数学关系式。其优点是计算方法的应用具有普遍性，对组成折返出发间隔时间的单项时间比较直观，便于分析影响列车折返能力的各项因素。

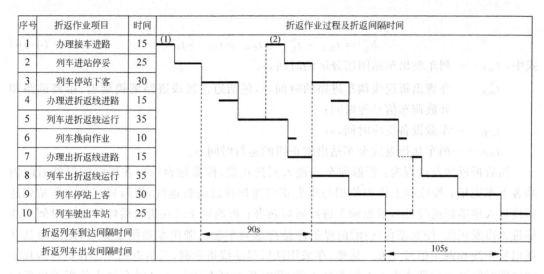

图 4-11 站后尽端线折返时间图解

2．列车折返能力计算方法

根据车站折返线的布置，列车折返主要有站前折返、站后折返、站前与站后混合折返三种方式。根据折返站在线路中的位置，列车折返有终点站折返和中间站折返两种情形。根据采用的列车交路不同，列车折返又有单向折返和双向折返两种方式。

不同折返方式时的列车折返出发间隔时间应分别计算。

1）终点站站后折返

利用终点站的站后折返线进行折返作业称为站后折返。终点站站后折返线布置主要有尽端线和环形线两种，如图 4-12、图 4-13 所示。

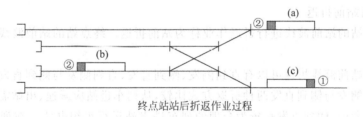

图 4-12 终点站站后折返线折返示意图

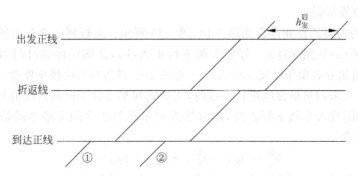

图 4-13 终点站站后折返线折返运行图示意

$$h_{发}^{后} = t_{离去} + t_{作业}^{出} + t_{反应} + t_{出线} + t_{站} \tag{4-16}$$

式中：$t_{离去}$——列车驶出车站闭塞分区的时间，s；

$t_{作业}^{出}$——办理出折返线调车进路的时间，s，包括道岔区段进路解锁延迟、排列进路和开放调车信号等时间；

$t_{反应}$——车载设备反应时间，s；

$t_{出线}$——列车从折返线至车站出发正线的运行时间，s。

站后折返作业过程为：折返列车②进入到达正线、停靠站台(a)，在规定的停站时间内乘客下车完毕；按原则上优先使用与出发正线连接较近的折返线，折返列车②由车站到达正线进入尽端折返线(b)，折返调车进路可以预办；折返列车②在折返线停留规定时间后能够进入出发正线、停靠站台(c)的前提条件是折返列车①已驶出车站闭塞分区，同时道岔开通出发正线和调车信号开放。显然，在采用站后尽端线折返时，当折返列车②在折返线规定的停留时间结束后即能进入下行车站正线，此时折返列车①与②之间有最小的折返出发间隔时间。

例 4 已知地铁列车在某车站采用站后折返，相关时间如下：前一列车离去时间 1.5min，办理进路作业时间 0.5min，确认信号时间 0.5min，列车出折返线时间 1.5min，停站时间 1min。试计算该折返站通过能力。

解：

$$h_{发}^{后} = t_{离去} + t_{作业}^{出} + t_{反应} + t_{出线} + t_{站} = (90+30+30+90+60)s = 300s$$

$$n_{折返} = \frac{3600}{h_{发}} = 3600/300 \text{ 列} = 12 \text{ 列}$$

答：该折返站的通过能力为 12 列/h。

2）终点站站前折返

利用终点站的站前渡线进行折返作业称为站前折返。终点站的站前渡线布置一般是交叉渡线。

列车经由站前渡线折返可以有直到侧发、侧到直发、直到侧发与侧到直发交替进行三种方式。就直到侧发与侧到直发两种折返方式比较，从列车进站应减速、出站需加速以及乘客乘坐的舒适性考虑，侧到直发是较为合理的列车进出站运行组织办法。在列车折返能力比较紧张的情况下，可以考虑采用直到侧发与侧到直发交替进行的折返方式。

(1) 侧到直发折返

侧到直发折返时的作业过程如图 4-14、图 4-15 所示。上行到达列车由进站渡线道岔外方确认信号距离(a)处侧向进站；停靠车站下行正线(b)，在图定停站时间内乘客下车与上车完毕；由车站出发驶出车站闭塞分区(c)；办理下一到达列车的接车作业。

分析表明，在采用站前渡线进行折返时，当进站列车②位于进站渡线道岔外方确认信号距离(a)处时即能进入车站下行正线，此时折返列车①与②之间有最小的折返出发间隔时间，其计算公式为

$$h_{发}^{前} = t_{离去} + t_{作业}^{接} + t_{反应} + t_{进站} + t_{站} \tag{4-17}$$

式中：$t_{作业}^{接}$——办理接车进路的时间，s，包括道岔区段进路解锁延迟时间、排列进路等时间；

$t_{进站}$——列车从进站渡线道岔外方确认信号距离处至车站正线的走行时间，s。

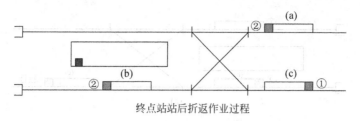

终点站站后折返作业过程

图 4-14　终点站站前侧到直发折返过程示意图

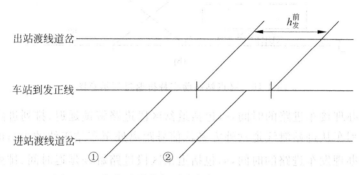

图 4-15　终点站站前侧到直发折返过程运行图示意

可以证明，采用直到侧发折返方式，折返出发间隔时间也可用式(4-17)计算。但应注意，$t_{离去}$ 和 $t_{进站}$ 取值，直到侧发折返与侧到直发折返略有不同，一般是直到时间小于侧到时间、侧出时间大于直出时间。

(2) 直到侧发、侧到直发交替折返

交替折返的作业过程如下：列车①直到→列车②侧到→列车①侧发→列车③直到→列车②直发→列车④侧到→列车③侧发→……，即折返作业按直到侧发与侧到直发交替进行。

鉴于折返作业是交替循环进行，只要分别计算出侧发列车①与直发列车②、直发列车②与侧发列车③的折返出发间隔时间，就能确定采用交替折返时的折返出发间隔时间。

交替折返时的作业过程如图 4-16、图 4-17 所示。列车①直到停靠站台(a)；办理列车②接车进路、列车②侧到停靠站台(b)；办理列车①发车进路、列车①出驶驶离车站闭塞分区(c)；办理列车②发车进路、列车②出发驶离车站闭塞分区(c)。列车③直到停靠站台(a)；列车②出发驶离车站闭塞分区(b)；办理列车④接车进路、列车④侧到停靠站台(c)；办理列车③发车进路、列车③出发驶离车站闭塞分区(b)。

折返作业过程显示，列车③的到达进路与列车②的出发进路属于平行进路，在列车①驶离车站闭塞分区后即可办理列车②的发车进路，但列车①、②的折返出发间隔时间不能小于追踪间隔时间；而在列车②驶离车站闭塞分区后，应先办理列车④的接车作业，然后办理列车③的发车进路，因此列车①与列车②、列车②与列车③的折返出发间隔时间可分别由以下两式计算：

$$h_{发}^{①②} = \max\{h, t_{离去} + t_{作业}^{发} + t_{反应}\} \tag{4-18}$$

$$h_{发}^{②③} = t_{离去} + t_{作业}^{接} + t_{反应} + t_{进站} + t_{作业}^{发} + t_{反应} \tag{4-19}$$

式中：$h_{发}^{①②}$——侧发列车①与直发列车②的折返出发间隔时间，s；

$h_{发}^{②③}$——直发列车②与侧发列车③的折返出发间隔时间，s；

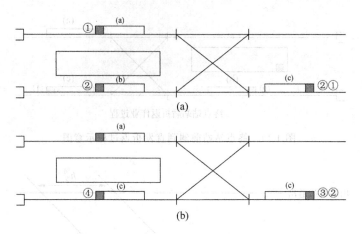

图 4-16　终点站站前交替折返过程示意图

$t_{作业}^{接}$ ——办理接车进路的时间,s,包括道岔区段进路解锁延迟、排列进路等时间;

$t_{进站}$ ——列车从进站渡线道岔外方确认信号距离处至车站正线的走行时间,s;

$t_{作业}^{发}$ ——办理发车进路的时间,s,包括道岔区段进路解锁延迟时间、排列进路等时间。

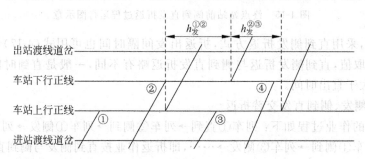

图 4-17　终点站站前交替折返过程运行示意图

由式(4-18)、式(4-19)可知,与站前侧到直发折返相比较,采用交替折返时,因乘客上下车作业能与其他作业平行进行,所以能显著压缩折返出发间隔时间,较大幅度提高列车折返能力。

实际工作中,针对交替折返时存在的两发车间隔时间不等值问题,折返出发间隔时间可按较大值取值,以使列车能按均匀间隔从车站出发与运行。此时,由于 $t_{作业}^{发}+t_{反应}<t_{停站}$,列车折返能力的提高仍是明显的。

例 5　已知某终点折返站采用站前交替折返,线路追踪间隔时间 $h_{追踪}$ 为 90s。已知列车直到时间 $t_{进站}^{直}$ 为 40s,列车侧到时间 $t_{进站}^{侧}$ 为 1min10s,列车直发时间 $t_{离去}^{直}$ 为 40s,列车侧发时间 $t_{离去}^{侧}$ 为 1min20s,列车反应时间 $t_{反应}$ 为 10s,办理接车进路的时间 $t_{作业}^{接}$ 为 15s,办理发车进路的时间 $t_{作业}^{发}$ 为 15s。试分别计算考虑发车时间均衡时和不考虑发车时间均衡时,该折返站的折返能力是多少?

解:

$$h_{发}^{①②} = t_{离去}^{侧} + t_{作业}^{发} + t_{反应} = (80+15+10)\text{s} = 105\text{s} > h_{追踪} = 90\text{s}$$

$$h_{发}^{②③} = t_{离去}^{直} + t_{作业}^{接} + t_{反应} + t_{进站}^{侧} + t_{作业}^{发} + t_{反应} = (40+15+10+70+15+10)\text{s} = 160\text{s}$$

考虑发车时间均衡：

$$n_{线路} = \frac{3600}{160} 辆 = 22.5 辆 \approx 22 辆$$

不考虑发车时间均衡：

$$n_{线路} = \frac{3600}{(160+105)/2} 辆 \approx 27 辆$$

答：考虑发车时间均衡时的折返能力是每小时 22 辆，不考虑发车时间均衡的折返能力是每小时 27 辆。

3) 中间站单向折返

在列车交路为混合交路时，短交路列车在中间站单向折返，长交路列车在中间站停车作业后通过。短交路列车在中间站折返时，根据折返线布置的不同，有站前折返和站后折返两种。从兼顾折返调车作业和接发列车作业的安全出发，中间站站前单向折返时宜采用直向到达、侧向出发的进出站运行组织办法。

(1) 站前直到侧发折返：采用混合交路时，短交路折返列车 A 在中间站通过站前渡线单向折返，长交路列车 B 在中间站作业后正线通过，折返列车 A 由进站渡线道岔外方确认信号距离 A(1) 处直向进站，停靠车站正线 A(2)，在固定停站时间内乘客下车与上车完毕，列车由车站侧向出发驶出车站闭塞分区至 A(3)，然后办理下一列折返列车的接车作业，如图 4-18 所示。

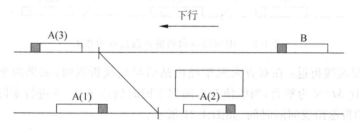

图 4-18　中间站单向站前折返过程示意图

当折返列车 A 位于进站渡线道岔外方确认信号距离 A(1) 处时，即能进入车站正线，此时有最小的折返出发间隔时间。如果进一步考虑长交路列车 B 的影响，则在折返列车 A 刚好驶出车站闭塞分区至 A(3) 时，长交路列车 B 即能进入车站正线，此时短交路列车折返作业和长交路列车接发作业不产生干扰，仍有最小的折返出发间隔时间。计算公式同前。

(2) 站后尽端线折返：中间站单向站后折返时，典型的折返线布置和折返作业过程如图 4-19 所示。如果不考虑长交路列车 B 的影响，短交路折返列车 A 停靠车站到达正线 A(1)，乘客下车完毕后进入折返线 A(2)，在折返线完成相关作业后进入车站正线 A(3)，乘客上车完毕后驶离车站，然后办理下一列短交路折返列车的接车作业。当折返列车 A 在折返线作业完毕后即能进入车站出发正线，此时有最小的折返出发间隔时间，计算公式同前。

4) 中间站双向折返

在列车交路为衔接交路时，双方向列车在中间站折返。根据折返线布置的不同，双方向列车在中间站的折返方式主要有站前渡线折返和站后尽端线折返两种。

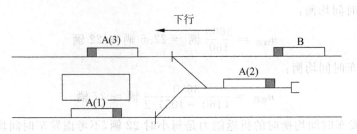

图 4-19 中间站单向站后折返过程示意图

(1) 站前渡线折返：双方向列车通过站前渡线折返，有直向到达、侧向出发或侧向到达、直向出发两种折返进路选择，以最大限度避免双方向列车的进路干扰出发，列车在中间站双向折返时宜采用直向到达、侧向出发的运行进路。设两个短交路区段开行的列车数分别为 M 和 N，且 $M>N$。如果 M/N 为整数，由于能使双方向列车同时到达车站及进行折返作业，此时有最小的折返出发间隔时间，如图 4-20 所示。

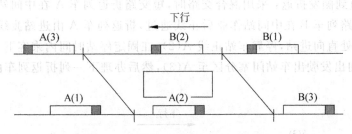

图 4-20 中间站双向站前折返过程示意图

(2) 站后尽端线折返：在双方向列车经由站后尽端线折返时，如果两个短交路区段开行的列车数之比 M/N 为整数，当能使双方向列车同时到达车站，并进行乘降作业与折返作业时，有最小的折返出发间隔时间，如图 4-21 所示。

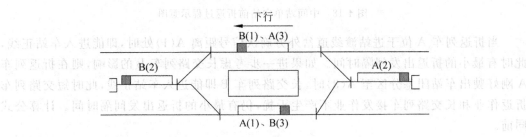

图 4-21 中间站双向站后折返过程示意图

4.4 使用通过能力

1. 使用通过能力确定思路

由于限制最终通过能力的固定设备通常是线路和列车折返设备，轨道交通最终通过能力计算公式如下：

$$n_{最终} = \frac{3600}{\max\{h_接, h_发\}} \tag{4-20}$$

式(4-20)计算得到的通过能力是理想作业状态下的理论计算能力。在日常运营中,列车运行时分偏离、作业进路干扰、设备故障、行车事故和外界影响等因素引起的通过能力损失不可避免,因此,实际可使用的通过能力达不到理论计算的通过能力。应通过引入损失时间来计算使用通过能力。损失时间可根据列车晚点等运营统计资料或者通过对作业进路干扰的分析,采用解析方法推导确定。

$$n_{使用} = \frac{3600}{\max\{h_接, h_发\} + t_{损失}} \tag{4-21}$$

式中:$n_{使用}$——扣除通过能力损失后的实际可使用通过能力,列;

$t_{损失}$——每列车平均分摊到的损失时间,s。

2. 采用特殊交路对通过能力的影响

1) 中间站单向折返时

列车在中间站单向站前折返时,如果折返调车作业和接发列车作业存在进路干扰,需要考虑因此而引起的折返列车出发间隔时间的延长,即列车折返能力损失问题。

由图4-22、图4-23可知,在折返列车A即将完全驶出车站闭塞分区A(3),而长交路列车B又恰好运行到进站位置时,对列车折返能力的影响最大。根据接发列车作业优先原则,如果让折返列车A在A(2)等待长交路列车B进站后再出发,则最大折返出发间隔时间可按下式计算:

$$h_{发,\max}^{单,前} = h_发^前 + t_{离去} + t_{进站}^长 + t_{作业}^{短发} + t_{反应} \tag{4-22}$$

式中:$t_{进站}^长$——长交路列车从进站位置处至车站正线的运行时间,s;

$t_{作业}^{短发}$——办理短交路列车发车进路的时间,s,包括道岔区段进路解锁延迟时间、排列进路等时间。

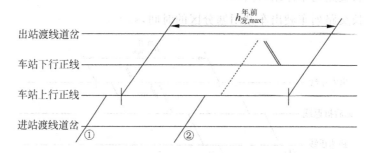

图 4-22 中间站单向折返受干扰运行图示意

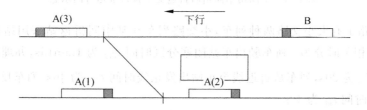

图 4-23 中间站单向折返受干扰示意图

例 6 已知线路上有大小交路两种列车,小交路列车在某中间折返站采用站前折返(直到侧发),已知小交路列车侧发时间 $t_{离去}^{侧}$ 为 1min20s,办理接车进路的时间 $t_{作业}^{接}$ 为 15s,办理发车进路的时间 $t_{作业}^{短,发}$ 为 15s,列车反应时间 $t_{反应}$ 为 10s,列车直到时间 $t_{进站}^{直}$ 为 25s,列车停站时间 $t_{站}$ 为 40s;长交路列车进站时间 $t_{进站}^{长}$ 为 25s。试分别计算该中间折返站无干扰时的折返能力和受到干扰时的折返能力。

解:
(1) 无干扰时的折返能力
$$h = t_{离去}^{侧} + t_{作业}^{接} + t_{反应} + t_{进站}^{直} + t_{站} = (80+15+10+25+40)\text{s} = 170\text{s}$$
$$n = \frac{3600}{170} \approx 21.18 \text{ 辆} \approx 21 \text{ 辆}$$

(2) 受到干扰时的折返能力
$$h_{发,max}^{单,前} = h + t_{离去}^{侧} + t_{进站}^{长} + t_{作业}^{短,发} + t_{反应} = (170+80+25+15+10)\text{s} = 300\text{s}$$
$$n = \frac{3600}{300} \text{ 辆} = 12 \text{ 辆}$$

答: 该中间折返站的无干扰折返能力是每小时 21 辆,受干扰折返能力是每小时 12 辆。

列车在中间站单向站后折返时,若存在进路干扰,则也要考虑列车折返能力损失问题。

由图 4-24、图 4-25 可知,折返列车 A 由 A(2) 驶出尽端折返线即将到达 A(3),而长交路列车 B 又恰好运行到进站位置时,对列车折返能力的影响最大。根据接发列车作业优先原则,折返列车 A 应该在 A(2) 待避,在长交路列车 B 到站停车。乘客上下车完毕和驶出车站闭塞分区,以及为折返列车 A 办妥调车进路后,折返列车 A 才能从折返线进路车站出发正线。此时,最大折返出发间隔时间计算公式为

$$h_{发,max}^{单,后} = h_{发}^{后} + t_{进站}^{长} + t_{停站}^{长} + t_{离去}^{长} + t_{作业}^{调} + t_{反应} + t_{出线} \tag{4-23}$$

式中:$t_{停站}^{长}$——长交路列车停站时间,s;

$t_{离去}^{长}$——长交路列车驶出车站闭塞分区的时间,s。

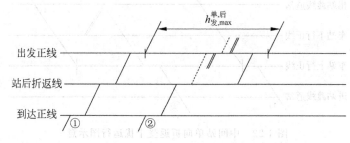

图 4-24 中间站单向站后折返受干扰过程运行图示意

例 7 线路上有大小交路两种列车,小交路列车在某中间折返站采用站后折返。已知小交路列车的相关时分为:列车驶出车站闭塞分区时间 $t_{离去}$ 为 1min15s,办理出折返线调车进路的时间 $t_{作业}^{出}$ 为 20s,列车从折返线至车站出发正线时间 $t_{出线}$ 为 40s,列车反应时间 $t_{反应}$ 为 10s,列车停站时间 $t_{站}$ 为 40s。

大交路列车的相关时分为:列车进站时间 $t_{进站}^{长}$ 为 30s,列车停站时间 $t_{站}$ 为 40s,列车离去时间 $t_{离去}$ 为 30s。

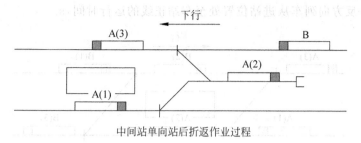

中间站单向站后折返作业过程

图 4-25 中间站单向站后折返受干扰过程示意图

试分别计算该中间折返站的无干扰时折返能力和受干扰时的折返能力。

解：

（1）无干扰时的折返能力

$$h = t_{离去} + t_{作业}^{出} + t_{反应} + t_{出线} + t_{站} = (75 + 20 + 10 + 40 + 40)\text{s} = 185\text{s}$$

$$n = \frac{3600}{185} \approx 19 \text{ 辆}$$

（2）受干扰时的折返能力

$$h_{发,\max}^{单,后} = h + t_{进站}^{长} + t_{停站}^{长} + t_{离去}^{长} + t_{作业}^{调} + t_{反应} + t_{出线}$$
$$= (185 + 30 + 40 + 30 + 20 + 10 + 40)\text{s} = 355\text{s}$$

$$n = \frac{3600}{355} \approx 10 \text{ 辆}$$

答：该中间折返站的无干扰折返能力是每小时 19 辆，受干扰折返能力是每小时 10 辆。

综合以上两例可知，因折返调车作业和接发列车作业干扰引起的折返出发间隔时间延长，站后折返远大于站前折返。

因此，短交路列车在中间站单向折返时，采用站前折返方式比较有利。尤其是在行车密度较高的情况下，折返调车作业和接发列车作业干扰的概率较大，此时不宜采用站后折返方式。

列车在中间站单向站前折返，还有可能对长、短交路的追踪列车间隔时间产生不利影响。

长、短交路列车在中间折返站的追踪运行组合有前长后短和前短后长两种。

在前行列车为长交路列车、后行列车为短交路列车时，列车在中间站单向折返不引起列车间隔时间增大，即不引起线路通过能力的损失。

在前行列车为短交路列车、后行列车为长交路列车时，如果因为接发列车作业优先，让短交路折返列车等候长交路列车进站停妥后再出发，就会增大短交路折返列车与前行列车的间隔时间，进而引起线路通过能力的损失。此时最大的列车间隔时间可按下式计算：

$$h_{\max} = h + t_{进站}^{长} + t_{作业}^{短发} + t_{反应} + t_{离去} \quad (4-24)$$

2）中间站双向折返时

如图 4-26 所示，列车在中间站双向站前折返时，如果 M/N 为非整数，由于双方向列车不能全部同时到达车站，并进行乘降作业与折返作业，需要考虑因双方向列车进路交叉干扰影响而引起的折返出发间隔时间延长，即列车折返能力损失问题。最大折返出发间隔时间计算公式为

$$h_{发,\max}^{双,前} = h_{发}^{前} + t_{离去} + t_{进站}^{反} + t_{作业}^{发} + t_{反应} \quad (4-25)$$

式中：$t_{进站}^{反}$——反方向列车从进站位置处至车站正线的运行时间，s。

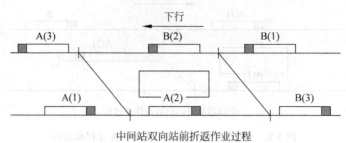

中间站双向站前折返作业过程

图 4-26 中间站双向站前折返过程示意图

例 8 已知线路采用衔接交路方案，两交路在中间站双向折返，均为站前折返方式（直到侧发）。

对于左边交路而言，已知列车侧发时间 $t_{离去}^{侧}$ 为 1min20s，办理接车进路的时间 $t_{作业}^{接}$ 为 15s，办理发车进路的时间 $t_{作业}^{发}$ 为 15s，列车反应时间 $t_{反应}$ 为 10s，列车直到时间 $t_{进站}^{直}$ 为 25s，列车停站时间 $t_{站}$ 为 40s。

对于右边交路而言，已知列车侧发时间 $t_{离去}^{侧}$ 为 1min15s，办理接车进路的时间 $t_{作业}^{接}$ 为 20s，办理发车进路的时间 $t_{作业}^{发}$ 为 20s，列车反应时间 $t_{反应}$ 为 10s，列车直到时间 $t_{进站}^{直}$ 为 30s，列车停站时间 $t_{站}$ 为 30s。

试分别计算左、右交路列车在该中间折返站的无干扰折返能力和受干扰时的折返能力。

解：
（1）左边交路
① 无干扰时的折返能力
$$h = t_{离去}^{侧} + t_{作业}^{接} + t_{反应} + t_{进站}^{直} + t_{站} = (80+15+10+25+40)\text{s} = 170\text{s}$$
$$n = \frac{3600}{170} = 21.18 \text{ 辆} \approx 21 \text{ 辆}$$

② 受干扰时的折返能力
$$h_{发,\max}^{前} = h + t_{离去}^{侧} + t_{进站}^{直} + t_{作业}^{发} + t_{反应} = (170+80+30+15+10)\text{s} = 305\text{s}$$
$$n = \frac{3600}{305} \approx 11.80 \text{ 辆} \approx 11 \text{ 辆}$$

（2）右边交路
① 无干扰时的折返能力
$$h = t_{离去}^{侧} + t_{作业}^{接} + t_{反应} + t_{进站}^{直} + t_{站} = (75+20+10+30+30)\text{s} = 165\text{s}$$
$$n = \frac{3600}{165} \approx 21.82 \text{ 辆} \approx 21 \text{ 辆}$$

② 受干扰时的折返能力
$$h_{发,\max}^{前} = h + t_{离去}^{侧} + t_{进站}^{直} + t_{作业}^{发} + t_{反应} = (165+75+25+20+10)\text{s} = 295\text{s}$$
$$n = \frac{3600}{295} \approx 12.20 \text{ 辆} \approx 12 \text{ 辆}$$

答：对于左边交路，无干扰折返能力是每小时 21 辆，受干扰折返能力是每小时 11 辆；对于右边交路，无干扰折返能力是每小时 21 辆，受干扰折返能力是每小时 12 辆。

列车在中间站双向站后折返时，如果 M/N 为非整数，由于双方向列车不能全部同时到达车站，并进行乘降作业与折返作业，同时需要考虑因双方向列车进路交叉干扰影响而引起的折返出发间隔时间延长，即列车折返能力损失问题。

折返列车由 A(2) 或 B(2) 位置驶出尽端折返线即将到达 A(3) 或 B(3) 位置，而进站列车 B(1) 或 A(1) 又恰好运行到进站位置时，对折返出发间隔时间的不利影响为最大，如图 4-27、图 4-28 所示。根据接发列车作业优先原则，折返列车 A(2) 或 B(2) 应在尽端折返线等待进站列车腾空车站正线后再由尽端折返线运行至 A(3) 或 B(3) 位置。则最大折返出发间隔时间计算公式为

$$h_{发,max}^{双,后} = h_发^后 + t_{进站}^反 + t_{停站}^反 + t_{入线}^反 + t_{作业}^调 + t_{反应} + t_{出线} \tag{4-26}$$

式中：$t_{停站}^反$——反方向列车停站时间，s；

$t_{入线}^反$——反方向列车从车站到达正线至折返线的运行时间，s。

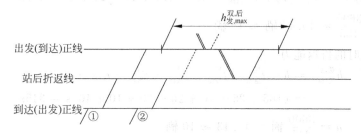

图 4-27 中间站双向站后折返过程运行图示意

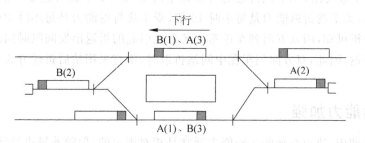

图 4-28 中间站双向站后折返过程示意图

例 9 已知线路采用衔接交路方案，两交路在中间站双向折返，均为站后折返方式。

对于左边交路而言，已知列车驶出车站闭塞分区时间 $t_{离去}$ 为 1min20s，办理出折返线调车进路的时间 $t_{作业}^出$ 为 15s，列车从折返线至车站出发正线时间 $t_{出线}$ 为 35s，列车反应时间 $t_{反应}$ 为 10s，列车停站时间 $t_站$ 为 40s；列车进站时间 $t_{进站}$ 为 25s；列车入折返线时间 $t_{入线}$ 为 25s。

对于右边交路而言，已知列车驶出车站闭塞分区时间 $t_{离去}$ 为 1min15s，办理出折返线调车进路的时间 $t_{作业}^出$ 为 20s，列车从折返线至车站出发正线时间 $t_{出线}$ 为 40s，列车反应时间 $t_{反应}$ 为 10s，列车停站时间 $t_站$ 为 40s；列车进站时间 $t_{进站}$ 为 30s；列车入折返线时间 $t_{入线}$ 为 30s。

试分别计算左、右交路列车在该中间折返站的无干扰折返能力和受干扰时的折返能力。

解：

(1) 左交路

① 无干扰时的折返能力

$$h = t_{离去} + t_{作业} + t_{反应} + t_{出线} + t_{站} = (80+15+10+35+40)\text{s} = 180\text{s}$$

$$n = \frac{3600}{180} \text{辆} = 20 \text{辆}$$

② 受干扰时的折返能力

$$h_{发,max}^{双,后} = h + t_{进站}^{反} + t_{停站}^{反} + t_{入线}^{反} + t_{作业}^{调} + t_{反应} + t_{出线}$$

$$= (180+30+40+30+15+10+35)\text{s} = 340\text{s}$$

$$n = \frac{3600}{340} \approx 10.59 \text{辆} \approx 10 \text{辆}$$

(2) 右交路

① 无干扰时的折返能力

$$h = t_{离去} + t_{作业} + t_{反应} + t_{出线} + t_{站} = (75+20+10+40+40)\text{s} = 185\text{s}$$

$$n = \frac{3600}{185} \approx 19.46 \text{辆} \approx 19 \text{辆}$$

② 受干扰时的折返能力

$$h_{发,max}^{双,后} = h + t_{进站}^{反} + t_{停站}^{反} + t_{入线}^{反} + t_{作业}^{调} + t_{反应} + t_{出线}$$

$$= (185+25+40+25+20+10+40)\text{s} = 345\text{s}$$

$$n = \frac{3600}{345} \text{辆} \approx 10.43 \approx 10 \text{辆}$$

答：对于左边交路，无干扰折返能力是每小时 20 辆，受干扰折返能力是每小时 10 辆；对于右边交路，无干扰折返能力是每小时 19 辆，受干扰折返能力是每小时 10 辆。

由以上分析可知，因双方向列车进路交叉干扰引起的折返出发间隔时间延长，站后折返远大于站前折返，因此，双方向列车在中间站折返时，不宜采用站后折返方式。

4.5 运输能力加强

在一定时期内，轨道交通的运输能力通常是相对固定的，但随着城市经济的不断发展和市民出行需求的不断增加，客流则往往呈现逐年增长的态势，运输能力紧张或不足的问题会逐渐凸显出来。

为了适应客流的增长，轨道交通应及时和有计划地采取加强运输能力的措施，不断提高运输能力。

运输能力的加强通常是在运输能力接近饱和时进行。确定运输能力是否饱和可以参考以下两个指标：①高峰小时单向最大客流断面满载率≥1.0；②客车满载率≥0.7。

在某些情况下，尽管运输能力还有一定的后备，但通过采用新的技术设备或加强现有的技术设备，可以达到提高服务水平、降低运输成本、提高劳动生产率、改善劳动条件和加强行车安全等目的，因而也是合理的。

1. 运能-运量适应分析

在解决运输能力不足问题时，是否需要采取和何时采取提高运输能力的措施，应通过运能-运量适应分析来确定,即根据轨道交通高峰小时现有运输能力能否适应规划年度高峰小时需要运输能力来确定。

高峰小时需要运输能力,根据预测的规划年度高峰小时最大断面客流量计算确定,计算公式为

$$P_{需} = P_{预测}(1 + \gamma_{备}) \tag{4-27}$$

式中:$P_{需}$——规划年度线路在高峰小时内单向最大输送能力,人;

$P_{预测}$——规划年度线路的高峰小时单向最大断面客流量,人;

$\gamma_{备}$——考虑客流波动的运输能力后备系数,一般取 0.1。

假设需要运输能力在运营初始年为 25000 人,平均每年增加 2500 人,现有运输能力和采取扩能措施后所实现的运输能力见表 4-3,根据资料绘制的运量适应图如图 4-29 所示。从运量适应图上可以清楚地看出运能-运量适应分析的结果。例如,现有运输能力能否满足需要运输能力的逐年增长、采取某种扩能措施形成能力的最后期限、可以适应的运营年限,以及采取不同扩能措施后的运能-运量适应性等。

表 4-3 采取各种扩能措施后的运输能力

序号	运能状态变化	h/s	M/辆	定员/人	运能/人次
1	现有运能	180	6	250	30000
2	扩能措施甲	180	8	250	40000
3	扩能措施乙	120	8	300	72000

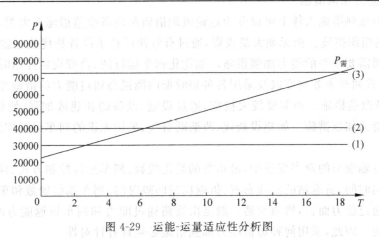

图 4-29 运能-运量适应性分析图

2. 运输能力加强途径与措施

1) 运输能力加强途径

运输能力加强主要有建设新线、提高行车密度和增加列车定员三个途径。

(1) 建设新线:即是指投入运营线路的增加使轨道交通线网逐步扩大,也包括既有线路延伸,以及从单线成为双线或多线。建设新线能使运输能力有较大的提高,满足城市公共客运的需求,提高轨道交通线路的服务水平。

(2) 提高行车密度:由于建设新线会遇到资金、土地及环保等一系列的困难或限制,并且建设新线也不是在任何客流条件下都是合理经济的,因此,提高既有线行车密度是提高既有线运输能力的基本途径。

行车密度提高后,通过能力的提高值可由下式表示:

$$\Delta n_{线路} = 3600\left(\frac{1}{h''} - \frac{1}{h'}\right) \tag{4-28}$$

式中：$\Delta n_{线路}$——提高行车密度后的小时通过能力提高值,列；

h''——提高行车密度后的追踪列车间隔时间,s；

h'——提高行车密度前的追踪列车间隔时间,s。

（3）增加列车定员：通过增加列车编组辆数、采用大型车辆或优化车辆内部布置来增加列车定员,是提高既有线输送能力的又一途径。但地铁列车的扩大编组往往受到站台长度的限制；而轻轨线路在路权混用时,列车编组辆数多会在平交道口对其他交通产生一定影响。

增加列车定员时输送能力的提高值可由下式表示:

$$\Delta P = n_{线路}(P''_{列} - P'_{列}) \tag{4-29}$$

式中：ΔP——增加列车定员后小时输送能力的提高值,人；

$P''_{列}$——增加列车定员后的列车定员数,人；

$P'_{列}$——增加列车定员前的列车定员数,人。

根据国内外轨道交通的运用实践,在扩能的途径方面,加强既有线运输能力的步骤通常是先提高行车密度,后增加列车定员,当然也有提高行车密度与增加列车定员两者并用的情形。

2）运输能力加强措施

运输能力加强措施大体上可以分为运输组织措施和设备改造措施两大类。

（1）运输组织措施。指无须大量投资,通过有效使用技术设备和优化运输组织过程,使运输能力达到需要水平的能力加强措施。如优化列车运行图、合理规定停站时间、科学组织折返作业、改善列车乘务制度以及采用各种短时期内能提高通过能力的措施等。

（2）设备改造措施。指需要较大投资,通过设施、设备的新建或加强,使运输能力达到需要水平的能力加强措施。如建设新线、改造既有线、采用先进的列车运行控制系统和购置新型车辆等。

在影响运输能力的众多变量中,最重要的是正线数、列车运行控制方式、列车停站时间、追踪列车间隔时间、折返站的配线布置、折返出发间隔时间、列车编组辆数和车辆定员数等。

就最终通过能力而言,轨道交通一般是由线路通过能力和列车折返能力两者中的能力较小者所决定。因此,采用何种运输能力加强措施必须具有针对性。

根据国内外轨道交通的运营实践,在扩能的措施方面,加强既有线运输能力通常是运输组织措施和设备改造措施两者并用。但在线路行车密度已经较高的情况下,提高运输能力往往需要通过采用设备改造措施来实现。

考虑到车站在建成后想扩建是极为困难的,因此,在轨道交通的规划设计中,必须充分考虑轨道交通的这一特点,折返站、换乘站的站型选择及设计应能确保线路的远期运能潜力充分发挥。

线路通过能力的加强措施如下：

① 修建双线或四线：在既有单线或双线基础上建成双线或四线,能大幅提高线路通过能力。但修建四线的情况在国外也不多见。

② 改造线路平纵断面：采用该措施能提高行车速度，进而提高线路通过能力。但会受到工程经济性、施工困难和影响日常行车等因素的制约。

③ 增设侧线及站台：在中间站与换乘站的客流较大或因列车在中间站折返对线路通过能力产生不利影响时，可考虑增设侧线及站台。

图 4-30(a)是侧式站台中间站增设侧线后，侧式站台变成双岛式站台；图 4-30(b)是岛式站台中间站增设侧线及站台，岛式站台变成混合式站台。

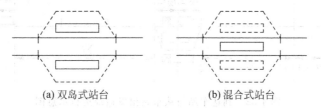

(a) 双岛式站台　　　　(b) 混合式站台

图 4-30　中间站增设侧线和站台

中间站增设侧线后，列车在站台两侧轮流停靠平行作业，追踪列车间隔时间中不再包括列车停站时间，能够较大幅度提高线路通过能力。

另一种情形是，岛式站台中间站只增建侧式站台，列车停站时两侧均有站台，乘客可从两侧车门上下车或分开上下车，有利于缩短列车停站时间，提高线路通过能力。

在既有线加强运输能力时，该措施一般适用于地面线路。

中间站设置侧线的情况下，追踪列车间隔时间可按下式计算：

$$h = \max\{h_{追}, h_{到}, h_{发}\} \tag{4-30}$$

式中：$h_{追}$——按两列车在区间内追踪运行条件计算的追踪列车间隔时间，s；

$h_{到}$——按两列车到站停车条件计算的追踪列车间隔时间，s；

$h_{发}$——按两列车从车站出发条件计算的追踪列车间隔时间，s。

在基本限速命令设定为三个等级，并设置防护闭塞分区的情况下，为使追踪运行列车在区间内能按图定最高速度运行，追踪运行两列车应保持五个闭塞分区的安全间隔，如图 4-31 所示，则

$$h_{追} = \frac{l_{列} + \sum_{i=1}^{5} l_i}{v_{运}} \tag{4-31}$$

式中：l_i——闭塞分区长度，s；

$v_{运}$——列车在区间内追踪运行速度，m/s。

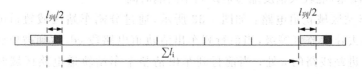

图 4-31　区间内追踪运行示意图

按追踪运行两列车到站停车条件计算追踪列车间隔时间时，应确保后行列车不因站内未准备好接车进路而减低进站速度。因此，车站办妥接车作业的时刻应不迟于后行列车以规定速度恰好位于某一闭塞分区分界点处，如图 4-32 所示，则

$$h_{到} = t_{作业}^{接} + t_{反应} + \frac{0.5(l_{站} + l_{列}) + \sum_{i=1}^{2} l_i}{v_{进}} \tag{4-32}$$

式中：$t_{作业}^{接}$——办理接车进路时间，s；

$v_{进}$——列车通过进站计算距离的平均速度，m/s。

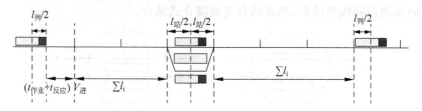

图 4-32 到达车站与从车站出发追踪运行示意图

按追踪运行两列车从车站出发条件计算追踪列车间隔时间时，为确保后行列车的追踪运行安全，后行列车在前行列车腾空三个闭塞分区后才能发车，如图 4-32 所示，则

$$h_{发} = t_{作业}^{发} + t_{反应} + \frac{0.5(l_{站} + l_{列}) + \sum_{i=1}^{3} l_i}{v_{出}} \tag{4-33}$$

式中：$t_{作业}^{发}$——办理发车进路时间，s；

$v_{出}$——列车通过出站计算距离的平均速度，m/s。

由于 $h_{追}$、$h_{到}$ 和 $h_{发}$ 的计算式中均不含列车停站时间，设置侧线后能消除列车在中间站折返对线路通过能力产生的不利影响。

但应指出，如果只在个别车站设置侧线，线路通过能力仍应按不设置侧线情况下的追踪列车间隔时间计算确定。

④ 使用新型车辆：新型车辆的含义包括车辆运行性能改善和安装车载控制设备等。车辆运行性能主要包括车辆构造速度、车辆起动加速度和制动减速度等运行参数，车站控制设备主要是指车载 ATC 设备和道岔自动转换设备等。车辆运行性能改善和安装车载控制设备能提高列车运行速度，缩短追踪列车间隔时间。此外，采用车门数较多的车辆也能有效缩短列车停站时间。

⑤ 采用先进的列车运行控制系统：对三显示带防护区段自动闭塞信号、调度集中控制的轨道交通线路，采用列车自动控制（ATC）系统后能较大幅度提高线路通过能力。用移动闭塞取代固定闭塞，能较大幅度缩短追踪列车间隔时间。

⑥ 分割车站区域轨道电路：如图 4-33 所示，通过分割车站区域轨道电路，增加了一个前行列车离去速度监督等级，当前行列车出清轨道电路段 cd，达到被监督速度，后行列车恰好运行至进站线路的 a 处；当前行列车出清整个车站轨道电路区域时，后行列车已运行到进站线路的 a′ 处。采用该措施可缩短组成追踪列车间隔时间的列车进站运行时间。

⑦ 加强站台乘车组织：为了在到站后能减少出站走行距离和避开因人多而引起的检票等待，乘客的候车位置往往选择在离出站口较近的车辆停靠处，而列车内乘客分布的不均匀会造成列车在车站的停站时间延长。加强站台乘车组织，使列车内的乘客尽可能分布均

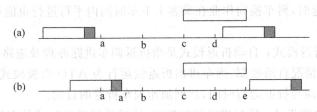

图 4-33 分割车站区域轨道电路

匀,有利于减少列车停站时间。

列车折返能力加强措施如下:

① 优化折返线布置:优化折返线布置,对缩短折返出发间隔时间作用显著。

如图 4-34 所示,终点站有站前、站后两条平行的折返进路,在运营高峰期间可采用混合折返方式。

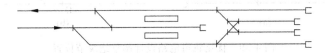

图 4-34 站前、站后两条平行折返进路

如图 4-35 所示,终点站为双岛环形折返线布置,可增加折返进路、无列车换向作业,并缩短了乘客上车时间。

如图 4-36 所示,中间站为双岛三线式布置,短交路列车站前折返接入中间线路,列车停站后两侧车门均可打开;长交路列车则停靠站台两侧线路。

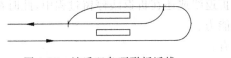   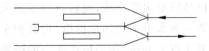

图 4-35 站后双岛环形折返线   图 4-36 中间站双岛三线式布置

② 改变折返方式:在折返线布置一定时,改变折返方式可缩短折返出发间隔时间,如折返线布置为站前交叉渡线时,将侧到直发折返改为交替折返。

在图 4-37 中,站后设交叉渡线、正线的站后延伸部分为折返线。采用直进Ⅰ道侧出折返时,在前行列车未腾空尽端折返线Ⅰ道时不能办理后行列车的接车进路,而采用侧进Ⅱ道直出折返时,列车进入尽端折返线Ⅱ道即可办理后行列车的接车进路。显然,与采用直进侧出折返方式比较,采用侧进直出折返方式有利于压缩折返出发间隔时间。

③ 压缩列车停站时间:通过增建侧式站台形成一岛一侧站台组合,可以缩短乘客上下车时间,加速列车折返,如图 4-38 所示。该措施一般适用于地面线路情况,由于土建工程量较大,是否采用应在与其他提高列车折返能力措施进行技术经济比较后确定。

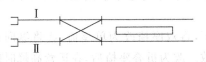   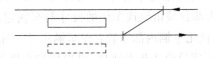

图 4-37 改变折返方式   图 4-38 修建侧式站台两侧平行上下车

另外,站前折返时,列车换向作业在乘客上下车时间内平行进行也能有效压缩列车停站时间。

④ 采用自动折返模式:自动折返模式是指折返调车进路办理及进路解锁,由中央 ATS 根据列车折返运行情况自动控制、列车进出折返线运行为 ATO 驾驶模式。采用该措施后,能压缩办理进路时间与折返运行时间,达到加速列车折返的目的。

⑤ 优化轨道电路设计:通过进路解锁提前,使后续折返进路或接车进路的办理提前进行,从而减少折返过程中的等待时间。例如,在站后折返时,分割车站轨道电路能使办理折返列车出折返线进路的时间提前;调整车站轨道电路绝缘节的位置能使办理到达列车接车进路的时间提前。如图 4-39 所示,轨道电路绝缘节 D 位置调整后,进折返线列车尾部出清绝缘节的时间提前,使办理到达列车接车进路的时间也相应提前。

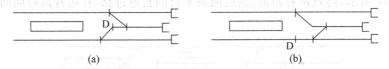

图 4-39　优化轨道电路设计调整绝缘节位置

⑥ 道岔选用与优化设计:自动折返站采用 12 号道岔有助于提高列车侧向过岔速度,压缩折返运行时间。

在站后尽端线折返时,将单渡线道岔按两副单动道岔设计,只要进折返线列车的尾部越过第一副道岔,该道岔即可由开通侧向转换为开通直向,办理到达列车的接车进路。

⑦ 折返线预置一列车:通过站站后折返时,如因列车到达折返站的间隔较大,当前行列车已经腾空出发正线,而后行列车还未进入折返线或还在折返线停留过程中,此时在折返线预置一列车可加快列车折返,提高列车折返能力。

基于以上分析,加强输送能力的措施主要有:

① 增加列车编组:列车扩大编组能大幅度增加列车定员,但列车扩大编组受到站台长度、运营经济性等因素的制约。

在大多数轨道交通线路上,当列车编组达到 8 辆时,列车长度将接近站台长度。在全日分时客流不均衡程度较大的情况下,采用大编组列车,运营非高峰时间内的车辆满载率一般较低。此外,当列车长度接近站台长度时,需要降低列车进站速度以确保列车在指定位置停车,这样会增加停车附加时间,对线路通过能力产生不利影响。

② 采用大型车辆:在国内轨道交通使用的车辆主要有 A 型车、B 型车和 C 型车三种,车辆定员分别为 310、230 和 210 人左右。目前,A 型车是国内新建地铁线路的首选车型。

车辆定员由车辆的座位人数与站位人数组成。站位面积为车厢面积减去座位面积,站位人数国内现按每平方米 6 人计算。显然,车辆尺寸大小是决定车辆定员的主要因素。表 4-4 为部分城市地铁车辆的尺寸与车辆定员数据。

③ 优化车辆内部布置:在车辆尺寸一定的条件下,将双座椅改为单座椅,或将纵向布置的固定座椅改为折叠座椅,可以增加车辆的载客人数。改为折叠座椅后,在运营高峰时间可翻起座椅、增加车内站立人数,同时也提高了全体乘客的平均舒适度。

表 4-4 各城市轨道交通车辆尺寸

项目	洛杉矶	新加坡	香港	上海	莫斯科
车宽/m	3.08	3.2	3.11	3.00	2.71
车长/m	22.78	23.65	22.85	24.14	19.21
座位/人	68	62	48	62	47
站位/人	164	258	279	248	187
定员/人	232	320	327	310	234
制造国	意大利	日本	英国	德国	苏联

复习思考题

1. 运输能力包括哪两部分？轨道交通运输能力的大小取决于哪些因素？
2. 什么是轨道交通线路的通过能力？
3. 什么是设计通过能力、现有通过能力、需要通过能力？
4. 什么是轨道交通的输送能力？
5. 通过能力与输送能力的关系是什么？
6. 在自动闭塞法行车时，决定追踪列车间隔时间的主要因素有哪些？
7. 列车运行自动控制的一般原理是什么？
8. 轨道交通的列车运行控制主要有哪几种方式？
9. 什么是三显示带防护区段自动闭塞？其怎样控制列车运行？
10. 什么是四显示自动闭塞？其怎样控制列车运行？
11. 闭塞分区的长度应满足什么条件？
12. ATC 系统的组成与功能是什么？
13. ATP 子系统的主要功能有哪些？其工作方式是什么？
14. 什么是移动闭塞？其工作方式是什么？它与固定闭塞的主要区别是什么？
15. 车站不设配线时，自动闭塞线路追踪列车间隔时间如何计算？
16. 车站不设配线时，移动闭塞线路追踪列车间隔时间如何计算？
17. 非自动闭塞情况下，单线线路和双线线路的通过能力各如何计算？
18. 什么是线路的区间通过能力？
19. 什么是列车折返能力？
20. 什么是折返出发间隔时间？其有何作用？
21. 研究列车折返能力的前提是什么？为什么？
22. 列车折返间隔时间与列车在折返站停留时间有何区别？
23. 列车折返间隔时间的计算从列车处于什么位置开始？为什么？
24. 折返出发间隔时间的确定方法有哪两种？
25. 列车折返方式如何进行分类？
26. 什么是终点站站后折返？站后折返的作业过程是怎样的？站后折返应优先使用哪条折返线？
27. 什么是终点站站前折返？站前折返有哪几种方式？通常情况下哪种方式是较为合

理的？为什么？

28. 侧到直发折返的作业过程是什么？其最小折返出发间隔时间如何计算？
29. 侧到直发与直到侧发交替折返的作业过程是什么？如何计算交替折返时的平均折返出发间隔时间？
30. 中间站站前单向折返时宜采用什么折返方式？
31. 中间站站后尽端线折返作业过程是什么？
32. 当采用站前渡线进行中间站双向折返时，宜采用什么折返方式？为什么？
33. 当采用站后尽端线进行中间站双向折返时，如何才能达到最小的折返出发间隔时间？为什么？
34. 确定线路使用通过能力的思路是什么？
35. 短交路列车在中间站单向折返时，宜采用什么折返方式？为什么？
36. 双方向列车在中间站折返时，宜采用什么折返方式？为什么？
37. 运输能力不足产生的原因是什么？如何确定运输能力是否饱和？
38. 运能-运量适应性分析有何作用？从运量适应图中能得到什么结论？
39. 运输能力加强的途径有哪些？通常采用的步骤是什么？
40. 运输能力加强措施可分为哪两类？其各自的具体含义是什么？
41. 加强线路通过能力的措施主要有哪些？简要叙述其原因。
42. 加强列车折返能力的措施主要有哪些？简要叙述其原因。
43. 加强输送能力的措施主要有哪些？简要叙述其原因。
44. 已知某地铁线路采用三显示的固定闭塞列车运行控制方式，线路瓶颈处各闭塞分区的长度如图 4-40 所示，已知列车长度 $l_{列}$ 为 100m，列车制动距离 $l_{制}$ 为 100m，列车运行速度 $v_{运}$ 为 70km/h，制动减速度为 1.62m/s^2，列车启动加速度 a 为 1.8m/s^2，列车最大停站时间 $t_{站}$ 为 50s。试求该线路的通过能力是多少？

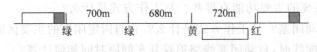

图 4-40 三显示固定闭塞分区长度

45. 如果将 44 题中的线路改为移动闭塞，设安全防护距离 $l_{安}$ 为 250m，列车进站规定速度 $v_{进}$ 为 60km/h，制动空驶时间 $t_{空}$ 为 1.2s，其他条件不变，求此时线路的通过能力是多少？
46. 已知某地铁线路为双线线路，列车采用非自动闭塞的连发方式运行，现规定由车站 A 至车站 H 的方向为上行方向，由车站 H 至车站 A 的方向为下行方向。已知列车在各区间的运行时分和停站时分如表 4-5、表 4-6 所示，线路的连发间隔时间 $\tau_{连}$ 为 12s。试求该线路的通过能力是多少？

表 4-5 区间运行时分表

区间运行时分	A—B	B—C	C—D	D—E	E—F	F—G	G—H
上行方向	3'32"	2'10"	3'12"	2'55"	3'20"	2'02"	3'15"
下行方向	3'35"	2'15"	3'10"	3'02"	3'22"	2'00"	3'10"

表 4-6　车站停站时分表

停站时分	A	B	C	D	E	F	G	H
上行方向	35″	40″	55″	40″	45″	60″	35″	50″
下行方向	40″	35″	60″	35″	50″	55″	40″	45″

47. 已知某市郊铁路为单线半自动闭塞,采用平行图、成对运行、站站停车的运输方式组织行车。设限制区间的上行纯运行时分为 8min40s,下行纯运行时分为 9min50s,起停附加时分均为 35s,车站间隔时间均为 1min30s,试求该市郊线路的通过能力。

48. 某终点折返站采用站前交替折返,已知该站列车直到时间为 25s,列车侧到时间为 50s,列车直发时间为 30s,列车侧发时间为 45s,列车反应时间为 10s,办理接车进路的时间为 15s,办理发车进路的时间为 15s,线路追踪间隔时间为 150s。试分别计算考虑发车时间均衡时和不考虑发车时间均衡时,该折返站的折返能力是多少?

49. 线路上有大小交路两种列车,小交路列车在某中间折返站采用站前折返(直到侧发),已知小交路列车侧发时间为 50s,办理接车进路的时间为 15s,办理发车进路的时间为 15s,列车反应时间为 10s,列车直到时间为 25s,列车停站时间为 60s;长交路列车进站时间为 25s。试分别计算该中间折返站无进路干扰时的折返能力和进路干扰影响最大时的折返能力。

50. 线路上有大小交路两种列车,小交路列车在某中间折返站采用站后折返,已知:

小交路列车的相关时分为:列车驶出车站闭塞分区时间为 30s,办理出折返线调车进路的时间为 20s,列车从折返线至车站出发正线时间为 25s,列车反应时间为 10s,列车停站时间为 60s。

大交路列车的相关时分为:列车进站时间为 30s,列车停站时间为 60s,列车离去时间为 30s。

试分别计算小交路列车在该中间折返站无进路干扰时的折返能力和进路干扰影响最大时的折返能力。

51. 线路采用衔接交路方案,两交路在中间站双向折返,均为站前折返方式(直到侧发)。

对于左边交路而言,已知列车侧发时间为 55s,办理接车进路的时间为 15s,办理发车进路的时间为 15s,列车反应时间为 10s,列车直到时间为 25s,列车停站时间为 40s。

对于右边交路而言,已知列车侧发时间为 60s,办理接车进路的时间为 20s,办理发车进路的时间为 20s,列车反应时间为 10s,列车直到时间为 30s,列车停站时间为 45s。

试分别计算左右交路列车在该中间折返站无进路干扰时的折返能力和进路干扰影响最大时的折返能力。

52. 线路采用衔接交路方案,两交路在中间站双向折返,均为站后折返方式。

对于左边交路而言,已知列车驶出车站闭塞分区时间为 30s,办理出折返线调车进路的时间为 15s,列车从折返线至车站出发正线时间为 50s,列车反应时间为 10s,列车停站时间为 40s,列车进站时间为 25s,入折返线时间为 25s。

对于右边交路而言,已知列车驶出车站闭塞分区时间为 35s,办理出折返线调车进路的时间为 20s,列车从折返线至车站出发正线时间为 45s,列车反应时间为 10s,列车停站时间为40s,列车进站时间为30s,入折返线时间为30s。

试分别计算左右交路列车在该中间折返站无进路干扰时的折返能力和进路干扰影响最大时的折返能力。

53. 已知某线路的追踪间隔时间 $h=90s$,采用大小交路的开行方案,大交路的运行区间为线路起点站 A 至线路终点站 C,小交路的运行区间为线路中间折返站 B 至线路终点站 C,如图4-41所示。

各折返站的相关参数如下:

线路起点站 A 采用终点站站后折返,已知列车驶出车站闭塞分区时间为30s,办理出折返线调车进路的时间为20s,列车从折返线至车站出发正线时间为65s,列车反应时间为10s,列车停站时间为50s。

中间站 B 采用站前折返(直到侧发),已知列车侧发时间为55s,办理接车进路的时间为15s,列车反应时间为10s,列车直到时间为30s,列车停站时间为50s。

线路终点站 C 采用站前交替折返,已知列车直到时间为35s,列车侧到时间为55s,列车直发时间为30s,列车侧发时间为50s,列车反应时间为10s,办理接车进路的时间为15s,办理发车进路的时间为15s。

试计算当大小交路的发车比例为1:1,且线路上列车运行秩序良好,无进路干扰时,为充分利用 C 站的折返能力(不考虑发车时间均衡),A 站和 B 站的折返能力利用率各是多少?此时,线路 A—B 段和 B—C 段的实际行车间隔各是多少?

54. 已知某轨道交通线路如图4-42所示,为单线线路,采用成对运行、常规交路站站停车的行车组织方式。设各站会车间隔时间相同且 $\tau_{会}=90s$,各区间起停附加时分相同且 $t_{附加}^{起}=t_{附加}^{停}=40s$,各区间纯运行时分如表4-7所示。

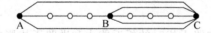

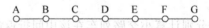

图4-41 大小交路开行方案示意图　　图4-42 某轨道交通线路示意图

表4-7 区间纯运行时分表

区间	A—B	B—C	C—D	D—E	E—F	F—G
上行	2′40″	3′15″	5′05″	4′15″	2′55″	3′15″
下行	2′35″	3′20″	5′00″	4′20″	3′00″	3′10″

(1) 试计算该线路现有的通过能力。

(2) 若将该线路改建为双线,采用分方向连发运行的行车组织方式,设 $\tau_{连}=12s$,各站停站时间如表4-8所示,试计算改建为双线后线路通过能力提高了多少?

表4-8 各站停站时间表

车站	A	B	C	D	E	F	G
上行	40″	30″	40″	60″	30″	40″	30″
下行	40″	30″	40″	60″	30″	40″	30″

(3) 在(2)的基础上，通过改造线路平纵断面条件(或改善列车运行性能)，使得线路的区间纯运行时分在表 3 的基础上统一减少了 40s，试计算该项措施能在(2)的基础上提升多少线路通过能力？

(4) 在(2)的基础上，通过采用先进的列车运行控制系统，并改进车载控制设备，实现了双线移动闭塞运行组织方式。设各站参数一致，且 $l_{站}=600\text{m}$, $l_{列}=135\text{m}$, $l_{安}=200\text{m}$, $a=1.8\text{m/s}^2$, $b=2.0\text{m/s}^2$, $t_{空}=1.2\text{s}$, $v_{进}=60\text{km/h}$。试计算该项措施能在(2)的基础上提升多少线路通过能力？

(5) 在(2)的基础上，通过设置闭塞分区，实现了三显示带防护区段的列车运行控制方式，同时在 D 站上、下行方向上各增设一条侧线，采用正线和侧线交替停站的运行组织方式。设正线上闭塞分区长度统一为 700m，各站参数一致且 $l_{站}=700\text{m}$, $l_{列}=135\text{m}$, $l_{制}=100\text{m}$, $a=1.8\text{m/s}^2$, $b=2.0\text{m/s}^2$, $v_{运}=60\text{km/h}$, $v_{进}=35\text{km/h}$, $v_{出}=40\text{km/h}$, $t_{作业}^{发}=t_{作业}^{接}=15\text{s}$, $t_{反应}=5\text{s}$。试计算增设侧线前、后能使线路通过能力在(2)的基础上各提升多少？

(6) 在(4)的基础上，该线路通过加强站台乘车组织工作，组织各站台乘客均匀有序乘车，提高了乘客乘降的效率，使得列车在各车站的停站时间在表 4-8 的基础上统一降低了 20%。试计算该项措施能在(4)的基础上提升多少线路通过能力？

(7) 在(5)不设侧线的基础上，通过在 D 站上下行方向轨道电路的正中间设置一个分割点，并增加一个前行列车的离去速度监督等级，从而将原 700m 长的车站区域轨道电路分割成两个 350m 长的轨道电路，试计算该项措施能提升多少线路通过能力？

55. 若要将 54 题中图 4-42 所示线路的通过能力加强到每小时 25 对，试提出两种不同的能力加强方案，并写出详细的计算过程。

56. 某终点站有开行比例为 1:1 的大小交路列车都在该站进行折返作业，已知线路追踪间隔时间 $h=90\text{s}$，试解答以下问题：

(1) 若该站采用站后折返，已知 $t_{离去}=25\text{s}$, $t_{作业}^{出}=7\text{s}$, $t_{反应}=2\text{s}$, $t_{出线}=45\text{s}$, $t_{停站}=40\text{s}$，试计算大小交路列车各自的最短发车间隔时间。

(2) 若该站采用站前交替折返，已知 $t_{离去}=30\text{s}$, $t_{作业}^{接}=t_{作业}^{发}=15\text{s}$, $t_{反应}=10\text{s}$, $t_{进站}=40\text{s}$, $t_{停站}=60\text{s}$，试计算该情况下线路通过能力的利用率(不考虑发车时间均衡)。

(3) 若该站设置混合折返线如图 4-43 所示，小交路列车采用站前渡线进行折返，大交路列车使用站后折返线进行折返。试计算当线路通过能力得到充分利用时，在不考虑作业干扰情况下，该站站前、站后折返能力的利用率。相关时分数据同 54 题的(1)、(2)。

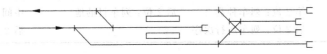

图 4-43 混合折返线路示意图

57. 在 56 题中，若线路通过能力经过技术改造，缩短为 80s，试为该站设计两种折返方案，要求两种方案都能与该线路的通过能力匹配，并比较两方案的优劣。

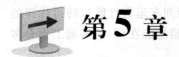

第 5 章

列车运行组织

5.1 列车运行概述

1. 列车

列车是指以正线运行为目的、按规定辆数编成并具有列车标志的车组。列车标志包括列车两端的标识灯、列车前端的车次号与列车目的地标识符。

列车运行主要是指列车在正线上运行。在双线行车时,地铁、轻轨列车按右侧单向运行,而市郊列车则是按左侧单向运行。

按列车用途分类,列车分为专运列车、图定客运列车、加开客运列车、调试列车、空驶列车、救援列车和施工列车。

各种列车可根据不同的车次号来识别,如表 5-1 所示。列车车次号规定的不同与行车调度指挥设备对列车描述的不同有关。

表 5-1 列车车次号的规定

项 目	北京地铁 1 号线	上海轨道交通 1 号线	广州地铁 2 号线
车次号位数	4	5	6
使用规定	第 1 位:上下行方向 第 2 位:列车种类 后 2 位:列车运行次序	前 3 位:列车种类与运行号 后 2 位:列车目的地	前 2 位:列车目的地 中间 2 位:列车种类 后 2 位:列车运行次序

2. 行车闭塞法

为保证列车运行的安全,在组织列车运行时,通过设备或人工控制,使连续发出列车保持一定间隔距离安全行车的办法,称为行车闭塞法。

保持列车间隔距离的方法有两大类:一类是空间间隔法,按一定的空间间隔开行列车,即在区间、闭塞分区或轨道电路区段内没有列车的时候,才准许驶入列车;或是前后行列车间必须保持一个列车制动距离加上安全防护距离。另一类是时间间隔法,按一定的时间间隔开行列车,即第一列车发出后,需经过一定的时间才发出下一列车。由于按时间间隔法行车,不易严格保持前后行列车间的安全间隔,如果进路办理疏忽或司机操纵不当,容易发生追尾事故。因此,正常情况下,轨道交通采用空间间隔法行车。只是在特殊情况下,如一切电话中断时才准许采用时间间隔法,并且要有安全保证措施。

按空间间隔法行车时,行车闭塞法有基本闭塞法和代用闭塞法两类。

基本闭塞法:指使用基本闭塞设备时采用的行车闭塞法。在自动闭塞设备线路上,基本闭塞法是连续发出列车以闭塞分区、轨道电路区段,或者以列车制动距离加上安全防护距离作为安全间隔运行。在非自动闭塞设备线路上,基本闭塞法是连续发出列车以站间区间作为安全间隔运行。

代用闭塞法:指基本闭塞设备因故不能使用时临时采用的行车闭塞法,电话闭塞法是常用的代用闭塞法。

轨道交通采用的基本闭塞设备主要是自动闭塞设备。按信号显示制式,自动闭塞信号系统有三显示带防护区段和四显示两种。按区间线路是否划分固定的闭塞分区或轨道电路区段,自动闭塞信号系统有固定闭塞和移动闭塞两种。

固定闭塞将区间线路划分为若干个闭塞分区或轨道电路区段,列车间隔为若干个闭塞分区或轨道电路区段,列车制动的起点和终点总是在分界点位置,最小列车间隔时间约为 120s。

移动闭塞没有固定划分的闭塞分区或轨道电路区段,列车间隔按后行列车制动距离加上安全防护距离控制,列车间隔是动态的,随着前行列车移动而移动,列车制动的起点和终点均无分界点位置限制,最小列车间隔时间约为 80s。

3. 行车指挥方式

根据采用的调度指挥设备类型,轨道交通行车指挥的方式主要有行车指挥自动化、调度集中和调度监督三种。

行车指挥自动化是 20 世纪 80 年代发展起来的先进的行车指挥方式。调度集中是 20 世纪 80 年代以前普遍采用的行车指挥方式。

在新线建成投入运营,但 ATC 系统尚未安装或调试完毕的过渡期,采用区间闭塞设备、实行调度监督是经实践检验比较经济实用的行车指挥方式。

1) 行车指挥自动化

采用列车自动监控(ATS)子系统的轨道交通线路,行车指挥实行自动化控制。ATS 子系统由控制中心 ATS 设备、车站 ATS 设备等组成。

控制中心 ATS 是一个实时控制系统,由运行监控和数据传输计算机、系统控制台、工作站、显示盘、数据传输设备、列车运行记录仪等组成。

车站 ATS 设备由数据传输设备、联锁设备、站台发车时间表示器和乘客信息显示系统等组成。

ATS 子系统的主要功能有:

◇ 列车时刻表(列车运行图)的编辑、修改,如由基本时刻表或计划时刻表生成使用时刻表。

◇ 自动或人工控制车站的发车表示器、道岔,排列列车进路。

◇ 实时显示车站发车表示器、道岔的状态和进路占用情况,自动跟踪列车运行与列车车次号。

◇ 自动或人工进行列车运行调整。
◇ 站台列车到达信息显示。
◇ 绘制实绩列车运行图和生成运营统计报告。
◇ 离线模拟或复示列车的在线运行,用于系统的调试、演示和人员培训。

2) 调度集中

采用调度集中设备的轨道交通线路,行车指挥实行调度集中控制。调度集中设备是指挥列车运行的一种远程遥控设备,由控制中心的调度集中总机、进路控制终端、显示盘和列车运行记录仪、闭塞设备、调度集中分机和数据传输设备以及联锁设备等组成。

调度集中的主要功能有:
◇ 行车调度员可直接控制车站的信号机、道岔,排列列车进路。
◇ 控制中心能实时显示车站信号机、道岔的状态、进路占用情况、列车车次和列车运行状态等。
◇ 绘制实绩列车运行图和生成运营统计报告。

3) 调度监督

采用调度监督设备的轨道交通线路,行车指挥实行调度监督控制。调度监督设备是指挥列车运行的一种远程监控设备,由控制中心的调度监督设备、显示盘、闭塞设备、车站终端和数据传输设备以及联锁设备等组成。调度监督与调度集中的区别是只能监督、间接控制,不能直接控制。

调度监督的主要功能有:
◇ 控制中心能实时显示车站信号机、道岔的状态、进路占用情况、列车车次和列车运行状态等。
◇ 打印实绩列车时刻表和生成运营统计报告。

4. 行车调度

1) 调度机构的组成

轨道交通是一个复杂的、技术密集型的城市公共交通系统,具有各项作业环节紧密联系和各部门、各工种协同工作的特点,为对运输生产活动进行集中领导、单一指挥和实行有效监控,轨道交通必须设立调度机构及控制中心。

调度机构是轨道交通日常运输工作的指挥中枢,凡与列车运行有关的各部门、各工种都必须在调度机构的统一指挥下进行日常运输生产活动。

调度机构的基本任务是合理运用技术设备,组织指挥与列车运行有关的各部门、各工种协同作业,确保实现列车运行图、完成运输生产任务,保证行车安全和乘客安全,提高运输效率和经济效益。

调度机构根据运输生产活动的性质设置不同的调度工种,实行分工管理。调度机构通常设置行车调度、电力调度和环控调度等调度工种。轨道交通控制中心的组织系统见图5-1。

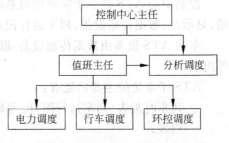

图 5-1 调度机构主要岗位构成

2) 行车调度工作

行车调度是调度机构的核心工种,担负指挥列车运行、贯彻安全生产、实现列车运行图、完成运输计划的重要任务。

行车调度员是列车运行的组织者和指挥者,其基本职责有:
◇ 组织指挥各部门、各工种严格按照列车运行图的规定和要求进行工作;
◇ 监控列车到发和途中运行,监控行车设备运用状况,在调度集中控制时人工排列列车进路;
◇ 根据客流变化,及时调整列车开行计划;
◇ 在列车晚点、运行秩序紊乱时,通过自动或人工列车运行调整,尽快恢复按图行车;
◇ 发生行车事故时,按规定程序立即向上级和有关部门报告,迅速采取救援措施,最大限度减少人员伤亡、降低事故损失和防止事故升级;
◇ 安排各类检修施工作业,组织施工列车开行。

行车调度员从业要求:
◇ 学历要求:大专及其以上学历;
◇ 工作经验要求:有三年以上现场工作经验;
◇ 心理素质要求:新选拔的行车调度员应进行心理素质测试;
◇ 培训测试要求:经过调度知识学习和跟班实习。

为保持行车调度工作的相对稳定性,行车调度员的工作岗位不宜随意调换。为提高行车调度员的组织指挥水平,应有计划地经常组织行车调度员深入现场熟悉设备和人员情况,交换工作意见,改进工作作风,解决好日常行车工作中存在的问题。作为一个合格胜任的行车调度员,必须熟悉人、车、天、地、图等各种与运营有关情况。

行车调度员的岗位要求:
◇ 必须熟悉司机、车站值班员等与列车运行有关作业人员的情况,了解他们的工作经历、业务水平和个性等情况,充分调动有关人员的工作积极性;
◇ 必须熟悉车辆的技术性能和使用状态等情况;
◇ 必须掌握气候变化对客流增减及对列车运行影响的一般规律;
◇ 必须熟悉与行车有关的各种技术设备;
◇ 必须掌握列车运行图理论,熟悉相关技术文件和规章制度,能及时正确地发布调度命令,准确填写各种报表和登记簿。

在实现行车指挥自动化后,虽然先进的自动化设备可以取代行车调度员的一部分操作性劳动和感知性思维,但先进的自动化设备也对行车调度员的业务水平和指挥技能提出了新的要求。行车调度员在集中精力监控列车运行的同时,还必须随时准备处理自动化系统不能处理的问题,因此,行车调度员的作用仍然是不可替代的。

在执行某些行车作业前,行车调度员应按规定发布调度命令,以强调进行有关作业的严肃性、强制性和授权性。指挥列车运行的口头和书面调度命令,只能由行车调度员发布。行车调度员在发布调度命令之前,应详细了解现场情况,并认真听取有关人员的意见。调度命令发布后,有关行车作业人员必须严格执行。

调度命令必须一事一令,先拟后发。调度命令包括书面命令和口头命令。在无线录音设备正常时,调度命令可以口头命令形式下达;但在无线录音设备故障停用、封锁或开通区间、停止或恢复基本闭塞法、列车反方向运行、进行列车救援等情形时,调度命令应以书面命令形式下达。

调度命令的内容包括命令号、受令处所、受令人、命令内容、发令日期与时间、发令人及复诵人姓名。调度命令日期的划分,以零时为界。命令号按1~100顺序循环使用,每一循环期间不得跳号与重号使用。调度命令中的各项内容必须正确完整、用语标准、简明扼要。发收调度命令时,必须填记《调度命令登记簿》,并由行车调度员指定受令人员中一人复诵。

行车调度员向司机发布调度命令时,如列车在车辆段,调度命令由车辆段负责传达。如列车已离开车辆段,调度命令由列车始发站或进入关系区间前的车站负责传达。在列车运行过程中,如无法将书面命令及时转交给司机,应适时完成调度命令的补交手续。

3) 行车调度工作考核指标

(1) 列车运行图兑现率:实际开行列车数(不包括临时加开列车数)与图定开行列车数之比。

$$列车运行图兑现率 = \frac{实际开行列车数}{图定开行列车数} \times 100\% \qquad (5-1)$$

(2) 列车正点率:按列车运行图正点运行列车数与实际开行列车数之比。

$$列车正点率 = \frac{正点运行列车数}{实际开行列车数} \times 100\% \qquad (5-2)$$

列车正点率包括列车始发正点率和列车到达正点率,列车正点统计的标准是:

◇ 凡按列车运行图图定车次、时间准点始发、终到的列车都统计为正点列车数。早点或晚点不超过规定时间的列车也按正点统计。

◇ 由于客流变化而停开或加开列车以及行车调度员对部分列车调点时,该部分列车也按正点统计。

(3) 列车通过率:在车站不停车通过的列车数(不包括图定通过列车)与实际开行列车数之比。某次列车如连续或不连续在几个站通过,只统计为一列通过列车。

$$列车通过率 = \frac{通过列车数}{实际开行列车数} \times 100\% \qquad (5-3)$$

(4) 平均满载率:单位时间内,车辆运能的平均利用率。

$$平均满载率 = \frac{日客运量 \times 平均运距}{输送能力 \times 线路长度} \times 100\% \qquad (5-4)$$

(5) 责任事故率:单位时间内,平均每完成百万列车公里的责任事故次数。

$$责任事故率 = \frac{责任事故次数}{列车公里} \times 10^6 \qquad (5-5)$$

4) 行车调度工作分析

对行车调度工作完成情况进行分析,其目的是总结经验、发现问题,有针对性地制定加强行车调度工作的措施,提高行车调度指挥水平。

行车调度工作分析有日常分析、定期分析和专题分析三种。

日常分析:对日常的行车调度工作进行分析,分析的内容有列车运行图兑现率、车辆运用情况、列车晚点原因、列车运行调整、调度命令发布和安全生产情况等。

定期分析:在日常分析的基础上,对一定时期的运输生产和运营指标完成情况等进行比较全面的分析,包括旬分析和月分析。分析的重点是计划与指标完成情况、安全生产情况、客流变动规律以及行车调度指挥质量。

专题分析:不定期进行,分析的内容是与列车运行有关的某些重要问题,包括列车正点率下降、正线行车中断 30min、节假日客流特征等。

5. 主要行车规章

1) 行车组织规则

《行车组织规则》简称《行规》，根据采用的行车技术设备类型和各项行车作业的要求等制定。《行规》是轨道交通行车组织和运营管理的基本法规。所有与列车运行有关的部门都不得违反《行规》的规定，各部门制定的有关行车工作的规则、细则和办法等都必须符合《行规》的规定，轨道交通员工对《行规》必须认真学习、严格执行。

《行规》的主要内容有行车技术设备、行车组织基本要求、行车闭塞法、列车运行组织规定、调车作业组织规定、检修施工及施工列车开行、《行车调度工作规则》、附录等。

2) 行车调度工作规则

《行车调度工作规则》简称《调规》，根据《行规》的原则和要求、结合控制中心设备与作业的具体情况等编制。

《调规》的主要内容有控制中心生产组织系统、各调度工种职责与要求、调度工作制度、调度指挥设备、日常调度指挥工作、列车运行调整、调度命令发布、中央控制操作、检修施工作业的受理与组织、调度工作图表、运营指标统计和调度工作分析等。

3) 车站行车工作细则

《车站行车工作细则》简称《站细》，根据《行规》的原则和要求、结合车站设备与作业的具体情况等编制。

《站细》的主要内容有车站概况、车站行车技术设备、车站行车工作制度、接发列车、折返作业组织及程序、办法等，非正常情况下车站行车工作、车站检修施工管理，以及其他有关要求或规定。

除此之外，轨道交通主要行车规章还有《车辆段行车工作细则》《ATC 系统操作手册》《列车操纵规则》《检修施工作业管理办法》《行车事故处理规则》《安全生产管理制度》《突发事件应急处理办法》等。

5.2 正常情况下的列车运行组织

正常情况是指在营业时间内采用基本的行车闭塞方法和行车指挥方式。轨道交通采用的基本闭塞法主要有自动闭塞和区间闭塞两种，采用的行车指挥方式主要有行车指挥自动化、调度集中和调度监督三种。在采用行车指挥自动化的情况下，列车运行控制功能通常是通过 ATC 系统实现。

鉴于采用自动闭塞与 ATC 系统已是国内既有与新建轨道交通线路的首选列车运行控制技术，因此，行车指挥自动化时的列车运行组织是本节内容的重点。

1. 行车组织指挥层次

轨道交通行车组织实行集中领导、单一指挥，行车组织指挥层次如图 5-2 所示。

控制中心代表运营公司总经理领导、指挥日常运营工作；值班主任是调度班组长，负责领导、指挥和协调本班的运营工作；行车调度员是列车运行的组织、领导和指挥者，所有与列车运行有关的作业人员都必须服从行车调度员指挥、执行行车调度员命令，行车调度员应严格按图指挥行车。

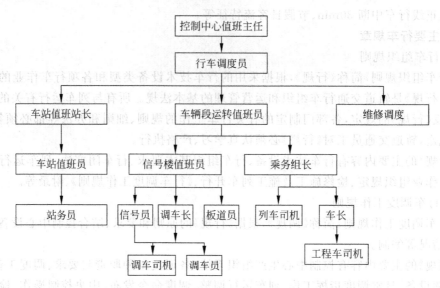

图 5-2 轨道交通行车组织指挥层次图

在车站,行车组织工作由值班站长领导、车站值班员指挥;在车辆段,行车组织工作由运转值班员领导,调车进路和列车进路办理由信号楼值班员指挥,调车作业由调车长指挥;列车在区间时,客运列车由司机指挥,施工列车由车长指挥;列车在车站时,接受行车调度员或车站值班员指挥;行车设备在运营时间内发生故障时,由行车调度员通知维修调度组织抢修。

2. 行车指挥自动化时的列车运行组织

1) 控制中心 ATS 简介

控制中心 ATS 有在线控制、模拟运行和运行复示三种运行模式。

(1) 在线控制模式:是指系统实时监控列车运行,是系统的主要运行模式。在线控制时,两台计算机同时处于在线控制状态,一主一备,一旦主机故障,备机立即接替控制。

(2) 模拟运行模式:是指系统模拟在线控制运行,是系统的辅助运行模式,用于系统调试、演示和培训。模拟运行能模拟在线控制模式中的所有功能,但与现场没有任何信息和控制命令的交换。

(3) 运行复示模式:是指系统真实地再现此前 72h 的系统运行情况。系统可选择重放其中任意一个小时的运行记录,也可按事件或按秒重放运行记录。在线控制和模拟运行两种模式的运行记录均可重放。

2) 在线控制功能

系统有时刻表管理、列车描述、列车运行控制和列车运行调整四项在线控制功能。

(1) 时刻表管理:是指对计划时刻表和使用时刻表的编辑和修改,该项控制功能仅供行车调度员使用。计划时刻表源于基本时刻表,是建立使用时刻表的基础。使用时刻表是指在线控制使用的时刻表。

列车时刻表管理包括:建立计划时刻表,对计划时刻表进行编辑生成使用时刻表,删除计划时刻表和使用时刻表,在计划时刻表和使用时刻表中增加或删除列车,将计划时刻表和使用时刻表中的一部分列车平移一段时间,显示和打印计划和实绩列车运行图。

(2) 列车描述：其主要功能是设置或修改列车的车次号、司机号和车辆号。

车次号由 5 位数组成，前 3 位是运行号，后 2 位是目的地号。运行号是列车的标识，是系统与列车时刻表相联系的基础，也是系统掌握列车运行状态的基础。目的地号指明列车的终到站，系统把目的地号传送给列车，列车在运行中又将目的地号传送给车站联锁设备。根据列车的目的地号，车站联锁设备为列车排列进路。

司机号和车辆号各由 5 位数组成。设置司机号是为了使系统能跟踪司机的行车过程，从而产生司机运行报告。设置车辆号是为了使系统能跟踪车辆的运行过程，从而产生车辆运行报告。

(3) 列车运行控制：提供控制列车运行的各种系统参数的设置功能。

① 设置控制模式，是指对中央控制或车站控制模式的设置。在车站控制时，系统处于运行监督状态，所有对车站进路的控制功能均不能执行。在中央控制时，系统能执行它的所有控制功能。控制模式的转换必须经过控制中心和车站双方确认后方能进行。必要时，车站可实施紧急站控，但紧急站控结束后只能转回车站控制，不能直接转回中央控制。

② 设置自动控制，是指启动、取消或恢复系统对列车的自动控制。系统对列车的自动控制分为两个方面：一个是自动调度列车出车辆段，进入正线运行；另一个是对正线运行的列车进行自动控制。图定列车取消自动控制后，该列车将暂时从列车时刻表中删除，变为非图定列车；恢复自动控制后，该列车又进入列车时刻表，变为图定列车，系统恢复对它的自动控制。

③ 设置信号控制，是指自动信号、通过信号的设置或取消。自动信号是指以该信号机为始端的进路为自动进路，车站联锁设备根据列车的目的地号，自动为列车排列进路。通过信号是指该信号机为始端的进路为通过进路，列车通过该进路后，进路将再次自动排列。为安全起见，系统不直接控制信号机的开闭，信号机随进路的排列而开放，随进路的占用而关闭。

④ 设置进路控制，是指设置或取消列车进路。为安全起见，系统不直接控制道岔转换，系统也不直接自动排列进路，而是通过设置通过信号或自动信号，由车站联锁设备自动排列进路。行车调度员可采用人工进路控制功能，通过系统终端方式设置或取消进路。

⑤ 设置折返模式，是指选择折返站的列车折返进路。在设置了折返模式和相应的自动信号后，车站联锁设备将根据列车的目的地号自动为折返列车排列进路。通常，系统设定优先采用的折返模式。

⑥ 设置折返顺序，针对系统的自动控制功能，有列车模式和顺序模式两种。列车模式是指在折返站按列车的车次号调度列车，顺序模式是指在折返站按列车的先后顺序调度列车。

(4) 列车运行调整：

设置调整模式，根据系统自动控制功能实现的程度，列车运行调整可设置四种模式。

◇ 全人工模式：在系统没有自动控制功能情况下，人工进行列车运行调整。

◇ 人工调度模式：在系统具有自动排列进路功能，以及具有对列车时刻表和车次号进行管理的功能情况下，人工进行列车运行调整。

◇ 非自动调整模式：在系统具有人工调度模式全部功能，以及还具有自动调度列车从终点站（包括车辆段出口处）出发的功能情况下，人工进行列车运行调整。

◇ 自动调整模式：在系统具有自动控制功能情况下，自动进行列车运行调整。

设置调整措施，是指对列车运行调整措施的选择，具体功能包括：

◇ 显示正在起作用的列车停站时间和运行等级。

◇ 设置列车停站时间：有人工和自动两个选项。如选择人工选项，则可以人工设定一个新的停站时间。如选择自动选项，则停站时间由系统根据列车时刻表和列车早、晚点情况自动设定。

◇ 设置列车运行等级：有人工和自动两个选项。如选择人工选项，则可以人工设定一个新的运行等级。如选择自动选项，则运行等级由系统根据列车时刻表和列车早、晚点情况自动设定。

◇ 设置列车跳停：设置或取消列车在某个站不停车通过，跳停功能必须在列车由前一车站发车前设置才有效。

◇ 扣车和终止停站：扣车是指使发车表示器不显示，列车不能发车。终止停站则是指行车调度员进行催发车，发车表示器显示发车信号。组合使用这两个功能能控制列车停站时间。

3) 在线控制操作

(1) 进入系统：系统维护员启动系统，工作站显示语言选择窗口后，行车调度员操作步骤如下：

◇ 选择中文或英文用户界面；

◇ 输入用户名和密码，进入系统；

◇ 选择运行模式，在三种运行模式中选择一种；

◇ 选择用户等级，应选择行车调度员等级。

(2) 建立使用时刻表：每日运营前，必须建立使用时刻表。可以先建立计划时刻表，再建立使用时刻表；也可以直接建立使用时刻表。

计划时刻表是从 5 个基本时刻表中选择一个，可以通过增加或删除列车、列车平移功能对计划时刻表进行修改。

使用时刻表是从 5 个基本时刻表和计划时刻表中选择一个，也可以通过增加或删除列车、列车平移功能对使用时刻表进行修改。

(3) 设置系统工作模式，包括：

◇ 设置控制模式，在中央控制或车站控制中选择。在车站控制时，折返模式、信号控制和列车停站时间均由车站设置。

◇ 设置信号控制，在自动信号或通过信号中选择。

◇ 设置折返模式，通常选择优先采用的折返模式。

◇ 设置折返顺序，在列车模式和顺序模式中选择，通常选择顺序模式。

◇ 设置调整模式，在全人工模式、人工调度模式、非自动调整模式和自动调整模式中选择，人工调整时通常选择人工调度模式，自动调整时则选择自动调整模式。

(4) 设置列车停站时间和运行等级：系统根据使用时刻表，为每个站台设置列车停站时间和运行等级。在采用自动调整模式时，应选择自动项；在采用其他调整模式时，应设置具体的列车停站时间并在四个列车运行等级中选择一个。

(5) 调度列车由车辆段进入正线：每日列车应按时刻表的要求及时到达并停在车辆段

出口处。显示时刻表中下一出段列车的车次号与时间。如不对,采用列车描述和指定下一车次号功能并以车地通信方式发送图定车次号给列车。自动控制时,系统将自动排列进路,指挥列车进入正线;但也可使用人工控制方法使列车进入正线。

(6) 调度列车从始发站出发:显示时刻表中始发站下一出发列车的车次号与发车时间。如不对,采用列车描述和指定下一车次号功能,对停在折返线上的列车设置或者修改车次号。如列车已有车次号,并且系统处于非全人工模式,系统自动修改列车的目的地号。自动控制时,系统将自动排列进路,指挥列车出发;但也可使用人工控制方法使列车出发。

(7) 监控列车运行:每日使用显示下一车次号功能,查看各始发站下一列车的车次号与发车时间;也可打开下一车次号监视窗,连续地监视各始发站的列车出发情况。通过告警信息窗,随时了解列车早、晚点情况和设备故障情况。使用进路控制功能排列进路;在设置为通过信号和自动信号时,进路自动排列;在车站控制时,进路由车站排列。通过设置列车进站时间和运行等级功能,调整列车停站时间和区间运行时间,使列车按图正点运行。在系统采用自动调整模式,并且列车停站时间和运行等级设置选择自动项时,系统将自动调整列车停站时间和运行等级。

(8) 列车运行调整:显示在列车早、晚点时间超出了允许范围时,采用下列措施进行列车运行调整。

◇ 列车晚点,可采用缩短列车停站时间、提高列车运行速度、跳停等列车运行调整措施;

◇ 列车早点,可采用延长列车停站时间、降低列车运行速度、扣车等列车运行调整措施;

◇ 早、晚点列车较多,可采用增加或删除列车、列车平移功能等对使用时刻表进行修改,恢复列车运行秩序。

(9) 常见异常情况处理:

◇ 当车次号跟踪不上列车或车次号跟踪产生错位时,可使用移动车次号功能使跟踪正常;

◇ 当某一图定列车故障、无法继续运行时,可使用取消自动控制功能将该列车变成非图定列车,然后人工控制该列车退出运行;

◇ 当控制中心显示的ATP模式与列车的实际情况不一致时,可使用设置ATP模式功能加以纠正。

(10) 运行结果处理:

◇ 打印所需的运营报告;

◇ 绘制所需的列车运行图;

◇ 删除使用的时刻表。

4) 列车正线运行

(1) 列车运行的条件:每日运营前,行车调度员应检查运营前准备工作,列车运行的必要条件如下:

◇ 检修施工注销,线路空闲,无异物侵入限界;

◇ ATC系统、车辆、通信设备、牵引供电等设备技术状态良好;

◇ 车站道岔位置与信号显示正确,屏蔽门、供电、环控等设备功能正常;

◇ 有道岔并配有联锁设备的车站处于中央控制状态；
◇ 建立和确认使用时刻表。

(2) 列车进入区间：列车占用区间的行车凭证为列车收到的速度码。因 ATP 故障而切除 ATP 时，列车占用区间的行车凭证为调度命令。

列车的发车凭证为出站信号开放(发车表示器显示稳定白色灯光)。如出站信号故障无显示，列车的发车凭证为调度命令。

(3) 列车区间运行：双线情况下，列车按正向右侧运行。

在 ATC 正常时，列车驾驶模式为 ATP 防护的 ATO 自动驾驶，列车运行速度控制根据 ATP 限速与 ATS 速度执行，追踪列车的安全间隔由 ATP 自动实现。

列车驾驶模式除了 ATP 防护下的 ATO 自动驾驶外，还有 ATP 防护下的人工驾驶和 ATP 切除的人工驾驶等。

(4) 列车到达车站：列车以规定速度进站，如 ATP 限速低于规定速度，则按 ATP 限速执行。车站不办理接车作业，不显示接车信号。

在 ATS 正常时，车站不向行车调度员报列车到、发点。列车停站时间延长 30s 以上时，车站要向行车调度员报告原因。使用时刻表未规定或无调度命令，司机不得驾驶列车通过车站。

(5) 列车折返作业：
◇ 列车折返进路由中央 ATS 自动排列或行车调度员人工排列；
◇ 在车站有数条折返进路时，应规定优先采用的列车折返模式；
◇ 列车在进行折返作业前，应清客与关车门；
◇ 列车进出折返线凭调车信号机的显示。

5) 列车出入车辆段

原则上，列车应经由出段线驶出车辆段，由入段线驶出车辆段。但在图定或行车调度员准许的情况下不受上述规定限制。

出、入段线视为区间，属于行车调度员管辖范围，列车出入车辆段凭防护信号机的显示。

在出、入段线的有码(速度码)区，列车按人工 ATP 方式运行；在出、入段线的无码区，列车按限速人工驾驶方式运行。

6) 列车运行调整

由于设备故障、乘降拥挤、途中运缓或作业延误等原因，难免出现列车运行晚点的情形。此时，行车调度员应根据列车运行的实际情况，按恢复正点和行车安全兼顾的原则，根据规定的列车等级进行运行调整，尽可能在最短时间内使晚点列车恢复正点运行。

列车的等级依次为专运列车、客运列车、调试列车、空驶列车和其他列车。在抢险救灾情况下，优先放行救援列车。对同一等级的客运列车，可根据列车的接续车次和载客人数等情况进行运行调整。

在 ATS 时，列车运行调整有自动调整和人工调整两种。根据 ATS 自动控制功能实现的程度，人工调整可设置几种模式。例如，在系统没有自动控制功能情况下进行人工调整称为全人工模式；在系统具有自动排列进路功能，以及具有对列车时刻表和车次号进行管理功能的情况下进行人工调整称为人工调度模式等。

(1) 自动列车运行调整：在 ATS 设置为自动调整模式时，系统根据使用时刻表对早、晚点时间在一定范围内的图定列车自动进行列车运行调整。

基本原理：列车运行的自动调整，通过改变列车停站时间和列车运行等级来实现。系统将车站的列车实际到达时间与图定到达时间进行比较，如果列车早点或晚点，首先调整早、晚点列车在该站的停站时间。如果调整区间运行时间后仍未能恢复列车正点运行，则要进一步调整前方车站的列车停站时间和前方区间的列车运行时间，直至列车早、晚点时间缩短到一定时间以内。

区间运行时间的调整实质上就是列车运行速度的调整，而列车运行等级的自动降低或升高可实现列车运行速度的自动控制。

(2) 人工列车运行调整：在列车早点早于太早、晚点晚于太晚时，由于列车调度员进行人工列车运行调整。行车调度员可在自动调整模式下进行人工列车运行调整。此时，人工调整优先于自动调整。

但人工调整时设定的列车停站时间和列车运行等级仅对经过指定车站的指定列车一次有效。当该次列车经过指定车站后，系统将自动恢复对经过该站的后续列车进行自动列车运行调整。

在列车运行秩序较紊乱时，应退出自动调整模式，进行人工列车运行调整。待列车运行基本恢复正常后，再使用自动调整模式。

在自动调整模式下，人工列车运行调整的措施有：
◇ 设置列车停站时间；
◇ 设置列车运行等级；
◇ 设置列车跳停；
◇ 实施扣车；
◇ 调整列车在始发站的出发时刻；
◇ 组织列车加速运行；
◇ 组织乘客快速乘降，压缩列车停站时间；
◇ 延长列车停站时间；
◇ 变更列车运行交路，组织列车在具备条件的中间站折返；
◇ 组织列车反方向运行；
◇ 停运部分列车。

3. 调度集中时的列车运行组织

在实行调度集中控制时，正常情况下由行车调度员人工排列列车进路，指挥列车运行，以及进行人工列车运行调整。

行车调度员通过进路控制终端键盘输入各种控制命令，控制管辖线路上的信号机、道岔和排列列车进路；通过显示盘掌握车站信号机显示状态和道岔开通位置、区间和站内线路的占用情况，以及线路上列车运行和分布情况。列车运行调整人工进行，采用的调整措施参见行车指挥自动化时的相关内容。

在调度集中、自动闭塞行车时，列车占用区间的行车凭证为出站信号机的绿灯显示。如出站信号机故障，行车凭证为行车调度员下达的调度命令。追踪列车的安全间隔由自动闭塞设备实现。

4. 调度监督时的列车运行组织

在实行调度监督控制时，调度监督设备只起监督作用，不具有行车调度员直接控制功能。基本闭塞法通常采用双区间闭塞，即列车间隔按两个区间内只准有一列列车占用进行控制。行车调度员通过显示盘监督出站信号开闭、区间占用情况和列车运行状态，组织指挥列车运行，并按规定收记列车到、发点和绘制实绩列车运行图。

在调度监督、双区间闭塞行车时，列车占用区间的行车凭证为出站信号机的绿灯显示，凭助理值班员的手信号发车。如出站信号机故障，行车凭证为行车调度员下达的调度命令。连发列车的安全间隔由双区间闭塞设备实现。

在列车晚点或列车运行秩序紊乱时，行车调度员应及时进行列车运行调整，尽快恢复按图行车，可采用的列车运行调整措施与调度集中控制时相同。但应强调，在调度监督控制时，对采取列车跳停、反方向运行等运行调整措施有更严格的控制。

在调度指挥过程中，如发现车站值班员或列车司机有违章作业情况，行车调度员应及时下令纠正，确保行车安全。

5.3 非正常情况下的列车运行组织

非正常情况是指列车运行控制设备等出现故障，采用代用闭塞法或车站控制。轨道交通采用的代用闭塞法主要是电话闭塞法。

从行车指挥的角度，行车指挥自动化、调度集中或调度监督均会发生控制权下放的情形。

1. 移动闭塞 ATC 系统故障时行车

1）控制中心 ATS 设备故障

控制中心 ATS 故障或者控制中心与车站间数据传输故障时，控制权下放给集中站（联锁站）。此时，可采用将列车时刻表下载到车站 ATS 分机的方式来自动排列进路，也可根据接收到的列车目的地号及列车运行位置信息来自动排列进路。此时，系统一般不能进行自动列车运行调整。

2）车站 ATS 分机故障

车站 ATS 分机故障时，通过联锁工作站人工排列进路。在联锁设备人工控制的情况下，可在联锁工作站上将信号机（进路）设定为自动进路状态，当列车运行至接近信号机的某一位置时会自动触发联锁设备为列车排出一条进路。此时，不能进行自动列车运行调整，但列车仍在 ATP 防护下自动运行。

3）ATP 设备故障

车载设备故障：车载 ATP 设备故障或者车-地数据传输故障时，司机应立即向行车调度员报告。列车以人工驾驶方式，按地面信号显示运行，直至退出运营。此时，行车调度员应采取有效措施，确保后行列车的运行安全。

轨旁设备故障：轨旁 ATP 设备故障时，故障区域内停用移动闭塞，改用站间闭塞。列车进路由车站值班员人工排列。列车以人工驾驶方式，按地面信号显示运行。

4）ATO 设备故障

ATO 设备故障时，列车改为 ATP 防护下的人工驾驶。行车调度员应安排备用列车替换 ATO 设备故障列车。

2. 固定闭塞 ATC 系统故障时行车

1) 控制中心 ATS 设备故障

控制中心 ATS 自动功能故障时,由行车调度员人工排列进路和进行列车运行调整,以及通知折返列车司机输入新的车次号。控制中心 ATS 显示功能故障时,控制权下放给集中站,由车站值班员在联锁工作站上排列进路。

2) 车站联锁设备故障

集中站联锁设备故障时,行车调度员下达按电话闭塞法行车的调度命令,控制权下放给集中站。

车站正线上的道岔均应开通正线。控制中心和车站共同确认按电话闭塞法行车的第一趟列车运行前方区间和车站空闲,车站值班员手信号接发列车,列车在故障区间以限速人工驾驶方式运行。

3) ATP 设备故障

车载设备故障:车载 ATP 设备故障时司机应向行车调度员报告,切除车载 ATP,以限速人工驾驶方式(限速 20km/h)运行至前方站,清客后以双区间间隔、人工驾驶方式运行至就近有折返线或入段线的车站。

轨旁设备故障:小范围轨旁设备故障时,由行车调度员确认故障区间空闲后,向司机发布调度命令,列车不切除车载 ATP,但在故障区间以限速人工驾驶方式运行,并且在故障区间只准一个列车占用。

大范围轨旁设备故障时,由行车调度员发布调度命令,停止使用基本闭塞法,按电话闭塞法行车。列车切除车载 ATP,以人工驾驶方式运行。列车占用区间的行车凭证为路票,车站值班员手信号接发列车。

4) ATO 设备故障

ATO 设备故障时,列车改为 ATP 防护下的人工驾驶。列车在区间运行速度按 ATP 速度码执行。列车进入通过式车站的限速为 45km/h,列车进入尽头式车站的限速为 30km/h。

3. 电话闭塞法行车

在停用基本闭塞设备、车站联锁设备故障、列车反方向运行、开行施工列车和轨道车时,均应停止使用基本闭塞法,改用电话闭塞法行车。

电话闭塞法是在没有机械、电气设备控制的条件下,仅凭站间行车电话联系来保证列车空间间隔的一种临时代用的行车闭塞法。改用电话闭塞法或恢复基本闭塞法行车,均应有行车调度员发布的调度命令。电话闭塞法行车时,列车占用区间的行车凭证为路票,列车发车凭证为车站值班员的手信号。

在改用电话闭塞法行车时,行车调度员应及时调整使用时刻表,车站值班员根据调整后的使用时刻表,严格按照规定的作业程序与要求办理闭塞、准备进路、显示信号和接发列车。

电话闭塞法行车时,行车凭证为路票。路票在确认闭塞区间空闲并取得接车站承认闭塞后方可填发。为了确保行车安全,原则上,路票应由车站值班员亲自填写。

路票填写应内容齐全、字迹清楚,涂改无效。对无效路票应注销,重新填写。车站值班员应将填写的路票与电话记录号码进行核对,确认无误并签名后方可交给司机。

电话记录号码每站一组,按日循环使用;相邻站不使用相同的号码;每个号码在一次循环内只使用一次,号码一经发出,无论生效与否,不得重复使用。

4. 特殊情况下列车运行

1) 列车反方向运行

所谓列车反方向运行是指下行列车在上行线运行或上行列车在下行线运行的情形。列车反方向运行,应按规定程序进行审批,以行车调度员的调度命令下达执行。行车调度员应对反方向运行列车重点监控,确保行车安全。

列车反方向运行的作业办法,根据采用设备类型的不同有以下两种情形:

采用自动闭塞和ATP设备:反方向运行区段有ATP速度码时,列车以ATP防护下的人工驾驶方式运行,行车凭证为列车收到的ATP速度码,发车凭证为调度命令。反方向运行区段无ATP速度码时,列车以双区间间隔、人工驾驶方式运行,行车凭证为调度命令,列车的区间运行限速为60km/h,进入车站限速为30km/h。

采用自动闭塞设备:反方向运行区段无闭塞设备控制时,控制权下放,改用电话闭塞法行车,列车应按规定限速运行。此时,列车占用区间的行车凭证为路票。

2) 列车退行

列车因故需要退行时,司机应立即向行车调度员报告。行车调度员在确认列车退行进路空闲和车站广播通告乘客注意安全的情况下,下达准许列车退行的调度命令。

退行列车在进站位置处应一度停车,由接车人员手信号引导进站。站台服务人员负责列车退行的安全防护。退行列车进站后,司机立即向行车调度员报告。

在实行电话闭塞法行车时,列车出发后退回发车站,由发车站发出电话记录号码作为与邻站取消闭塞的依据。

3) 救援列车开行

在接到司机的救援请求后,如果确定由在线列车担当救援任务,行车调度员应尽可能根据正向救援的原则指派救援列车,并及时向担当救援任务的列车司机下达调度命令,以及向有关车站值班员下达封锁区间的调度命令。

在线列车担当救援任务时,原则上应先清客,后担当救援任务。有关车站应根据救援命令,适时进行扣车、准备列车进路,并做好客运组织工作。

向封锁区间开行救援列车,不办理行车闭塞手续,以调度命令作为进入封锁区间的凭证,手信号发车。救援列车接近被救援列车时应一度停车,然后与被救援列车安全连挂。救援列车牵引运行时采用ATP防护下的人工驾驶方式,推进运行时采用人工驾驶方式,正线运行限速分别为40km/h和30km/h。

5. 检修施工时列车运行

除了必须中断列车运行的设备抢修和必须利用列车间隔来排除设备故障外,轨道交通的检修施工作业原则上安排在非运营时间进行。在确认进行夜间检修施工时,行车调度员既要根据检修施工计划的安排,保证检修施工作业能顺利完成,又要确保次日运营能正常进行。

为减少施工列车占用正线,在需要开行施工列车时,各部门应周密计划,尽量合并装运、压缩开行列次,行车调度员在满足检修施工作业的前提下,尽量缩小线路封锁或线路封闭的范围。

向封锁区间开行施工列车时,按电话闭塞法行车或根据调度命令办理。施工列车推进运行时应在列车前部设专人引导。到达检修施工地段后,应在防护人员显示的停车手信号前停车,然后再按调车作业办法进入指定地点。

为简化作业手续、提高作业效率,当封锁区间内只有一个施工列车,但该列车需多次往返运行时,可采用封闭区间运行的办法。采用该办法,除应有调度命令准许外,还必须做到:封闭区间内无其他检修施工作业,封闭区间内所有道岔均开通于施工列车运行方向,施工列车不准越出封闭区间,以及施工列车按调度命令指定时间离开封闭区间。

在检修施工中发生设备损坏、人员伤亡或不能按时完成检修施工作业时,行车调度员应立即报告值班主任,采取有效措施确保次日运营能正常进行。检修施工结束后,行车调度员根据车站值班员的报告,在确认行车设备完好、检修施工人员和机具撤离后,下达调度命令同意注销检修施工。

6. 时间间隔法行车

在按电话闭塞法行车时,如果车站一切电话中断,为了维持列车运行,双线线路可采用时间间隔法行车。此时,列车占用区间的行车凭证是红色许可证,凭车站值班员手信号发车。车站值班员应指定按时间间隔法行车的第一趟列车司机将实行时间间隔法的情况通告前方车站。

为了保证行车安全,中间站道岔均应开通列车运行方向,禁止办理影响正线列车运行的调车作业。此外,连续发出两列车的间隔时间和列车运行速度均应符合《地下铁道技术管理规程》的规定。

电话通信恢复正常时,车站值班员向行车调度员汇报列车运行情况,并根据调度命令恢复原行车闭塞法。

复习思考题

1. 什么是列车?列车标志包括什么?
2. 城市轨道交通列车在正线上双线行车时,列车的运行方向规则是什么?
3. 按列车用途分类,列车可分为哪几类?各种列车如何识别?
4. 什么是行车闭塞法?保持列车间隔距离的方法有哪几类?各自在什么情况下采用?
5. 按空间间隔法行车时,行车闭塞法有哪几类?各自的含义是什么?
6. 固定闭塞和移动闭塞的最小列车间隔时间大约是多少?
7. 轨道交通行车指挥方式主要有哪几种?
8. ATS子系统由哪几部分组成?其主要功能有哪些?
9. 调度集中的主要功能有哪些?
10. 调度监督的主要功能有哪些?其与调度集中的区别在哪里?
11. 什么是调度机构?调度机构的基本任务是什么?调度机构通常设置哪些调度工种?
12. 什么是行车调度?行车调度员的基本职责是什么?
13. 为什么说在实现行车指挥自动化后,行车调度员的作用仍然是不可替代的?
14. 行车调度工作的考核指标有哪些?

15. 为什么要进行行车调度工作完成情况的分析？行车调度工作分析包含的种类有哪些？
16. 什么是《行规》？它有何作用？其主要内容有哪几大点？
17. 什么是《调规》？其主要内容有哪些？
18. 什么是《站细》？其主要内容有哪些？
19. 除《行规》《调规》《站细》外，轨道交通的主要行车规章还有哪些？
20. 轨道交通行车组织指挥的层次结构是什么？各岗位的职责是什么？
21. 控制中心 ATS 有哪几种运行模式？各模式下实现的功能是什么？
22. ATS 系统在线控制包含哪几项具体的功能？
23. 列车正线运行的条件有哪些？
24. 列车进入区间的行车凭证是什么？发车凭证是什么？
25. 列车在区间运行的驾驶模式有哪些？各在什么情况下使用？
26. 列车到达车站应如何作业？
27. 列车折返应如何作业？
28. 列车出入车辆段应如何作业？
29. 列车运行调整应根据什么原则进行？
30. 列车的等级从高到低分，依次是什么？
31. 在 ATS 控制下，自动列车运行调整的基本原理是什么？如何确定调整后的停站时间和区间运行时间？
32. 什么情况下需要进行人工列车运行调整？人工列车运行调整的措施有哪些？
33. 调度集中时如何进行列车运行组织？
34. 调度监督时如何进行列车运行组织？
35. 对于列车运行组织来说，什么是正常情况？什么是非正常情况？
36. 移动闭塞 ATC 系统故障时，有哪些具体的故障类型？各种故障类型下如何组织行车？
37. 固定闭塞 ATC 系统故障时，有哪些具体的故障类型？各种故障类型下如何组织行车？
38. 什么是电话闭塞法？什么情况下应使用电话闭塞法行车？
39. 什么是列车反方向运行？反方向运行应怎样作业？
40. 列车退行应如何作业？
41. 救援列车开行如何作业？在线列车担当救援任务时，应注意什么？
42. 轨道交通的检修施工作业有哪些注意事项？
43. 什么情况下可采用时间间隔法行车？有哪些注意事项？

第6章

车站作业组织

6.1 车站概述

在运输生产活动中,车站起着极为重要的作用:
◇ 车站是线路上供列车到发、通过的分界点,某些车站还具有折返、停车检修和临时待避等功能;
◇ 车站是客流集散的场所,是乘客出行乘坐列车的始发、终到及换乘地点,也是运营企业与服务对象的主要联系环节;
◇ 车站还是轨道交通各工种联劳协作的生产基地。

车站的运输生产活动主要由行车作业和客运作业两部分组成。车站行车作业包括接发列车作业、列车折返作业等。车站客运作业包括售检票、组织乘客乘降和换乘作业等。

1. 车站的分类

车站的分类可从不同的角度进行。就车站作业而言,主要是按运营功能分类和按是否具有站控功能分类。

1) 按建筑结构特点分类
◇ 地面车站:造价比较低,但会对线路所经过区域造成分割,一般修建在用地面积不受限制的区域。
◇ 高架车站:为了节省车站周边的地面资源,并充分利用线路与地面之间的垂直空间,高架车站多采用双层设计,站台层在上方,站厅层在下方,也可以利用高架桥下的站外广场。
◇ 地下车站:分为浅埋式(轨顶至地表距离小于15m)、深埋式(轨顶至地表距离大于25m)、中埋式(埋深在15~25m)。深埋式车站通常受周围环境影响和线路走向等条件的制约,必须建于地下较深处,一般设在稳定层或坚固地层内,技术难度、土方量和投资量大。

地下车站除了其结构特点外,在防火、防灾及环控方面还有特殊的要求,与地面车站有显著的区别。

2) 按运营功能分类

◇ 终点站：终点站是设在线路两端的车站。就列车上下行而言，终点站也是起点站，终点站设有可供列车全部折返的折返线和设备，也可供列车临时停留检修。如线路远期延长后，则终点站变为中间站。

◇ 中间站：仅供乘客上、下车之用，功能单一，配线形式简单，是最为常见的车站。有的中间站设有配线，可供列车越行；也有的中间站设有折返设备，可供列车折返。

◇ 折返站：折返站是终点站与中间站中设有折返线、渡线等折返设备，可供长、短交路列车进行折返作业的车站。折返站兼有中间站的功能。

◇ 换乘站：换乘站设在不同线路的交汇地点，除供乘客上下车外，还供乘客由一条线路的列车换乘到另一条线路的列车上去。

◇ 枢纽站：是两种及以上交通工具在空间上集中，实现大量客流在交通方式间交换的车站，往往是衔接地面公交、出租车、铁路、航空等交通方式的综合性站点。

3) 按运营管理职能分类

为方便管理，通常将一条线路划分为若干个区域，每个区域设置一个区域站，下属管理多个一般车站。在车站管理层和线路管理层之间增加了中间管理层及区域管理层，每个区域站管理3～5个一般车站。

实行区域制管理的非区域站（一般车站）可以不设置站长，仅设置值班站长即可，由区域站统一管理。

4) 按地理区位和城市功能分类

◇ 对外衔接枢纽：位于城市交通和城际交通的衔接点，主要功能是实现长途客运汽车、铁路、航空等车站与城轨的衔接。如上海新客站、北京南站等。

◇ 网络节点站：位于城市轨道交通网络中2条及以上线路交叉、衔接的站点，主要功能是实现网络内部的客流交换。

◇ 商业中心站：位于大型商业中心区的站点，周边商业及配套功能齐全，主要功能是客流的到发，车站本身也会开发部分商业功能。工作日客流以通勤为主，节假日客流以休闲为主，可能有换乘客流。

◇ 普通车站：线路上的普通终端站和中间站，位于大型商业区以外的其他社会功能区，主要功能是完成客流的到发作业，通常以通勤客流为主。

2. 车站建筑的基本构成

车站建筑基本构成如图6-1所示。

1) 车站主体

(1) 乘客使用空间。乘客使用空间是直接为乘客服务的场所，可分为非付费区和付费区，如图6-2所示。

非付费区一般应有一定的空间布置售检票设施。根据需要还可设银行、公用电话、小卖部等设施。非付费区的最小面积一般可以参照能容纳高峰小时5min内可能聚集的客流量进行推算。

付费区是获得乘车权限的区域，内设站台、楼梯和自动扶梯等为停车和乘客乘降服务的设施。

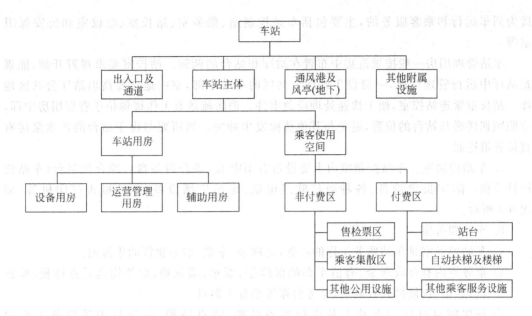

图 6-1 车站建筑基本构成

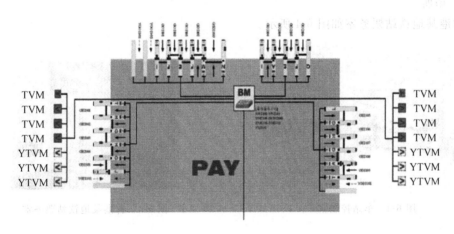

图 6-2 乘客使用空间

乘客使用空间设计首先由站台层着手,根据列车编组确定站台的有效长度,结合站台两端应有的设备用房和必须的端头初步确定车站长度。

根据计算所得的站台宽度以及上下行线路及限界要求确定车站的总宽度。然后根据站厅层设备管理用房所需面积划分出站厅公共区和设备管理用房区,同时调整站厅至站台的楼(扶)梯数量及位置,使其能均匀疏散客流。

站厅面积除考虑正常所需购票、检票及通行面积外,还需考虑乘客的短暂停留、聚集及特殊情况下的紧急疏散,留有适当富裕空间。

站厅内车站用房宜集中设置,便于联系与管理,与乘客有联系的房间如售票、问询、站长室、公安室等应面向或邻近非付费区。

(2) 车站用房。车站用房区域包括运营管理用房、设备用房和辅助用房。

① 运营管理用房。运营管理用房是车站运营管理人员使用的办公用房,是直接或间

接为列车运行和乘客服务的,主要包括车站控制室、票务室、站长室、会议室和公安保卫室等。

车站管理用房一般按规范集中布置在站厅和站台的两侧。站控室要求视野开阔,能观察站厅中运行管理情况,一般设于站厅公共区的尽端中部,室内地坪要高出站厅公共区地坪。站长室紧连站控室,便于快速处理应急事件。消防疏散兼工作楼梯位于管理用房中部,应照顾到楼梯与站台的位置,避免与其他楼梯发生冲突。厕所要与设于站台的污水泵房有直接管道连通。

a. 车站控制室。车站控制室内主要设备有 IBP 盘(综合后备盘)、综合控制台(车站监控计算机)、防灾报警设备、各种通信联络电话、车站广播设备、事件报表打印机等,如图 6-3 所示。

b. 车站票务室。

◇ 车站票务室是车站票务工作的心脏,是现金、车票、票务物资的集散地。

◇ 票务室内有存放现金、有值车票的保险柜、票箱、票款箱、票务钥匙及点钞机、验钞机、点币机、便携式查询机、票务台账等票务工器具。

◇ 该房间也可作为车站人员进行票务结账、清点钱箱、结算报表等票务工作的场所。

香港某地铁站票务室如图 6-4 所示。

图 6-3 车站控制室

图 6-4 香港某地铁站票务室

② 设备用房。设备用房是为保证列车正常运行、保证车站内良好环境条件和在事故灾害情况下保障乘客安全所需的设备用房,其标准见表 6-1。它是直接或间接为列车运行和乘客服务的,可分为弱电设备房和强电设备房。

车站弱电系统通常指综合监控系统、通信系统、信号系统和 AFC 系统。弱电设备房主要包括综合监控设备室、通信设备室、通信电源设备室、信号设备室、信号电源室、商业移动通信机房、屏蔽门设备控制室等。

车站强电系统主要是指高压牵引供电系统,其设在车站的设备用房主要有牵引降压混合变电所、降压变电所、33kV 高压开关柜室等。这些设备用房须根据需要安装空调系统和气体灭火系统。

技术设备用房是整个车站的心脏所在地,这些用房与乘客无直接联系,一般设在离乘客流线较远的地方。

表 6-1 常见车站设备用房标准

房 间		面积/m²	备 注
AFC 管理室		15~20	靠近售检票区
环控机房	无集中供冷	1000~1250	为一般情况下规模,不含风道、风亭、冷却塔面积
	有集中供冷	760~900	—
气瓶室		20~25	靠近被保护房间
降压变电所		220~280	尽量设在站台层
牵引降压混合变电所		380~480	尽量设在站台层
照明配电室		8~12	每层每端各设一处
环控配电室		30~40	邻环控机房
蓄电池室		15~25	宜设在站台层
电缆井		5	按需要定个数
通信设备室		20~30	尽量设在站台层
通信电源设备室		15~25	邻通信设备室
民用通信设备室		15	尽量设在站厅层
信号设备室	联锁站	50~65	尽量设在站台层(与车站控制室同一端)
	无联锁站	20~30	—
信号电源设备室		15~20	联锁站设,邻信号设备室
电梯机房		6	设在最下层
污水泵房		20	卫生间下方,内设污水池
废水泵房		20~25	位于车站最低点
消防泵房		50~60	高架、地面站设,内设 72m³ 水池
屏蔽门设备及控制室		15~20	设在站台层
工务用房		15~20	设在有道岔站台层

③ 辅助用房。辅助用房是为保证车站内部工作人员正常生活所设置的用房,直接供站内工作人员使用,其标准见表 6-2。主要包括卫生间、茶水间、更衣室、休息室等。这些用房均设在站内工作人员使用的区域内,如图 6-5 所示。

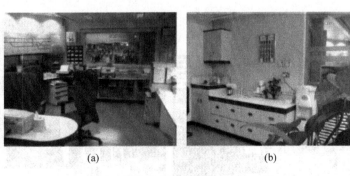

(a) (b)

图 6-5 车站辅助用房
(a) 车站控制室工作区域;(b) 车站控制室休息区域

表 6-2 常见车站辅助用房标准

房间名称	参考面积	备注
站长室	15~18m²	站厅层,靠近控制室
车站控制室(含防灾控制)	35~50m²	站厅层客流量大的一段
警务室	12~15m²	—
交接班室(兼会议室、用餐室)	1.2~1.5m²/人	按照一班定员计
更衣室(分男、女)	0.6~0.7m²/人	按车站全部定员计
茶水室	8~10m²	附洗涤池
卫生间	女2~3坑位,男1坑位、2小便斗	管理人员用
清扫室(站厅、站台各设一间)	10~20m²	附洗涤池,2个站台、侧式站台另增
站务员室	15m²×2	侧式车站站台设2间
收款室(即票务室)	15m²×2	—
库房	8m²	—
供电值班室	6m²×2	—
列检室	10~15m²	交路折返站
司机休息室	8m²×2	—
维修巡检室	6m²×2	宜每站1间,至少3~5站1间

2) 出入口及通道

车站出入口的主要作用在于吸引和疏散客流,车站出入口位置都在轨道交通沿线主要街道的交叉路口或广场附近,尽量扩大服务半径,方便乘客。

车站出入口布置应与主客流的方向一致,宜与过街天桥、过街地道、地下街、邻近公共建筑物相结合或连通,统一规划、同步或分期实施。

3) 通风道及风亭(仅地下车站)

通风道及风亭是为了满足地下车站通风要求而设置的。由于地下车站四周封闭,空气不流通,客流量大、机电设备多,站内湿度较大,空气较为污浊。为了及时排除车站内的污浊空气,给乘客创造一个舒适的乘车环境,需在轨道交通车站内设置通风与空调系统。

风亭具有将地面的新鲜空气送入地铁内的作用;冷却塔的作用则是将夹带废热的冷却水在塔内与空气进行热交换,使废热传输给空气并散入大气。风亭的位置应根据周边环境及城市规划要求进行合理布置。图6-6所示为我国香港某地铁站风亭。

图 6-6 香港某地铁车站风亭

4）车站规模的确定

用来表征车站规模的指标为车站面积。决定车站规模大小的因素有车站的运营组织要求、车站敷设方式、车站客流规模大小、车站周边土地开发与利用情况等。

以车站的最高日乘降量和高峰小时乘降量为依据，将轻轨车站分为四个等级，如表6-3所示。

表6-3　车站规模分类

车站规模	日均乘降量	高峰小时乘降量
小型站	5万人次/日以下	0.5万人次/h以下
中型站	5万～20万人次/日	0.5万～2.0万人次/h
大型站	20万～100万人次/日	2.0万～10.0万人次/h
特大型站	100万人次/日	10.0万人次/h以下

根据高峰小时的车站集散客流量，城市轨道交通车站分为特等站、一等站和二等站三个级别。相应的高峰小时集散客流量分别为3.0万人次/h以上、2.0万～3.0万人次/h和2.0万人次/h以下。

车站的站点区位条件也会影响车站的规模分级。日本的车站规模分级体系如表6-4所示。

表6-4　日本车站规模分级体系

车站区位	车站特性	换乘特性
市区	轨道换乘站	轨道换乘站；步行及自行车比例高
市区	枢纽站	市区中心站；位于轨道服务空白区；步行换乘比例高；公交车和出租车换乘比例高
市区	中间站	步行及自行车比例高
郊区	地区枢纽站	郊区中心站；步行机自行车比例高；位于轨道服务空白区；公交车、出租车乘客较多；接送私家车较多
郊区	中间站	郊区线路车站；步行及自行车利用者较多
郊区	终点站	轨道交通终点站；步行及自行车利用者多；郊区住宅接送用车多

6.2　车站技术设备

车站每天要办理大量的行车作业与客运作业。为此，根据车站的运营功能和客流量的不同，车站上应设置不同种类和容量的行车设备与客运设备。

1. 行车设备

1）线路

车站线路包括正线、配线、折返线和停车线等。

（1）正线是列车在站内到发、通过及停留的线路；

（2）配线是供列车待避、越行的线路，为了降低工程投资，轨道交通车站一般不设置配线；

（3）折返线是供列车折返的线路，折返线的布置应尽可能保证线路最大通过能力的实现；

（4）联络线是在不同线路间建立连接的线路，可分为国铁联络线和路网联络线。设置目的：为列车转线提供通道，满足路网车辆资源共享的需要；供检修车或工程车转线使用；两线间的联络线可实现不同线路的跨线运营需要；同线联络线主要用于车辆及其他大型设备的运输，必要时也可作为车辆转线之用；在紧急情况下，还可以作为救援通道；

（5）停车线是临时停放列车的线路，停车线的设置应兼顾运营功能需要与车站造价控制。

车站辅助线的长度一般按远期列车长度加 30m 设计。

停车线设置的目的：

◇ 均衡全线收发车时间，供列车夜间使用（需配备临时检修设施设备）；

◇ 备用车临时停放；

◇ 在快慢车组合运营线路，为满足快车越行，供慢车临时避让使用；

◇ 在非正常情况下，可使故障列车及时退出正线运营，供故障列车临时停放。

停车线有横列式和纵列式两类。

① 横列式停车线指停车线与站台横列布置，车站与停车线平行布置，有尽头式与贯通式之分。

优点：停车线布置紧凑，相对纵列式工程量较小；尤其采用横列贯通式布置形式时，由于停车线贯通上下行正线，双方向列车进出停车线都顺畅，使用方便。

缺点：车站横向距离宽，车站建筑难度增加；横列尽头式布置的停车线，列车进出需要折返走行，对正线行车有一定干扰。

② 纵列式停车线是指停车线与站台纵列布置，停车线布置在车站一端，与站台纵列。

优点：有利于乘客乘降作业与列车技术作业位置相分离，便于列车检查与工程车存放；对于岛式车站，可利用车站两端"喇叭口"地形条件设置停车线，工程量增加不多。

缺点：存放列车仅能从一端进出，不便于反方向列车出入停车线，不能采用故障列车牵引入停车线故障处理模式，作业灵活性较差。

地下车站的线路通常采用"高站位、低区间"设计。列车在进站前上坡缓行、出站后下坡加速。这种凸形纵断面设计对行车安全、节约电能、减少加减速时间、降低乘客出入站升降高度、降低造价和缩短工期都是有利的，如图 6-7 所示。

地下车站的线路，考虑排水因素与防止列车溜逸，一般设计为 2‰。地面车站与高架车站的线路一般设置在平道上。

2）道岔与渡线

（1）道岔。道岔是使列车、车辆由一条线路转入另一条线路的连接设备，通常设置在车

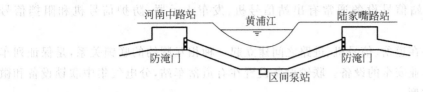

图 6-7 高站位低区间

站上和车辆段内,是轨道的组成部分。道岔有单开道岔、双开道岔和交分道岔等类型。

单开道岔由转辙器、连接部分、辙叉及护轨三部分组成,如图 6-8 所示。

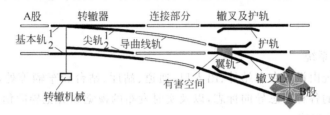

图 6-8 单开道岔结构图

道岔号数以辙叉号数 N 表示($N=\cot\alpha$),辙叉角 α 越小,辙叉号数 N 越大,列车通过道岔速度,尤其是侧向通过道岔速度也越高。轨道交通正线和辅助线一般采用 9 号道岔,车辆段线路一般采用 7 号道岔。

(2)渡线。渡线是指用以连接两条平行钢轨的一段铁轨,使平驶于某线路的列车可以换轨至另外一条线路。为使列车、车辆能从一条线路转入另一条线路,应设置渡线。渡线有单渡线和交叉渡线两种。设置渡线的主要目的:在线路上设置临时折返点,方便列车在非正常运营时的调度组织;夜间工程车和检修车等的转线作业。

单渡线由两副单开道岔和道岔间的直线段组成,交叉渡线由四副单开道岔和一副菱形交叉组成,如图 6-9 所示。

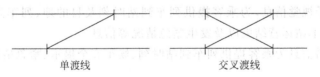

图 6-9 渡线布置

渡线的布局应在满足运营组织要求的基础上,结合全线折返站和停车线分布以及线路条件选定。

渡线设置的位置合理性可通过渡线布置均匀度和与车站位置吻合度两个指标来反映。渡线布置均匀度是指渡线布置间距的均匀程度(包括具有渡线功能的临时停车线和折返线),合理的渡线布置应当比较均匀地分布在线路上,提高线路整体的运营灵活性;与车站位置吻合度是指渡线与车站位置的贴近程度。渡线一般布置在车站附近,便于提高效率,便于运营管理及应急抢修。

一般来说,在轨道交通线路沿线每隔 3~5 个车站的站端应加设车辆停车线或渡线。

3)信号与通信设备

为保证行车作业安全和提高行车作业效率,车站设置信号、联锁和通信设备。

信号设备：车站信号设备通常有出站信号机、发车表示器、防护信号机和阻挡信号机等。

车站联锁设备在道岔、信号机、进路之间建立起一种相互制约的联锁关系，是保证列车站内运行或折返作业安全的设备。联锁设备设置在有道岔车站，分电气集中联锁设备和微机联锁设备两种类型。

在采用列车自动控制（ATC）系统的情况下，车站还设置 ATC 系统有关设备，如车站 ATS 设备等。

通信设备：用于车站行车作业的通信设备主要有站间行车电话、集中电话和无线调度电话等。

2. 客运设备

1）乘客导向系统

乘客导向系统由设置在车站外、出入口、通道、站厅、站台和车辆等处，包括图形、文字、符号和数字在内的各种静态导向标志，以及实时发布的视觉和听觉导向信息组成。

（1）导向系统组成。

静态导向标志：按基本功能不同，静态导向标志分为方向性标志、示警性标志和服务性标志三种。

方向性标志为乘客提供引路信息和定位信息，如出入口方向、售检票区域方向、换乘方向、列车运行方向、紧急出口等。

示警性标志一般是危险或警告标志，指示乘客注意安全或不能进入，如注意碰头、禁止吸烟、乘客止步、严禁跳下站台、高电压危险等。

服务性标志为乘客提供公共服务信息，如线路和车站分布图、列车运行时刻表、票价信息、厕所、公用电话、车站周边公交线路与公共设施指南等。

动态导向信息：实时发布的导向信息，是静态导向标志的补充。按媒介形式不同，车站上的动态导向信息分为视觉信息和听觉信息两种。

站台上的电子视觉信息，为乘客提供列车到站时刻及目的地、列车到站预告及安全提示、末班车离开后本站运营结束以及发生紧急情况等信息。

车站内的广播信息为乘客提供列车到站时刻、候车安全提示、紧急情况时的安抚乘客和撤离通知等信息。

（2）导向系统设计。

导向系统是为方便乘客及其出行服务的，导向系统设计的关键是了解与满足不同乘客在不同地点对导向信息的需求。其设计要点如下：

◇ 全过程、不中断地提供导向信息。从车站外面的公交站点与商业设施到车站出入口，从车站出入口到站台以及换乘站台之间，在乘客决策前行方向的位置处均应设置导向标志，以排除乘客对前行方向是否正确的疑虑。

◇ 静态导向标志以图形、符号及它们的组合为主。应采用标准的用语、规范的字体、易于辨认与理解的符号、统一的形状与颜色，合理地设置位置。

◇ 在满足引导客流的功能前提下，信息量应最小。为避免导向信息被弱化，商业广告应远离导向标志。

◇ 考虑盲人乘客、轮椅乘客、不识汉字乘客对导向标志设置的特殊要求。如设置盲道

第6章 车站作业组织

触觉导向标志、在无障碍通道内设置导向标志以及采用中英文对照等。
◇ 考虑运营结束后保养、维修的方便与经济。

2) 售检票设备

售检票设备是指为乘客提供售票和检票服务的相关设备。目前,国内新建轨道交通线路均采用自动售检票(AFC)系统。

在自动售检票系统的发展过程中,先后出现了磁卡AFC系统、接触式IC卡AFC系统和非接触式IC卡AFC系统三种技术制式。由于非接触式IC卡AFC系统具有使用方便快捷、售检票能力高、运营成本低等优点,使其成为轨道交通AFC系统的首选技术制式。

车站自动售检票设备主要有自动售票机、半自动售票机、检票机、自动验票机和自动加值机等。

3) 站台

站台供列车停靠和乘客候车、上下车使用。按形式不同,有岛式站台、侧式站台、混合式站台和纵列式站台等,如图6-10所示。岛式站台在地下车站采用较多;侧式站台在高架车站采用较多;混合式站台通常在需要较大的通过能力情况下采用;纵列式站台主要用于路权共用的轻轨线路。岛式站台与侧式站台的特点如表6-5所示。

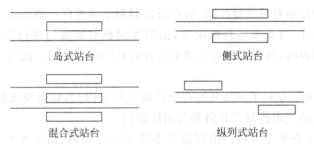

图 6-10 站台形式

表 6-5 岛式站台与侧式站台的特点

站台形式 性能	岛 式 站 台	侧 式 站 台
站台利用	较高	较低
乘客服务	折返方便、可能乘错方向	折返不便、不会乘错方向
空运管理	管理集中	管理分散
工程投资	较大	较小
站台延长	困难	容易

4) 站台屏蔽门

站台屏蔽门系统由门体结构、门机驱动系统和控制系统组成,如图6-11所示。站台屏蔽门的主要功能有:

◇ 降低空调能耗:避免列车运行产生的活塞风进入站台区域,减少站台区域与列车运行区域的热交换。根据广州地铁2号线的资料,安装站台屏蔽门后,车站空调的负荷可以降低40%以上。

◇ 保证候车安全:可防止乘客因拥挤而意外掉下站台、防止乘客跳下站台拾取掉下的物品、防止外部人员跳下站台自杀,保证了乘客候车安全,提高了地铁的运营可靠性。

◇ 提高环境舒适度:站厅和站台的空调设计温度可降低 1~2℃,且温度波动较小、气流相对稳定。此外,还可减少列车运行噪声和活塞风对站台候车乘客的影响。

图 6-11 站台屏蔽门

站台屏蔽门的控制有系统级控制、站台级控制和手动操作三种模式。

(1) 系统级控制:在正常运行情况下,由列车司机对屏蔽门进行控制。在列车到站并停在允许误差范围内时,列车司机在驾驶室内开启和关闭屏蔽门。此时,车门与屏蔽门同时开闭。

(2) 站台级控制:在列车到站并停在允许误差范围内时,如系统级控制无法实现,列车司机可通过站台上的就地控制盘开启和关闭屏蔽门。

(3) 手动操作:在单个屏蔽门出现故障不能正常开启时,由工作人员在站台侧用钥匙开启屏蔽门,或乘客在轨道侧手动开启屏蔽门,如图 6-12 所示。

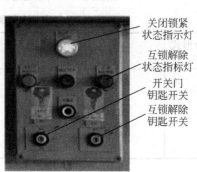

图 6-12 站台屏蔽门就地控制盘

5) 升降设备

车站升降设备主要有楼梯、自动扶梯和垂直电梯等,其作用是为乘客提供快速、舒适的升降服务。

为降低运输成本,出入口的升降设备通常采用步行楼梯,但在出入口提升高度超过 6m 时应设置上行自动扶梯,超过 12m 时应设置上、下行自动扶梯;站厅、站台间的升降设备通常采用上行自动扶梯、下行步行楼梯,但在高差超过 6m 时应设置上、下行自动扶梯。自动扶梯选用重载型,要求每天能连续工作20h,在任何3h内持续重载时间不小于1h。

垂直电梯主要是为行动不便的乘客服务。广州地铁2号线在国内首次采用了楼梯升降机,主要是为轮椅乘客服务。楼梯升降机操作安全方便,占用空间不大,安装后保证进、出站均有一条无障碍通道。

6) 通风空调设备

通风与空调系统应保证其内部环境的空气质量、温度、湿度、气流速度和噪声等均能满足乘客和工作人员的生理及心理条件要求和设备正常运转要求。

通风空调系统的组成:
◇ 车站公共区(站台、站厅)通风空调及防排烟系统。空调系统的排风系统在火灾时兼具排烟功能,同时要考虑车站的通风空调和防排烟设计。
◇ 设备及管理用房通风空调系统兼防排烟系统。
◇ 空调冷源水系统。车站空调冷源采用水冷式冷水机组。
◇ 车站车轨区域排热与排烟系统。用于排出列车停靠站台时制动过程中,以及车载空调冷凝器散发的热量。
◇ 隧道通风系统。包括区间活塞通风、机械通风与排烟系统。

通风空调系统的功能要求:
◇ 正常运行工况。为乘客在车站内创造一个往返于站外区域至列车内的过渡空间的舒适环境。同时满足车站内各种设备用房的不同温、湿度要求,保证地下车站内的工作人员和运行设备有一个良好的工作环境,确保列车正常安全运营。
◇ 阻塞运行工况。向阻塞区间提供一定的新风,保证列车空调冷凝器能继续运行,以维持列车内乘客在短时间内能接受的环境条件。
◇ 火灾运行工况。地下线路发生火灾时,根据火灾发生的具体位置,采取有效的排烟措施,为乘客安全撤离事故现场、消防人员灭火创造条件。

7) 其他设备

车站的其他客运设备还有广播、照明、无障碍设备等,如图6-13所示。

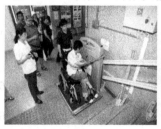  

图6-13 车站其他设备

3. 设备容量及其确定

设备容量是指站台、通道、楼梯、自动扶梯和售检票设备等的能力,它决定了车站的规模,也是车站日常作业顺利进行的物资基础。

车站设备容量确定的基本依据之一是车站远期高峰小时预测客流量,但还要考虑高峰小时内进出站客流的不均衡性。在高峰小时内,存在一个15~20min进出站客流特别集中的时间段,称为超高峰期。超高峰期平均客流与高峰期平均客流的比值称为超高峰系数。

为了避免乘客因拥挤而不能顺畅地进出车站,从留有余地出发,应采用设计客流量来确定车站设备容量。高峰小时设计客流量等于高峰小时测客流量乘以超高峰系数。

超高峰系数一般取值为 1.1~1.4。终点站、客流较大的换乘站和中间站通常取高限值,其他车站则取低限值。

1) 站台长度、宽度

站台长度:站台长度根据远期列车长度确定,考虑到列车停车位置误差和列车司机确认信号需要,站台长度一般预留 1~2m。

站台宽度由站台形式、客流量、楼梯位置和列车间隔等因素决定。

侧式站台宽度计算公式为

$$B_{侧} = \frac{P_{设计} M}{n_{高峰} L_{有效}} + b_{安} + b_{柱} + b_{梯} \tag{6-1}$$

式中:$B_{侧}$——侧式站台宽度,m;

$P_{设计}$——远期高峰小时设计客流量,人;

M——每位乘客所需候车面积,m^2/人,取值 $0.33 \sim 0.75 m^2$/人;

$n_{高峰}$——远期高峰小时开行列车数,列;

$L_{有效}$——站台有效长度,m;

$b_{安}$——安全附件宽度,m,取值 0.5m;

$b_{柱}$——站台立柱宽度,m;

$b_{梯}$——控制断面自动扶梯与楼梯宽度,m。

岛式站台宽度计算公式为

$$B_{岛} = 2\left(\frac{P_{设计} M}{n_{高峰} L_{有效}} + b_{安}\right) + b_{柱} + b_{梯} \tag{6-2}$$

式中:$B_{岛}$——岛式站台宽度,m。

站台宽度设计标准为:$B_{岛} \geq 8m$(无柱时)或 $B_{岛} \geq 10m$(有柱时),$B_{侧} \geq 3.5m$(无柱时)。根据历年计算得到的站台宽度值,应与设计标准进行比较,如小于设计标准值,应取设计标准值。实践中,站台宽度的取值,岛式站台一般为 8~15m,侧式站台一般为 3.5~6m。

2) 出入口、通道宽度

车站出入口、通道宽度的确定以远期高峰小时设计客流量为依据。出入口宽度又与通道宽度有关,它们的计算公式如下:

$$B_{通道} = \frac{P_{设计}}{C_{通道} n_{通道}} \tag{6-3}$$

$$B_{单} = B_{通道} \tag{6-4}$$

$$B_{双} = \frac{1.25 B_{通道}}{2} \tag{6-5}$$

式中:$B_{通道}$——通道宽度,m;

$C_{通道}$——每米宽的通道通过能力,人/h;

$n_{通道}$——通道数,个;

$B_{单}$——衔接一个方向的出入口宽度,m;

$B_{双}$——衔接两个方向的出入口宽度,m。

式(6-5)中,系数 1.25 是考虑了出入口客流分布的不均衡;每米宽的通道通过能力

$C_{通道}$,单向通道取值 5000 人/h,双向通道取值 4000 人/h。

根据设计标准,$B_{通道} \geqslant 2.4\text{m}$,一个车站至少应有两个出入口。此外,出入口的通过能力应大于楼梯和自动扶梯的输送能力。

3) 楼梯宽度

楼梯宽度的计算公式如下:

$$B_{楼梯} = \frac{P_{设计}}{n_{高峰} t_{高峰} P_{密度} V_{客流}} \tag{6-6}$$

式中:$B_{楼梯}$——楼梯宽度,m;

$t_{高峰}$——高峰小时列车间隔时间,s;

$P_{密度}$——客流密度,人/m²;

$V_{客流}$——客流移动速度,m/s。

式(6-6)中,客流密度 $P_{密度}$ 按一般拥挤程度考虑,取值 2.2 人/m²;客流移动速度 $V_{客流}$ 取值 0.5m/s。根据设计标准,单向 $B_{楼梯} \geqslant 1.8\text{m}$,双向 $B_{楼梯} \geqslant 2.4\text{m}$。

4) 自动扶梯输送能力

自动扶梯输送能力可按下式计算:

$$C_{自扶} = 3600 V_{自扶} m P \varphi \tag{6-7}$$

式中:$C_{自扶}$——自动扶梯输送能力,人/h;

$V_{自扶}$——自动扶梯运行速度,m/s,取值 0.65m/s;

m——每延米梯级数;

P——每个梯级站立人数;

φ——自动扶梯乘载系数,$\varphi = 0.6 \times (2 - V_{自扶})$。

根据设计标准,设计输送能力不应大于 9600 人/h。

6.3 车站行车作业

1. 行车作业基本要求

车站行车作业包括列车接发车作业、列车折返作业。车站行车作业应按照列车运行图要求,不间断地接发列车与折返列车,确保行车安全与乘客安全。对车站行车作业的基本要求如下:

(1) 执行命令听从指挥。严格执行单一指挥制,车站行车作业由车站值班员统一指挥。列车在车站时,列车司机应在车站值班员指挥下进行工作。车站值班员应认真执行行车调度员的命令和上级领导的指示。

(2) 遵章守纪按图行车。认真执行行车规章制度,遵守各项劳动纪律。办理作业正确及时,严防错办和忘办,严禁违章作业。当班必须精神集中,服装整洁,佩戴标志,保证车站安全、不间断地按列车运行图接发列车。

(3) 作业联系及时准确。联系各种行车事宜时,必须程序正确、用语规范、内容完整、简明清楚,严防误听、误解和臆测行事。

(4) 接发列车目迎目送。接发列车严肃认真,姿势端正。认真做好看、听、闻,确保列车安全运行。

(5) 行车报表填写齐全。行车报表包括各种行车凭证、行车日志和各种登记簿。行车凭证有路票、绿色许可证和调度命令等，登记簿有《调度命令登记簿》《检修施工登记簿》《交接班登记簿》等。应按规定内容、格式认真填写各种行车报表，保持报表完整、整洁。

2. 行车作业制度

为了加强车站行车作业组织，必须建立和健全各项行车作业制度，做到行车作业制度化、程序化、标准化。车站行车作业的制度主要有车站值班员岗位责任制、交接班制度、检修施工登记制度、道岔擦拭制度、巡视检查制度和行车事故处理制度等。

1) 车站值班员岗位责任制

车站行车作业实行单一指挥制，车站值班员是车站行车作业的组织者和指挥者。根据行车作业的需要，车站还可设置助理车站值班员，但在采用ATC系统时一般不设。

车站值班员的岗位职责是：执行行车调度员的命令和指示，统一指挥车站的行车作业。监视行车控制台的进路开通方向、道岔位置及信号显示，监视列车运行状态和乘客乘降情况。在实行车站控制时，按列车运行图及行车调度员下达的列车运行计划办理闭塞、排列进路、开闭信号、接发列车。填写行车凭证和其他各种行车报表。办理设备检修施工登记。组织交接班工作。

助理车站值班员的岗位职责是：接送列车、监护列车运行，交递调度命令及行车凭证，手信号发车，调车作业现场组织，进行站线巡视和协助乘客乘降组织。在不设助理车站值班员岗位时，上述职责由站台服务员等员工承担。

2) 交接班制度

车站值班员交班时，应将列车运行和设备状态，上级指示和命令及完成情况等填记在《交接班登记簿》上，并口头向接班车站值班员交代清楚。

车站值班员接班时，要了解列车运行情况，对行车设备、备品、报表进行检查后，签认接班。内、外勤车站值班员实行对口交接。

3) 检修施工登记制度

车站值班员对各项检修施工作业，应根据检修施工计划，向检修施工负责人交代有关注意事项后，方可登记。凡影响行车作业的临时设备抢修，要在与行车调度员联系作业时间并获同意后，方可登记。检修施工作业结束后，行车设备经试验，确认技术状态良好，方可签认注销。

4) 道岔擦拭制度

道岔必须由专人负责定期擦拭。擦拭道岔，必须与行车调度员联系，办理控制权下放手续。道岔擦拭时，车站控制室要有人监护，不准随意扳动道岔；擦拭道岔人员一律穿绝缘鞋，携带防护用具和有关备品，擦拭前施放木楔，无关人员不得擅自进入道岔区；如需转换道岔，室内监护人员与现场擦拭人员应进行联系，说明道岔号码及定、反位，现场擦拭人员要离开道岔。道岔擦拭完毕，要认真清理现场，清点工具，撤除木楔，并检查有无妨碍列车运行及道岔转换的物品；试验道岔及确认良好后，与行车调度员办理控制权上交手续，有关按钮由信号人员加封并做记录；填写《道岔擦拭登记簿》。

5) 巡视检查制度

送电前，车站值班员应进行站线巡视，检查线路上有无影响列车运行的异物。对站内检修施工后的现场进行巡视检查，复核检修施工登记注销情况。检查行车控制台是否有异常情况。

6) 行车事故处理制度

发生行车事故,应立即采取有效措施进行处理,同时向行车调度员及有关部门报告。认真记录事故发生的时间、地点、列车车次、车号、关系人员姓名及人员伤亡和设备损坏情况。赶赴现场,查找人证和物证,并做记录。清理现场,尽快开通线路。对责任行车事故,应认真查找原因,提出处理意见,制定防范措施。

3. 接发列车作业

车站接发列车作业的主要内容是办理闭塞、准备进路和接送列车等。其中办理闭塞与准备进路这两项作业,正常情况下由控制中心办理,非正常情况下由车站办理。

正常情况下,采用自动闭塞时,区间闭塞是自动办理,接发列车作业由控制中心办理。此时,车站值班员通过行车控制台监视列车进路排列、信号显示、列车到发和通过情况,以及列车运行状态是否正常等。当采用行车指挥自动化时,控制中心 ATS 根据使用列车运行图及列车运行实际情况,通过车站联锁设备自动排列进路、实时控制列车接发作业。若控制中心 ATS 自动功能故障时,列车进路由行车调度员人工排列。当采用调度集中时,由行车调度员通过进路控制终端控制管辖线路上的信号机、道岔,人工排列列车进路、办理列车接发作业。

非正常情况下,控制权下放到车站时,接发列车作业由车站办理。

在采用区间闭塞设备时,行车闭塞法为双区间闭塞法;在停用自动闭塞设备时,行车闭塞法为电话闭塞法。上述两种情形下,区间闭塞由车站值班员办理。

在区间闭塞由车站值班员办理的情况下,列车进路也由车站值班员排列。此外,如果仅是控制中心 ATS 的自动排列进路功能故障,列车仍可按自动闭塞法行车,此时将控制权下放给集中站,由车站值班员在联锁工作站上排列进路,办理列车接发作业。

1) 列车进路与联锁

列车在车站上到达、出发或通过所需占用的一段线路称为列车进路。列车进路的排列通常涉及道岔位置的转换,列车进路的防护则由设置在进路入口处的信号机担当。

为了确保列车进路安全,在道岔和信号机之间以及信号机和信号机之间建立的相互制约关系称为联锁。联锁设备是实现联锁关系的技术设备。

联锁关系可以归纳为以下几点:

◇ 只有进路上有关道岔开通位置正确,防护这一进路的信号机才能开放;

◇ 当防护某一进路的信号机开放以后,该进路上的所有道岔均不能转换;

◇ 当防护某一进路的信号机开放以后,所有敌对进路的信号机均不能开放;

◇ 在正线出站信号机开放以前,进站信号机不能显示正线通过信号。

2) 列车进路办理

(1) 电气集中联锁。在采用电气集中联锁设备时,列车进路办理在行车控制台上进行。在行车控制台上按下拟建立进路的始、终端按钮,只要该进路区段无车辆占用以及无敌对进路存在,与进路有关的所有道岔即会自动转换到规定位置并锁闭,即进路排列完成。

此时,在行车控制台的显示盘上,选出的进路从始端到终端呈现一条白色光带,防护该进路的信号机也同时开放,信号复示器显示绿灯。

当列车驶入进路时,防护信号机关闭,信号复示器显示红灯,白色光带随着列车运行逐段变为红色光带,表示该进路被占用。

列车出清进路后,光带由红色变为灭灯状态,表示该进路已经解锁。进路解锁可以是分段解锁,也可以是一次解锁。

(2)微机联锁。在采用微机联锁设备时,列车进路办理在操作员工作站上进行。

在工作站显示器窗口的视图上,用鼠标点击拟建立进路的始、终端要素(信号机),然后点击"排列进路"按钮,再单击"执行"按钮,计算机根据输入的操作命令,经过联锁判断,自动建立进路、开发信号。

当列车驶入进路,防护信号机关闭,随着列车的运行,进路可逐段解锁。

3)双区间闭塞法行车

在调度监督、双区间闭塞法行车时,控制权下放给车站。此时,车站值班员办理接发列车作业,行车调度员监督现场设备和列车运行状态。接发列车作业的内容、程序与办法如下。

(1)准备进路:接发列车进路可根据行车调度员下达的列车运行计划预先办理。

(2)办理闭塞:发车站的车站值班员用站间行车电话向接车站请求闭塞;接车站的车站值班员接到请求闭塞电话后,确认前次列车已经到达前方站、接车区间空闲、接车进路畅通、有关道岔位置正确,以及确认影响接车进路的调车作业已经停止后,按压同意接车按钮。此时,接车站接车表示灯由黄色显示变为灭灯。

(3)开放信号:发车站的车站值班员确认发车进路正确无误后,按压发车信号按钮。此时,发车站发车表示灯由绿灯显示变为红灯显示,出站信号机绿灯显示;接车站接车表示灯变为红灯显示以及闭塞电铃鸣响。

(4)列车出发:列车发出后,发车站的车站值班员拨出发车信号按钮,向接车站的车站值班员和行车调度员报点,填写《行车日志》;接车站的车站值班员接到报点后填写《行车日志》。此时,出站信号机变为红灯显示。

(5)列车到达:列车到达后,接车站的车站值班员向发车站的车站值班员和行车调度员报点,填写《行车日志》;发车站的车站值班员接到报点后填写《行车日志》。此时,发车站发车表示灯为黄灯显示;接车站列车到达表示灯为红灯显示以及闭塞电铃鸣响,接车表示灯为红黄灯显示。

(6)取消闭塞:在发车站请求闭塞、接车站同意接车和发车站尚未开放出站信号时,如因故需要取消闭塞,由发车站的车站值班员用站间行车电话向接车站的车站值班员请求取消闭塞,接车站的车站值班员接请求取消闭塞电话后,破封登记,按压故障按钮。此时,发车站发车表示灯为黄灯显示;接车站接车表示灯为红黄灯显示。

(7)接送列车:列车在车站上到发或通过时,助理车站值班员应按规章要求站在规定地点接送列车,密切注意列车运行状态与乘客乘降情况,发现有危及行车安全和乘客安全的情况应立即采取有效措施妥善处理。

图 6-14 所示为车站站间行车电话和区间轨旁电话。

4)电话闭塞法行车

改用电话闭塞法行车,必须有行车调度员命令。由于电话闭塞法行车时无设备控制,为了防止因疏忽向占用区间发车,造成同向列车追尾,要求车站值班员在接发列车作业过程中,严格按照规定的作业程序和要求进行,以确保接发列车作业安全。电话闭塞法行车时,车站值班员办理接发列车作业的内容、程序与办法如下:

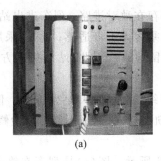 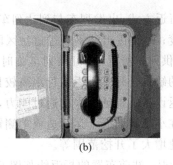

(a)　　　　　　　　　　(b)

图 6-14　车站站间行车电话(a)和区间轨旁电话(b)

(1) 办理闭塞：发车站向接车站请求闭塞。接车站确认接车区间空闲，接车进路准备妥当后，向发车站发出承认某次列车闭塞的电话记录号码，并填写《行车日志》。

所谓进路准备妥当是指接发列车进路空闲、有关道岔位置正确和影响接发列车进路的作业已经停止。闭塞办妥后，因故不能接车或发车时，应立即发出停车手信号进行防护，并由提出一方发出电话记录号码作为闭塞取消的依据，取消闭塞应及时向行车调度员报告。

(2) 发出列车：发车站接到接车站承认闭塞的电话记录号码后，填写路票交给列车司机，向司机显示发车手信号。列车出发后，发车站向接车站和行车调度员报点，并填写《行车日志》。

(3) 接入列车：接车站在列车停车位置向司机显示停车手信号。列车整列到达停妥后，向列车司机收取路票。

(4) 闭塞结束：接车站在列车整列发出或进入折返线，以及接车进路准备妥当后，向发车站发出到达列车闭塞解除的电话记录号码。向行车调度员报点，并填写《行车日志》。

由于采用的设备类型不同，在国内地铁、轻轨线路颁布的《技规》和《行规》中，对电话闭塞法时的接发列车作业内容、程序与办法的规定存在一定的差异。

4. 列车折返作业

1) 列车折返方式

根据车站折返线的布置，列车折返主要有站后折返、站前折返和混合折返三种。

(1) 站后折返：站后布置的折返线如图 6-15 所示。图(a)是列车在终点站站后折返时的尽端线折返设备；图(b)是列车在中间站站后折返时的单渡线折返设备；图(c)是列车在终点站站后折返时的环形线折返设备。

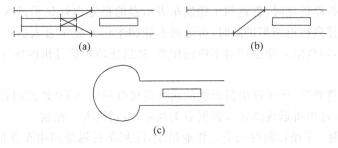

图 6-15　站后折返线

采用站后折返方式,出发列车与到达列车不存在敌对进路;列车进出站速度较高,有利于提高旅行速度;列车进出站不经过道岔区段,乘客无不舒适感;此外,采用尽端线折返设备,折返线既可供列车折返,也可供列车临时停留检修。因此,站后折返方式被广泛采用。站后折返方式的缺点是列车折返走行距离较长。

环形线折返设备能保证最大的通过能力,节约设备费用与运营成本。但它也存在一些缺点。如列车在小半径曲线上运行造成单侧钢轨磨耗,折返线不能停放检修列车,以及若用明挖法施工修建增大了开挖范围等。

(2) 站前折返:站前布置的折返线如图 6-16 所示。图(a)是列车在终点站站前折返时的交叉渡线折返设备;图(b)是列车在中间站站前折返时的单渡线折返设备。

(a) 列车在终点站站前折返　　(b) 列车在中间站站前折返

站前折返时的折返设备

图 6-16　站前折返线

采用站前折返方式,列车无空驶折返走行;乘客上下车一起进行能缩短停站时间;车站正线兼折返线以及站线长度缩短,有利于节省车站造价。站前折返方式的缺点是:出发列车与到达列车存在敌对进路;因列车进站或出站侧向通过道岔,列车速度受到限制,影响乘坐的舒适感;在大客流量的情况下,站台秩序会受到影响。

产生交叉干扰的条件是空间上存在进路交叉,时间上占用进路的时间相同,两个条件同时具备才构成真正的进路交叉。在采用站前折返方式的情况下,要完全消除接发列车作业的交叉干扰难度较大。而为了避免进路交叉,只能将接发列车作业在时间上错开,但这样又会对终点站的列车折返能力,甚至是线路的最终通过能力产生不利影响。

(3) 混合折返:站前、站后混合布置的折返线路如图 4-34 所示。采用混合折返方式的目的是提高列车折返能力与线路通过能力。混合折返兼有站后折返与站前折返的特点。

2) 折返作业组织

(1) 中央控制:列车在进行折返作业前,应清客、关车门。列车折返进路由中央 ATS 自动排列或行车调度员人工排列。在车站有数条折返进路的情况下,应在折返作业办法中规定优先采用的列车折返模式,明确列车折返优先经由的折返线或渡线。在办理列车折返作业时,如要变更列车折返模式,在折返列车尚未起动时,可在通知折返列车司机后,变更列车折返模式。

在自动排列折返进路时,折返列车凭发车表示器的稳定白灯显示进入折返线或折返停车位置。在人工排列折返调车进路时,折返列车凭调车信号显示进入折返线或折返停车位置。列车停妥后,司机应立即办理列车换向作业,然后凭防护信号机的准许越过显示进入车站出发正线。

在列车自动驾驶时,列车进出折返线的速度按接收到的 ATP 速度码自动控制;在列车人工驾驶时,列车进出折返线的速度根据有关规定,由司机人工控制。

(2) 车站控制:车站控制时的折返作业组织,除列车折返进路由车站值班员人工排列,其余与中央控制时相同。原则上,车站值班员按作业办法中规定的优先模式排列折返进路,如要变更列车折返模式,必须要得到行车调度员的同意。

6.4 车站客运作业

1. 客运作业基本要求

车站客运作业包括售票作业、检票作业和站台服务等。车站是轨道交通对乘客服务的窗口,车站客运作业直接面对乘客,客运作业服务的质量,既反映了轨道交通的乘客服务水平,也反映了轨道交通的运营管理水平,关系到市民对轨道交通的满意度。车站客运作业判定的基本要求有以下几个方面。

站容整洁:车站内外应门窗完整、明净;各种服务设施摆放整齐、有序;站台、站厅、通道及出入口的墙壁光洁,地面无痰迹和废物;厕所清洁卫生。

导向标志齐全:车站外应有车站出入口、站名等导向标志;车站内应有到达出入口、售票处、检票口、站台和紧急出口等导向标志;站台上应有站名、列车运行方向等导向标志。此外,还应有示警性和服务性导向标志,如指引乘客换乘其他轨道交通线路或常规公交线路的导向标志等。

优质服务:客运作业人员应遵守职业道德,文明礼貌、规范地为乘客提供服务,对老弱病残孕乘客应重点照顾。耐心、正确地回答乘客提出的询问,帮助乘客解决疑难问题。经常征询乘客的意见,及时改进工作,提高客运服务水平。

遵章守纪:客运作业人员应认真执行客运规章制度,服从命令、听从指挥。上班时,客运人员要仪表整洁,按规定着装并佩戴标志。

掌握客流规律:分析客流统计资料,掌握车站客流在时间、空间上的分布与变动,对可能出现的大客流应有预见性。

搞好联劳协作:客运作业人员与车站值班员、列车司机、公安人员等有关工种作业人员加强联系,密切配合,协同工作,确保列车按图运行,保证行车安全与乘客安全。

2. 售检票作业

按是否设置检票口,车站售检票有开放式售检票和封闭式售检票两种方式。按是否采用自动售检票设备,封闭式售检票又有人工售检票和自动售检票两种方式。

人工售检票速度慢,售检票人员配备较多,并且无法杜绝无票乘车、越站乘车。自动售检票能为乘客提供便捷的服务,检票口通过能力较大,售检票人员配备较少,能杜绝无票乘车、越站乘车。

1) 人工售检票

(1) 售票作业:售票作业既要有较快的售票速度,又要求票款不出差错,还要求售票员随时、耐心地解答乘客的询问。

售票员应按票号顺序出售车票,在售票中执行"一唱、二售、三找、四清"作业程序。售票员必须离开岗位时,应与指定专人办理交接手续。与售票作业无关人员不得进入售票室。售票员的票务违章分票务差错、票务事故和票务贪污三种情形。

车站应根据客流情况开足售票窗口。遇有大客流集中到达,应指定专人维护售票处秩序,并增加开设售票窗口。遇有列车运行秩序紊乱等特殊情况时,车站应按行车调度员的调度命令要求进行售票。停止出售当日车票,必须要有调度命令。

一般情况不办理退票,特殊情况需要退票时,应得到站长同意。退回车票不得再出售,在退回车票背面加盖退票戳记,进行登记后上缴。

严格执行票务有关规章制度,车票与票款的管理做到不丢失,无差错,做到日清、月结、账款相符。车票遗失、票款缺少,有关责任人应赔偿。

(2) 检票作业:在检票中,检票员应执行"一看、二撕、三放行"作业程序,认真核对车票的日期、车站等,防止无票乘车、使用废票、伪票与无效证件乘车。认真做好票卡分析和补票工作。严禁以售代检和收存有效车票。在客流较大时,应积极疏导乘客,组织乘客有秩序地进站。

建设部颁布的《城市轨道交通运营管理办法》规定,禁止携带易燃、易爆、有毒和放射性、腐蚀性危险品乘车,以及禁止携带宠物乘车,检票员在检票时应认真执行、履行职责。

2) 自动售检票

自动售票机和检票机能自动完成售检票作业。但车站还配置了半自动售票机,需要配备售票员。此外,每一个收费区还应配备一名票务员。

售票员输入密码和识别码,登录半自动售票机,然后进行车票发售、车票分析和对车票进行更新等作业。

收费区票务员作业的主要内容是车票分析、处理和补票,以及指导乘客正确使用检票机等。

3. 站台服务作业

站台服务员作业的主要内容是接送列车、组织乘降和站台管理。

1) 接送列车

在接送列车时,应精神饱满、思想集中,站在指定位置面向列车,目送目迎,注意列车运行状态。遇有危及行车安全和乘客安全的险情,应立即采取有效措施并及时向车站值班员报告。

在列车到发过程中,提醒乘客在安全线内候车、上车时注意安全,维持站台上的候车秩序。

2) 组织乘降

列车到达前,应组织乘客尽可能在站台上均匀分布候车,以缩短列车停站时间。列车到达后,提醒乘客先下后上。对通过列车,应及时广播通知候车乘客。列车到达终点站后,要及时做好清客工作,严禁列车带客进入折返线或车辆段。因特殊原因需在中间站清客时,应耐心做好解释工作,迅速清客。

3) 站台管理

加强站台巡视,防止乘客跳下站台或进入隧道。注意候车乘客动态及其携带物品,发现异常、可疑情况,或闲杂人员在站台上长时间停留,应及时与有关人员取得联系,进行处理。与列车司机密切配合,防止车门夹人、夹物,或车门未关闭而列车起动等现象,保证乘客安全。遇发生伤亡事故,应保护现场、疏导乘客、做好取证,并协助清理现场。

4. 大客流时应急处置

大客流是指客流集中到达,使车站候车、滞留的乘客人数接近或达到车站设施的设计容量,以及超过线路输送能力的情形。短期性的客流骤增往往与大型文体活动等有关。

对可以预见的大客流,除增加开行列车外,车站应设专门窗口发售应急票,以及采取增设临时检票口或采取进站免检、出站检票等措施尽快疏散乘客。

对突发性大客流,车站应按应急预案的规定及时向控制中心等报告,报告的内容包括大客流发生的地点、时间、原因、程度与造成影响。同时,立即采取有关措施,如停止售票、办理退票、限制或阻止乘客继续进站,通过广播安抚和疏导客流,人工引导乘客出站,监控乘客聚集情况与维护现场治安秩序。

5. 乘客投诉处理

乘客投诉是指乘客对轨道交通运营服务质量提出不满意见,涉及规范服务、乘车环境、票款差错和列车运行等方面。按责任承担,投诉分为有责投诉和无责投诉。在有责投诉中,按事件的严重程度,投诉分为一般有责投诉和严重有责投诉。

严重有责投诉是指乘客通过各种途径对轨道交通运营服务质量进行投诉,经查实确为轨道交通方责任,并且事件的情节与后果严重、给社会造成较大的不良影响。

轨道交通应制定乘客投诉处理规定。对乘客投诉,应认真受理。车站在接到投诉(通知)后,应及时进行调查,并将调查核实情况报告主管部门。对一般投诉,原则上应在三日内处理完毕。处理投诉时应做到态度诚恳、用语文明、依章解释,并且追访乘客对投诉处理是否满意。

6. 客运作业考核指标

根据运营统计数据,可采用下面六个指标对车站客运作业效率和客运服务水平进行考核。

1) 车站客运量

报告期内车站运送(包括换乘)的乘客人数。

2) 人均客运量

报告期内客运人员人均完成的客运量,计算公式为

$$人均客运量 = \frac{车站客运量}{车站客运人员} \quad (6\text{-}8)$$

3) 售票差错率

报告期内票款差错额与票款总额之比,计算公式为

$$售票差错率 = \frac{票款差错额}{票款总额} \times 100\% \quad (6\text{-}9)$$

4) 乘客投诉表扬率

报告期内乘客表扬件数与有责乘客投诉件数之比,计算公式为

$$乘客投诉表扬率 = \frac{乘客表扬件数}{有责乘客投诉件数} \times 100\% \quad (6\text{-}10)$$

5) 乘客投诉处理率

报告期内已处理的有责乘客投诉件数与有责乘客投诉件数之比,计算公式为

$$乘客投诉处理率 = \frac{已处理有责乘客投诉件数}{有责乘客投诉件数} \times 100\% \quad (6\text{-}11)$$

6) 自动扶梯停用率

报告期内自动扶梯停用时间与营业时间总和之比,计算公式为

$$自动扶梯停用率 = \frac{自动扶梯停用时间}{营业时间总和} \times 100\% \quad (6\text{-}12)$$

7. 客运服务质量评价

1) 服务质量概念

1994年,国际标准化组织下属的质量管理和质量保证技术委员会将服务质量定义为:

满足规定要求和隐含需要的特性总和。该定义综合了上述两个服务质量定义的内涵。

2) 服务质量评价指标

车站客运服务质量可用便捷性、舒适性和安全性等方面指标来评价。

便捷性：主要是反映乘客在车站内所需时间和方便程度。对便捷性的评价可以考虑采用导向标志设置、售检票作业、列车信息提供、换乘时间等指标。

舒适性：主要是反映乘客对车站及候车环境的总体感知。对舒适性的评价可以考虑采用卫生、温度、湿度、新风量、照明、自动扶梯使用、高峰小时拥挤程度、无障碍化、服务态度、有责投诉及其处理等指标。

安全性：主要是反映乘客在车站内免除危险的程度。对安全性的评价可以考虑采用候车秩序、站台安全、乘客疏导、应急救援措施等指标。

3) 服务质量评价方法

车站客运服务质量涉及多方面属性，因此评价指标体系是多层次结构。例如，在评价指标体系中：第一层次是综合指标，即乘客满意度；第二层次是要素指标，即便捷性、舒适性和安全性；第三层次是各个特征指标。此外，乘客的评价意见是一种定性评价，具有一定的模糊性。

因此，车站客运服务质量评价是典型的多因素、多指标综合评价问题。可以采用模糊综合评价方法来对服务质量进行评价。该评价方法具有数学模型简单、综合评价效果较好等特点。

6.5 换乘分析及改善

随着国内轨道交通线网的加快建设和逐步形成，以及市民对减少换乘时间、提高出行质量的要求，换乘问题逐渐凸显，并得到重视。良好的换乘不但关系到轨道交通的服务水平，而且关系到城市公共交通的吸引力。

乘客换乘虽是一个运营组织问题，但与规划设计密切相关。没有合理的换乘规划设计，良好的换乘就难以实现，因此，在线网规划及换乘站设计阶段充分考虑未来运营阶段的客流换乘优化是非常有必要的。

轨道交通的换乘包括乘客在线网内同一线路上换乘；乘客在线网内不同线路间换乘；乘客在轨道交通与其他交通方式间换乘三种情形。

乘客在线网内同一线路上换乘，主要是由于采用衔接交路或非站站停车方案引起。这里重点讨论后面两种情形的换乘问题。

1. 轨道交通不同线路间换乘

在轨道交通线路交叉或衔接的情况下，列车运行组织可以有各条线路列车独立运行和部分线路列车跨线运行两种情形。

列车跨线运行的优点是乘客无须换乘。但也存在下列缺点：①共线区段的通过能力限制了非共线区段的列车密度提高，从而使乘客的候车时间有所增加；②共线区段的列车密度有可能大于客流密度，从而造成运能虚靡；③一条线路列车的运行延误可能会传递给线网中的其他线路，从而引起线网中多条线路的列车运行秩序紊乱。因此，在客流量较大的轨道交通线网一般很少采用列车跨线运行组织方案。

轨道交通各条线路列车独立运行时，在不同线路间出行的乘客需要换乘。对乘客换乘而言，提高服务水平的关键是缩短换乘时间。在换乘站，换乘时间长短主要取决于换乘走行距离，而换乘走行距离又与采用的换乘方式直接相关。

1) 线路连接与站台组合

(1) 线路连接方式：各条线路的连接主要有交叉、衔接和平行交织等方式。交叉有两线交叉、三线交叉和四线交叉等不同情形；衔接和平行交织通常是两线连接，其中衔接又有T形衔接和L形衔接两种情形。

(2) 站台组合形式：换乘站的站台组合形式分同平面和上下层两类。同平面站台配置主要有双岛式、岛侧式和单岛式三种，如图6-17所示。上下层站台配置组合主要有一字形、岛岛式（十字形）、岛侧式（草字头）、侧侧式（井字形）、T形和L形等形式，如图6-18所示。

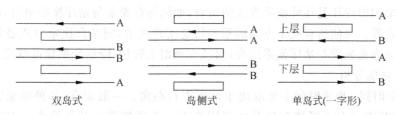

图 6-17　平面站台组合形式

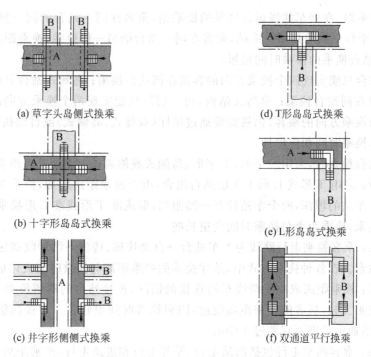

图 6-18　上下层站台组合形式

2) 换乘方式

根据乘客在换乘时所利用的换乘设施，换乘方式可分为站台换乘、站厅换乘、通道换乘和站外换乘四种，其中站台换乘、站厅换乘、通道换乘又称为站内换乘。

(1) 站台换乘：乘客由下车站台直接到上车站台进行换乘，有同站台换乘和上下层站台换乘两种情形。

同站台换乘：乘客在同一个站台上进行换乘。

上下层站台换乘：乘客通过连接上下层站台的自动扶梯（楼梯）进行换乘。

(2) 站厅换乘：乘客由下车站台经过两线共用的站厅收费区到上车站台进行换乘。

(3) 通道换乘：乘客由下车站台经过连接通道到上车站台进行换乘。通道的设置有两种情形，一种是连接两个站台，一种是连接两个站厅收费区，如图 6-19 所示。

(4) 站外换乘：乘客出站后，再进站的换乘方式。

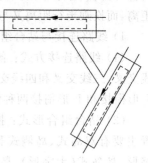

图 6-19 通道换乘

实践中采用的往往是几种换乘方式的组合，如同站台换乘与站厅换乘组合，通道换乘与站厅换乘组合等。为使所有换乘方向的乘客均能实现换乘，同站台换乘方式必须辅以其他换乘方式。而通道换乘与站厅换乘组合，对减少预留工程量，降低分期建设难度是有利的。

3）换乘功能分析

(1) 换乘时间：换乘时间主要取决于换乘走行距离。一般而言，各种换乘方式的换乘时间，同站台换乘＜上下层站台换乘＜站厅换乘＜通道换乘＜站外换乘。下面分别加以介绍。

同站台换乘时，在列车共线运行区段的换乘站，乘客在同一站台的同一侧换乘，无换乘走行；在两线平行交织的共用换乘站，乘客在同一站台的另一侧换乘，换乘距离小于站台宽度。因此，同站台换乘的换乘时间最短。

双岛式站台只能实现四个换乘方向的客流在同站台换乘；岛侧式站台只能实现两个换乘方向的客流在同站台换乘；单岛式站台，每一层均只能实现两个换乘方向的客流在同站台换乘。其余换乘方向的乘客，仍然需要通过站厅（双岛式、岛侧式）或自动扶梯、楼梯（单岛式）进行换乘，换乘时间相应增加。

上下层站台换乘时，采用一字形、十字形、岛侧式或侧侧式上下层站台组合，换乘距离与换乘时间较短；采用 T 形或 L 形上下层站台组合，由于换乘距离增加，换乘时间相应延长。如为减少下层车站的埋深，两个车站拉开一段距离，形成准 T 形或准 L 形换乘，乘客需要通过站厅进行换乘，换乘距离与换乘时间会更长些。

站厅换乘：乘客换乘走行路线为下车站台→自动扶梯、楼梯→站厅收费区→自动扶梯、楼梯→上车站台。在各种换乘方式中，站厅换乘的换乘距离与换乘时间大体居中。

通道换乘：换乘距离取决于两线车站连接的情况，连接站台的通道换乘与连接站厅收费区的通道换乘比较，后者的换乘距离较远，因而换乘时间也较长。为提高服务水平，缩短换乘时间，换乘通道长度不宜超过 100m。

站外换乘：乘客换乘走行包括出站走行、站外走行和进站走行，换乘距离与换乘时间均是各种换乘方式中最长的。站外换乘，大多数情况是线网规划阶段没有考虑换乘问题。没有站内换乘设施会给乘客带来极大不便，应尽量避免。

(2) 换乘能力：换乘能力是指换乘设施在单位时间内能够通过的换乘乘客流量，换乘能力不足会产生客流拥挤、滞留，导致换乘时间延长和乘客抱怨，甚至还会引发不安全因素。

换乘能力的制约因素是站台、自动扶梯(楼梯)、通道与检票口等设施、设备的能力,并且通常是受限制于它们中能力最小的设施或设备。

在各种站内换乘方式中,同站台换乘的能力最大,适用于优势方向换乘客流较大的情形。对同站台换乘而言,制约其换乘能力的主要因素是站台宽度与列车间隔,前者关系到站台的容量,后者关系到站台出清快慢。因此,站台加宽还应考虑列车运行间隔。

同站台换乘还可考虑采用相邻两站均为单岛式的换乘方案,即两条线路平行运行一个区间(含两个车站),两个车站的站台均采用上下层结构,从而将换乘客流疏解到相邻两个车站。该换乘方案的能力更大,适用于换乘客流量很大,并且各个换乘方向客流量比较接近的情形,如图 6-20 所示。

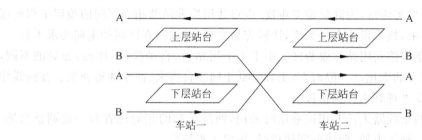

图 6-20 相邻两站同站台换乘

在各种站内换乘方式中,上下层站台换乘的能力最小。上下层站台换乘通过自动扶梯(楼梯)进行,换乘能力的瓶颈因素是自动扶梯(楼梯),而站台宽度、长度往往又限制了自动扶梯(楼梯)的数量与宽度。对各种上下层站台配置组合而言,交叉点越少,如十字交叉,换乘能力就越小,反之亦然。

实践中,通过增加站台宽度来扩大交叉处面积,是提高上下层站台换乘能力的基本途径。

在平面换乘的情况下,通道换乘与站厅换乘的能力居中。通道宽度可根据换乘客流状况进行加宽,从而提高通道换乘的能力。

在垂直换乘的情况下,自动扶梯(楼梯)的能力往往限制了通道换乘能力与站厅换乘能力的最终实现。此外,如果换乘过程中需要进出收费区,则检票口的能力也有可能成为限制因素。

(3) 换乘方案设计及选择

① 方案影响因素:在进行换乘方案设计时,除应满足换乘时间短、换乘能力大等基本功能外,还应考虑客流组织、工程实施等因素。

② 客流组织:换乘站的客流,除具有车站客流的一般特征外,还具有客流量大、多方向性等特征。在换乘站的客流中,既有进出站客流,又有换乘客流。就换乘客流而言,在两线连接的换乘站,有 4 个方向列车到达,8 个乘客换乘方向;在三线连接的换乘站,有 6 个方向列车到达,24 个乘客换乘方向;各个换乘方向的客流通常是不均衡的。此外,各种同方向、反方向客流存在交叉干扰。

不难得出,对于有 n 条线路中间站相交的车站,共有 $4n(n-1)$ 个换乘客流方向。对于有 n 条线路中间站相交,同时又有 m 条线路终点站相交的车站,其换乘客流方向共有 $4n(n+m-1)+m(m-1)$ 个。

鉴于换乘站客流量大、流向复杂，在进行换乘设计时，应注意通过调整设施布局、设置导向标志灯措施，避免或减少换乘客流与进出站客流的交叉干扰。

例如，采用上下层站台换乘时，除自动扶梯（楼梯）的高差应小些，通过能力配置应大些外，还应使换乘客流与出站客流的交叉干扰小些；采用通道换乘时，通道设计应考虑避免或减少双方向换乘客流的交叉干扰，以及换乘客流与进出站客流的交叉干扰。

③ 工程实施：缩短换乘时间和提高换乘能力的要求，通常会使换乘设施复杂、施工难度增加。

同站台换乘，两条线路在换乘站相邻区间平行交织。由于线路交叉，需要对线路的曲线、坡道进行特殊处理，工程量相应增加，施工比较复杂，因此需要在线网规划时就统筹考虑。在两线建设分期实施时，为降低施工难度，应将共用换乘站及相邻区间的预留工程处理好。上下层站台换乘，换乘设施布局紧凑，比较容易实现，对线路在区间的走向要求不高。

站厅换乘，两条线路共用站厅收费区。由于上下层站台、自动扶梯（楼梯）布局的不同，换乘设施设计有较多的变化。一般而言，工程量低于同站台换乘、高于通道换乘。在两线建设分期实施时，需要处理好工程预留接口。

通道换乘，在两条线路无法共用换乘站时采用，两线车站的相对位置有一定调整余地。通道换乘布置灵活、施工方便，两线分期建设时，预留工程较少。

从降低施工难度、有利分期建设考虑，一般应避免四条线路在一个换乘点交汇，同时应控制上下层次不超过两个站台层。对三线换乘站，应尽可能形成三个两两相交的换乘节点。换乘节点的衔接部分应做到同步设计，并尽可能同时施工，一次建成。

其他考虑因素，主要有工程投资、施工技术水平、地下管线与障碍物、对道路交通影响、轨道交通与其他交通方式的换乘等。为保证换乘设计方案的实现，要求轨道交通线网规划保持稳定、换乘站周边规划用地严格控制。

换乘方案选择：换乘方案选择是一个多目标函数问题，需要综合考虑线路衔接方式、站位布置形式、站台形式及其组合、换乘时间、换乘能力、工程实施和投资费用等多方面因素。从换乘时间的角度，同站台换乘和十字换乘的换乘时间比较短，但是否适用还需进一步分析。在换乘客流量不大或各个换乘方向客流比较均衡时，采用同站台换乘并不是最理想的；由于受到自动扶梯（楼梯）能力的限制，十字换乘难以适应换乘客流量较大的情形。而对通道换乘，虽然换乘走行距离较长，但如在通道内设置自动人行道则能缩短换乘时间，当然这会引起换乘相关费用的增加。

因此，在工程实施具有可行性，其他条件不成为限制因素的前提下，应优先考虑换乘能力能够适应远期换乘客流需求、换乘时间与投资费用相对较少的换乘方案。

$$目标函数：\min\{T_{换,i}V+C_{换,i}\} \tag{6-13}$$

$$约束条件：n_{换,i}>P_{设计}^{换} \tag{6-14}$$

式中：$T_{换,i}$——第 i 种换乘方式的换乘时间总和，h，$T_{换,i}=T_{走,i}+T_{候,i}$。其中，$T_{走,i}$ 为第 i 种换乘方式的换乘走行时间总和，h，$T_{候,i}$ 为第 i 种换乘方式的二次候车时间总和，h；

V——单位时间价值，元/h；

$C_{换,i}$——第 i 种换乘方式的相关费用，元；

$n_{换,i}$——第 i 种换乘方式的换乘能力，人次/h；

$P_{设计}^{换}$——远期高峰小时设计换乘客流量,人次/h。

换乘方式选优模型采用货币指标统一量纲。公式中的换乘时间可根据远期高峰小时设计换乘客流量、各种换乘方式的换乘走行时间与二次候车时间计算确定。

其中的换乘走行时间与换乘走行距离、自动扶梯(楼梯)高差以及自动扶梯(楼梯)和通道的通过能力等因素有关。

二次候车时间可按列车间隔的1/2近似确定。

单位时间价值可按小时国民收入值确定。

约束条件强调了任何一种换乘方式的能力均应满足远期高峰小时的换乘客流需求。

2. 轨道交通与其他交通方式换乘

轨道交通与其他交通方式的换乘包括轨道交通与城市对外交通的换乘、轨道交通与市内常规公交的换乘、轨道交通与私人交通的换乘。

1)与对外交通换乘

轨道交通与对外交通的换乘是指轨道交通与铁路、民航、公路、海运等的换乘。轨道交通线路延伸至城市对外交通的车站或港区,轨道交通车站与铁路客站、机场、长途汽车站、港口等形成换乘枢纽,充分发挥轨道交通的大运量、快速集散乘客的功能,完成接运换乘。

(1)换乘方式:轨道交通与对外交通的换乘方式主要有层间换乘、通道换乘与站外换乘三种。

在层间换乘时,不同交通方式的站厅设置在换乘枢纽的不同层面,乘客通过自动扶梯完成轨道交通与对外交通的换乘。对乘客而言,换乘距离及换乘时间较短,比较理想。但要实现层间换乘,需要对换乘枢纽进行统筹规划、同步建设,并在票务管理方面为乘客提供方便。

在通道换乘时,不同交通方式的站厅设置在换乘枢纽的不同位置,由通道连接。换乘的便捷性取决于通道长度,以及是否设置自动人行道。从换乘枢纽规划的角度,通道换乘是主要的换乘方式。

在站外换乘时,乘客一般需要走出地面,完成出站(港)和进站(港)的换乘过程,换乘距离及换乘时间较长。由于乘客通常携带行李,这种换乘方式对乘客很不方便。

(2)与铁路换乘:在轨道交通与对外交通的衔接中,与铁路的衔接是不可缺少的。但轨道交通与铁路,管理体制分属两家而票务系统相互独立,乘客在两者间的无缝换乘目前难以实现。在过去,由于缺乏统筹规划和建设各自进行等原因,轨道交通车站的出入口一般是设置在铁路客站的站前广场,乘客换乘走行距离较远。近年来,新建铁路客站时,便捷换乘问题得到重视。例如,上海南站换乘枢纽在规划建设过程中,较好考虑了换乘问题。

铁路南站是上海两个主要铁路客站之一,轨道交通1、3号线和规划的L1线在此呈工字形交汇。L1线设于铁路客站下方(地下一层或地下三层),1号线地面车站配合铁路客站建设同步改建为地下二层车站,3号线为地面车站。由于统筹规划、同步实施,上海南站换乘枢纽建成后,可实现轨道交通与铁路的便捷换乘。

(3)与民航换乘:近年来,许多城市在规划建设连接机场的轨道交通线路,为民航乘客提供快捷的换乘服务。轨道交通机场线建设应注意以下两个方面的问题。

首先是客流量大小,它直接关系到机场线的运营效益。因此,需要对客流来源及数量,旅客出行需求特征和机场客流接运市场份额等进行分析:机场的客流来源相对稳定和单一,通常由乘坐飞机的乘客与接送亲友、机场及周边企业职员构成。分析飞机乘客对接运服务的需求；乘客随身携带行李，方便、舒适是主要的；乘客去机场在时间安排上通常比较充裕，因此快捷是次要的。由于机场巴士和出租汽车在门到门服务方面具有一定优势，因而在机场客流接运市场占有相当份额。在上海，地铁2号线和磁浮线连接浦东机场，飞机乘客携带行李乘地铁，再换磁浮线到机场与乘坐机场巴士到机场相比，不具有方便、舒适与价格方面的优势。

其次是换乘的便捷性。轨道交通车站与机场候机厅应尽可能实现无缝连接。如果连接车站与候机厅的通道较长，应考虑安装自动人行道或配备专用小车供旅客推运行李。换乘径路应设置导向标志。此外，在市中心的机场线车站设置市区航站楼，预先办理除安检以外的登机手续，如行李托运、发登机牌等，可以方便乘客乘坐机场线换乘飞机。

2) 与常规公交换乘

轨道交通与常规公交的换乘是指轨道交通与公共汽车等常规公交车辆的换乘。乘坐轨道交通列车出行，常规公交接运是到达轨道交通车站的方式之一。改善轨道交通与常规公交的换乘，主要涉及公交换乘站点设置的优化和公交线网布局及运营的优化，它们对轨道交通吸引客流，提高交通服务水平具有重要作用。

(1) 公交换乘站点设置：由于常规公交系统的运营特性，公交换乘站点设置的弹性较大，它们可以设置在高架车站下面、地下车站地面或附近，也可以设置在建筑设施的地面一层等，乘客通过自动扶梯（楼梯）、通道或人行天桥等进入轨道交通车站，进行换乘。

按轨道交通车站客流量以及综合换乘情形的不同，轨道交通与常规公交的换乘有一般换乘点和大型换乘点两种。

一般换乘点是指常规公交衔接客流不大的轨道交通中间站。对一般换乘点，要求公交车站尽可能离轨道交通车站的出入口近些。由于缺乏前瞻性考虑，国内轨道交通与常规公交换乘存在换乘距离及时间较长问题。例如，广州地铁1号线沿线的大部分公交站点与地铁车站有相当距离，其中距离在50～200m的有27个，200～500m的有32个，公交站点与地铁车站间的换乘走行时间平均为7min。

大型换乘点是指常规公交衔接客流较大的轨道交通换乘站或终点站，通常还与铁路、长途汽车站衔接，形成综合换乘枢纽。

对大型换乘点，理想的规划设计是将轨道交通车站、铁路车站、公共汽车站、出租汽车站、大型商场和地下停车场等布局在同一建筑设施内或由自动扶梯（楼梯）、通道连接的不同建筑设施内，从而实现地下、地面和地上的立体换乘，有效减少街道上的人流，缓解地面交通拥挤。

大型换乘点的公交车站设置，在用地受到限制时，可考虑设置在建筑设施的地面一层，如我国香港的沙田换乘枢纽；在土地利用宽裕时，宜设计成具有多条公交线路车位的港湾式车站。在规划设计时，公交车站与轨道交通车站的间距不宜过远，并应通过采取人车合理分流、设置导向标志等措施，减少换乘过程中的进站客流与出站客流、客流与车流的径路交叉。

(2) 公交线网布局及运营：从提高整体运行效率，增加轨道交通客流和减少地面交通拥挤出发，在轨道交通线路投入运营后，应适当调整公交线网布局，如减少平行运营的公交线路，增加垂直方向的接运公交线路等。

轨道交通车站合理接运区的半径为2500～3000m。在超过3000m时，由于接运时间过长，市民会放弃换乘轨道交通出行。但在缩短公交接运耗时的情况下，能够扩大合理接运区的范围,提高常规公交换乘轨道交通的乘客比例。缩短公交接运耗时的措施有:使乘客一次乘车就能换乘轨道交通,高峰时间增开跨站运行公交线路,开通连接大型住宅区的公交接运专线等。

3) 与私人交通换乘

轨道交通与私人交通的换乘是指轨道交通与自行车、私人汽车等交通工具的换乘。鉴于国内自行车出行的比例较高、私人汽车拥有量增长较快,鼓励采用"停车+换乘"出行方式对轨道交通吸引客流、缓解市区道路拥挤以及节约能源和保护环境均具有积极意义。

(1) 停车点(场)设置:鼓励采用"停车+换乘"出行方式,在换乘设施方面主要是解决停车点或停车场的设置问题。

为适应自行车换乘的需求,轨道交通车站应设置停车点。对高架车站,可在高架结构下的地面层设置自行车停车点;对地下和地面车站,在出入口附近设置自行车停放场地。自行车停车点的规模取决于采用自行车方式换乘轨道交通的客流大小。

根据对自行车接运区的合理半径、自行车换乘出行目的等进行的分析,合理的自行车接运范围应是以轨道交通车站为圆心、半径为 800~2000m 的区域,采用自行车换乘方式的大多是通勤客流。因此,如果自行车接运半径内有大型住宅区,由于到站客流中的自行车换乘比例通常会比较高,自行车停车点的设计规模一般也应大些。

为减少私人汽车进入市中心,设置公共停车场、提供"停车+换乘"的服务十分必要。停车场的位置一般选择在市区外围的轨道交通车站附近,并结合轨道交通换乘枢纽的建设、车站周边商业与办公设施的建造,统筹安排设置。鉴于城市用地紧张,停车场应尽可能按立体多层设计,充分利用地下空间。

(2) 停车收费政策:停车收费政策是城市交通需求管理的重要方面。自行车换乘免费停放,小汽车换乘收取较低的停车费,并对高峰时间内进入市中心区的车辆收取交通拥挤费等措施,均有利于鼓励和推行"停车+换乘"出行方式。

复习思考题

1. 在运输生产活动中,车站起着哪些重要的作用?
2. 按运营功能分,车站有哪几类?各类车站的特点是什么?
3. 车站的运输生产活动包括哪些作业内容?
4. 车站应设置哪些具体技术设备?
5. 车站线路包括哪些种类?各类线路的用途是什么?
6. 地下线路通常采用什么设计方案?该设计方案有何优点?
7. 道岔有何作用?道岔有哪些类型?
8. 单开道岔由哪些部分组成?
9. 道岔号数如何确定?代表什么含义?
10. 渡线有何作业?渡线有哪些类型?
11. 车站信号设备有哪些?通信设备有哪些?
12. 车站联锁设备的作用是什么?分为哪几类?
13. 乘客导向系统的组成包含哪些?

14. 静态导向标志有哪些？各类标志的作用是什么？
15. 动态导向信息有哪些？各类标志的作用是什么？
16. 乘客导向系统设计的关键是什么？设计的要点有哪些？
17. 车站自动售检票系统有哪些技术制式？首选技术制式是哪一种？为什么？
18. 车站自动售检票系统主要包含哪些设备？
19. 站台有哪些形式？各类形式站台一般用在何处？
20. 什么是站台屏蔽门？站台屏蔽门系统由哪些部分组成？屏蔽门的主要功能有哪些？
21. 站台屏蔽门的控制模式有哪几种？各模式的适用情况如何？
22. 车站升降设备主要有哪些？设置上下行自动扶梯的条件是什么？
23. 车站通风空调系统的功能是什么？由哪些部分组成？
24. 车站通风空调系统的工况有哪些？各工况下的功能要求是什么？
25. 什么是车站设备的容量？其计算的基本依据是什么？
26. 站台的长度、宽度如何计算确定？
27. 出入口、通道的宽度如何计算确定？
28. 车站行车作业包括哪些？车站行车作业的基本要求有哪些？
29. 车站行车作业的制度主要有哪些？主要内容是什么？
30. 车站接发列车作业的主要内容是什么？
31. 控制中心如何办理接发列车作业？
32. 车站如何办理接发列车作业？
33. 什么是列车进路？什么是联锁？联锁的关系有哪些？
34. 电气集中联锁时，如何办理列车进路？
35. 微机联锁时，如何办理列车进路？
36. 双区间闭塞法行车时，接发列车作业的内容、程序和方法是什么？
37. 电话闭塞法行车时，车站值班员办理接发列车作业的内容、程序与方法是什么？
38. 什么是进路准备妥当？
39. 列车在车站的折返作业如何组织？
40. 车站客运作业包括哪些内容？对车站客运作业的基本要求是什么？
41. 车站售检票作业的方式有哪些种类？各类售检票方式有何优缺点？
42. 人工售检票作业时，售检票员的作业程序如何？
43. 自动售检票作业时，票务员作业的主要内容是什么？
44. 站台服务员作业的主要内容是什么？各作业内容有何具体要求？
45. 什么是大客流？大客流的主要成因是什么？如何处置大客流？
46. 什么是乘客投诉？乘客投诉包含哪些类别？
47. 客运作业的考核指标有哪些？
48. 车站客运服务质量的评价指标有哪几类？
49. 轨道交通的换乘包括哪几种？
50. 列车跨线运行有何优缺点？
51. 提高换乘服务水平的关键是什么？直接影响因素是什么？

52. 轨道交通线路的连接方式有哪些？
53. 轨道交通站台组合方式有哪几类？各类别具体有哪些站台配置组合？
54. 换乘方式有哪几种？各类换乘方式是具体怎样换乘的？
55. 一般来说，各类换乘方式按换乘时间从大到小的顺序如何？
56. 什么是换乘能力？换乘能力不足会引发哪些问题？换乘能力的制约因素有哪些？
57. 同站台换乘适用于什么情况？其换乘能力的制约因素是什么？
58. 上下层站台换乘能力的瓶颈因素是什么？如何提高上下层站台的换乘能力？
59. 在进行换乘方案设计时，应考虑哪些因素？
60. 换乘站客流具有哪些特征？在进行换乘设计时应注意什么？
61. 从工程实施的角度出发，优化换乘设计有哪些措施？
62. 换乘方案的选择应遵循什么原则？
63. 轨道交通与其他交通方式的换乘包括哪些？
64. 轨道交通与对外交通的换乘方式有哪些？各换乘方式的换乘过程怎样？有何特点？
65. 改善轨道交通与常规公交的换乘，主要内容是什么？
66. 轨道交通与常规公交的换乘点有哪两种？各类换乘点的特点是什么？在布置上有何具体要求？
67. 轨道交通与私人交通换乘的含义是什么？鼓励用什么方式完成出行？为什么？
68. 为鼓励"停车＋换乘"，停车点（场）应如何设置？
69. 为鼓励"停车＋换乘"，应指定什么样的停车收费政策？

第7章

车辆运用与调车作业

7.1 概述

轨道交通车辆段与停车场统称为车辆基地。我国的《地铁设计规范》将检修车辆段称为车辆段，运用车辆段称为停车场。

在运营线路长度超过 20km 时，为使线路终点站的首末班列车时间相同、减少列车空驶里程以及提供列车停放场所，应在线路的非车辆段一端增设停车场。

车辆段的作业包括车辆运用作业、车辆检修作业以及为完成车辆调移而进行的调车作业。停车场除不承担车辆检修作业外，其余作业内容与车辆段相同。

1. 车辆段技术设备

车辆段技术设备由车库、站场、调机、供电、信号、通信、通风空调和给排水设备等组成。

1）站场

站场由咽喉区与线路两部分组成。

（1）咽喉区：车辆段咽喉区是指连接车库与正线的部分，由出入段线与道岔组成。咽喉区应有若干平行进路，具备一定的通过能力。此外，在满足咽喉区运营功能的前提下，应尽量缩短咽喉区长度，节约用地。

（2）线路：车辆段线路包括出入段线、停车线、列检线、镟轮线、检修线、洗车线、牵出线、试车线、静调线、救援线、联络线和安全线。线路的配置应满足各种生产功能的要求，避免列车或车辆在段内的迂回走行或相互干扰。

◇ 出入段线：连接正线与车辆段的线路。尽端式车辆段采用双线，贯通式车辆段可在两端各设置一条单线。出入段线与正线的接轨有平交和立交两种方式，如图 7-1 所示。

◇ 停车线：用于停放列车的线路。为减少占地和道岔数量，一般每条线按停放两列车设计。为能进行列检作业，部分停车线设有检修坑道。

◇ 列检线：用于车辆日常检查的线路，设有检查坑。列检线数一般按运用车数的 30% 进行配置。

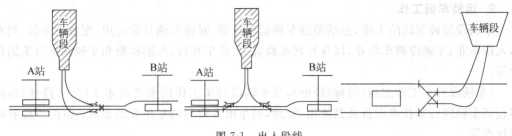

图 7-1　出入段线

- ◇ 镟轮线：在轮对磨耗不符合使用要求时，可对轮对踏面进行镟修的线路。
- ◇ 检修线：用于车辆定期检修的线路，包括定修线、架修线和临修线等，设有检修坑，并根据检修作业需要配置车顶作业平台、架车机和起重机等设备。
- ◇ 洗车线：用于车辆清洗作业的线路，一般安装自动洗车机，列车以低于 5km/h 的速度通过洗车设备即可完成车体清洗。
- ◇ 牵出线：用于车辆段内调车作业的线路，根据车库的位置，牵出线通常设置 1～2 条。
- ◇ 试车线：用于车辆定修、架修后动态调试的线路，试车线一般设在段内靠近检修库一侧。试车线的有效长度应满足按远期列车最高速度和紧急制动进行调试的要求。
- ◇ 静调线：用于新车停放及静态调试的线路。
- ◇ 救援线：用于停放救援列车的线路，一般设置在咽喉区附近。
- ◇ 联络线：与铁路接轨的线路，用于车辆、设备等的调运。
- ◇ 安全线：列车运行的隔开设备之一。用于防止在车辆段出入线、折返线、停车线和岔线上，行驶的列车未经允许进入正线与其他正线列车发生冲突，从而保证列车安全、正常运行。

图 7-2 所示为车辆段（场）出入线上停车信号机至警冲标之间距离小于制动距离而设置的安全线。

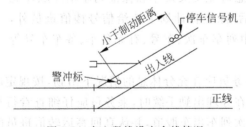

图 7-2　出入段线设安全线情况

2）车库

根据车辆段作业内容不同，车库分为停车库、列检库、定修库和架修库。停车库与列检库用于停放车辆、进行列车技术检查等日常作业。定修库与架修库用于车辆定期检修作业，有时统称为检修库。

车库的规模，既与保有的客车数有关，也与车辆检修制度及检修修程有关。采用"状态修"与"在线修"等现代车辆维修理念和维修技术，有助于压缩检修库的建设规模。

3）调机

调机是调车作业的动力，车辆段通常采用内燃机车或动车作为调机。

2. 运转车间工作

车辆段运转车间的工作,包括编制车辆运用计划、安排车辆日常运用、配备乘务员、列车出入段作业、车辆段调车作业,以及与列车救援、工程车开行、车辆检修和车辆调试有关的作业等。

《车辆段行车工作细则》简称《段细》,是车辆段行车工作的重要技术文件。《段细》的内容包括车辆段行车技术设备及其使用、管理,列车出入段与调车作业的要求、程序、方法和时间标准等。

《列车操纵规则》又称为《客车司机手册》。《列车操纵规则》的内容包括乘务员出退勤、库内作业、列车运行及操纵和列车故障应急处置等的要求、程序和方法等。

在车辆段,运转值班员是行车组织的领导人,信号楼值班员负责列车进路和调车进路的办理,调车长负责调车作业的指挥,乘务长负责乘务员的管理。

7.2 车辆运用

1. 列车作业过程

由于车辆是按规定辆数编成列车在正线上运行,车辆运用过程可用图 7-3 所示的列车作业过程来描述。

1) 列车出车作业

列车出车作业包括编制发车计划、乘务员出乘、列车出库与出段三部分。

(1) 编制发车计划:发车计划由运转值班员根据使用列车运行图、运营检修用车安排、车场线路存车情况等编制,内容包括列车车次、待发股道、运用车编号等。

编发车计划时,应注意避免交叉发车和保证列车出库顺序无误。发车计划编制完毕后,除应将计划下达给信号楼值班员外,运转值班员还应将计划中列车车次、车号、有无备车、备车车号等内容上报给行车调度员。

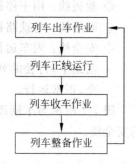

图 7-3 列车作业过程

(2) 乘务员出乘:乘务员应在充分休息的情况下出勤,按规定时间、在规定地点办理出勤手续,领取相关物品。在办理出勤手续时,乘务员应仔细查看行车告示牌上的行车命令、指示和安全注意事项,本次列车出车股道,并认真回答运转值班员的询问,听取运转值班员传达的事项。

办妥出勤手续后,乘务员应对安排值乘的列车按突出重点、兼顾一般的原则进行出车前检查,检查合格后方能发车。检查时发现车辆故障不能担负列车任务时,应及时上报运转值班员并按其指示执行。运转值班员应立即通知检修部门检修故障列车,及时调整乘务员值乘列车的出车次序,并向信号楼值班员传达变更出车计划。

备用乘务员应与值乘乘务员同时出勤,完成备用列车检车程序后,备用乘务员应在车上待命。在发车工作结束后,方可回到乘务员休息室待命。

(3) 列车出库与出段:列车起动前应确认信号开放与库门开启正常,并注意平交道是否有人员、车辆穿越。在规定的出库时间已到而出库信号仍未开放时,乘务员应主动询问信号楼值班员,联系不上时可通过运转值班员询问。

正常情况下,列车经由出段线出段。列车出段凭防护信号机的显示,在出段线的有码区按人工ATP方式运行,在出段线的无码区按限速人工驾驶方式运行。

在设备故障(咽喉道岔、道岔区轨道电路、牵引供电)或检修施工(车场线路、信联闭设备、接触网)时,列车可以由入段线出段,但应得到行车调度员准许。信号楼值班员在办理列车发车作业时,应确认区间空闲(出、入段线视为区间),停止影响发车进路的调车作业。

2) 列车正线运行

从车辆运用角度,列车正线运行主要涉及列车运行交路、列车驾驶作业和乘务员正线交接班等。

(1) 列车运行交路:列车正线运行的循环交路,以及列车在两端折返站的到、发时刻和出入段时间、顺序由车辆周转图规定。

(2) 列车驾驶作业:乘务员在值乘中应注意力集中,严禁违章行车。在发现异常、紧急情况时,乘务员应根据有关规章、应急预案,及时采取措施排除故障或险情,确保行车安全与乘客安全。

(3) 正线交接班:乘务员在正线交接班时,接班乘务员应按规定提前到指定地点出勤,交班乘务员应将列车技术状态、有关行车命令与注意事项交代清楚,并填写在司机报单上。如接班乘务员因故未能按时接班,交班乘务员应坚守岗位,并报告行车调度员。

3) 列车收车作业

列车收车作业包括列车入段与入库、库内作业两部分。

(1) 列车入段与入库:正常情况下,列车经由入段线入段。列车入段凭防护信号机的显示,在入段线的有码区按人工ATP方式运行,在入段线的无码区按限速人工驾驶方式运行。在设备故障或检修施工时,列车可以由出段线入段,但应得到行车调度员准许。信号楼值班员在办理列车接车作业时,应确认接车线路空闲,停止影响接车进路的调车作业。

列车入库按调车作业有关规定进行,进入车库前应在车门外一度停车(一度停车,也叫一旦停车,指一切机车辆运行至此时,需要停车,确认道岔和进路后,方可继续运行)。有人接车时按入库手信号进入车库;无人接车时,乘务员应下车确认库门开启正常、接触网送电后方能进入车库。

(2) 库内作业:列车进入车库停稳后,乘务员应对列车进行检查,在确认列车无异常后携带列车钥匙、司机报单及其他相关物品办理退勤手续,然后向乘务组长汇报当日工作情况,并听取次日工作安排与注意事项。

发现列车技术状态不良时,乘务员应向运转值班员报告并在有关报表中详细记录。在发生列车晚点、掉线、清客、行车事故与救援时,运转值班员应组织当事人及有关人员填写情况报告并及时上报有关部门处理。此外,运转值班员还应对当日列车故障与安全情况进行统计。

4) 列车整备作业

列车整备作业包括列车清洗、列车检修和车辆验收三部分。

(1) 列车清洗:列车清洗包括车辆内部的清扫、清洁和车身清洗等,根据清洗计划进行。列车清洗计划应下达给信号楼值班员、调车司机、调车员及其他相关人员。列车清洗时的动车按调车作业办理。

(2) 列车检修:列车回库停稳、收车后,如无列车清洗等其他作业,运转值班员应及时与车辆检修部门办理车辆交接手续。未办理车辆交接手续、未经运转值班员同意,检修部门不得擅自进行列检作业。正在进行列检作业的车辆,未经检修负责人同意,运转值班员不得擅自调动,无关人员不得擅自动车。

(3) 车辆验收:运转值班室接到车辆检修部门移交的车辆后,应指派专人对车辆技术状态进行检查,确认车辆技术状态符合正线运行要求后方能接受、投入使用。

2. 乘务管理

乘务员是轨道交通行车关键工种。列车在区间运行时,乘务员负有列车安全与乘客安全的重要责任。因此,乘务员的招聘选拔、业务培训和平时考核均应围绕建立一支具有较高综合素质、过硬业务水平、较强安全意识的乘务员队伍展开。此外,在乘务管理方面,合理选择乘务方式、优化配备乘务人员,对提高乘务管理水平和企业经济效益具有显著意义。

1) 乘务方式

轨道交通乘务方式有轮乘制和包乘制两种。

(1) 轮乘制:轮乘制是指列车的值乘乘务员不固定,由各个乘务员轮流值乘。采用轮乘制后,有利于合理安排乘务员作息时间,以较少的乘务员完成乘客输送任务。但乘务员对车辆性能、状态的熟悉和对车辆保养的责任心,可能不如包乘制,为此,需要通过建立制度、加强教育,明确乘务员的职责,提高车辆保养质量。

目前,大多数轨道交通线路采用轮乘制,这里面既有提高劳动生产率的因素,也有车辆可靠性不断提高的因素。

(2) 包乘制:包乘制是指列车的值乘乘务员固定,有若干个乘务员包乘包管。采用包乘制后,便于乘务员掌握车辆性能、状态,有利于增强乘务员对车辆保养的责任心。但与轮乘制相比,采用包乘制时,乘务员劳动生产率较低;对车辆运用计划的编制要求较高;夜班乘务员下班不便。

2) 乘务员配备

乘务员配备数可按下式计算:

$$P_{配备} = (P_{值乘} + P_{替换}) D_{循环} (1 + \alpha_{备}) \tag{7-1}$$

式中:$P_{配备}$——乘务员配备数,人;

$P_{值乘}$——列车上值乘乘务员总数,人;

$P_{替换}$——折返站替换休息乘务员总数,人;

$D_{循环}$——轮班循环天数,d;

$\alpha_{备}$——乘务员备用系数,一般取 10%。

乘务员平均驾驶时间(正线上)可按下式计算:

$$t_{驾驶} = \frac{S_{列}}{V_{旅}(P_{值乘} + P_{替换}) D_{出勤}} \tag{7-2}$$

式中:$t_{驾驶}$——乘务员平均驾驶时间,h/d;

$S_{列}$——列车公里总和,km/d;

$V_{旅}$——列车旅行速度,km/h;

$D_{出勤}$——乘务员在轮班循环中出勤天数,d。

配备数比较:

假设轨道交通线路运营时间为 5:30—23:00,使用车组数为 10 列,图定列车公里为 5120km/d,列车旅行速度为 32km/h,实行单人值乘,在列车折返站配备 3 名替换休息的司机。

采用轮乘制时,实行四班二运转,即日班(7:30—16:30)、夜班(16:30—7:30)、休息、休息的轮班制。采用包乘制时,实行五班三运转,即早班(5:30—11:00)、中班(11:00—17:00)、夜班(17:00—回库)、休息、休息的轮班制。

经计算,在采用轮乘制时,需要配备乘务员 58 人,乘务员平均驾驶时间为 6.15h。

$$P_{配备} = [(10+3) \times 4 \times 1.1] 人 = 57.2 人 \approx 58 人;$$

$$t_{驾驶} = \frac{5120}{32 \times (10+3) \times 2} h \approx 6.154h$$

在采用包乘制时,需要配备乘务员 72 人,乘务员平均驾驶时间为 4.10h。包乘制比轮乘制增加定员 24.1%。

$$P_{配备} = [(10+3) \times 5 \times 1.1] 人 = 71.5 人 \approx 72 人;$$

$$t_{驾驶} = \frac{5120}{32 \times (10+3) \times 3} h \approx 4.102h$$

3) 乘务员录用与培训

乘务工作的专业性质,以及对运营安全的重要性,要求乘务员具有良好的生理素质、心理素质、专业知识与操作技能、工作责任心和安全意识等。在乘务员综合素质的组成中,有些可以通过培训、教育形成,有些则是由先天素质决定的。因此,在录用乘务员时,应该重视与考虑乘务员的职业适应性问题。

(1) 乘务员录用:传统的乘务员录用比较重视学历、身体素质、专业知识和操作技能等,这些无疑都是必要的。但近年来的职业适应性研究表明,在录用轨道交通乘务员时,职业心理素质也应作为职业选拔和淘汰的重要依据。

要进行乘务员职业心理素质测试,首先应明确乘务工作所要求的职业心理素质类型。人的劳动分为肌肉劳动、感知劳动和智力劳动三种。乘务工作的特点要求乘务员在作业过程中不断感知信息、处理信息并做出正确的判断与反应,因此,乘务员的劳动属于感知劳动。感知劳动特点与行车安全要求,是确定乘务员职业心理素质类型的基本依据。乘务员职业适应性的研究和实践揭示,合格胜任的乘务员应具备以下个性心理特征:智力中等、认知能力良好、反应较快、动作准确协调、情绪稳定、注意力的分配和转移较强、性格内向、社会适应性平衡、能适应单调工作等。

(2) 乘务员培训:乘务员培训的内容包括业务学习和思想教育两方面。

根据业务学习内容与要求的不同,业务学习又分为初级、中级和高级三个等级。例如,通过中级培训,学员在已经了解车辆基本构造、掌握列车操纵技能、能够独立驾驶列车的基础上,还应具有一定的车辆故障判断及应急处理能力,以及具有带教实习乘务员的能力。

思想教育的内容主要是工作责任心教育、安全意识教育、遵章守纪教育和服务乘客教育等。思想教育应联系实际、注重实效。

7.3 调车作业

1. 调车基本概念

1) 调车定义与种类

除列车在正线上的运行以外,凡因列车折返、转线、解体、编组以及车辆摘挂和取送等作业需要,列车或车辆在线路上进行有目的的调动,都属于调车。

按调车目的不同,轨道交通调车主要有折返调车、转线调车、解体调车、编组调车、摘挂调车和取送调车等。折返调车是列车在折返站的正线、折返线和渡线等线路上进行的调车作业,其他种类的调车是列车和车辆在车辆段的牵出线、调车线、检修线和洗车线等线路上进行的调车作业。

轨道交通的调车作业主要是在车辆段和折返站内进行,调车作业的动力是内燃机车或动车。车辆段调车作业的特点是作业量大和作业复杂,除列车折返调车外,其他各种类型的调车都有。

调车作业是轨道交通行车工作的组成部分,也是车辆段和折返站行车工作的重要内容。列车能否按列车运行图正点出发、到达与运行,线路通过能力能否充分利用,很大程度上取决于调车作业的组织和效率。

因此,调车工作应达到以下要求:

◇ 及时完成调车任务,保证列车按图运行和其他有关作业按时完成。
◇ 充分运用各种技术设备,采用先进的作业方法,提高调车作业效率。
◇ 确保调车作业安全。

为了实现上述要求,调车工作必须遵守《行规》和《段细》中有关调车作业的规定,建立和健全有关工作制度。

2) 调车钩与调车程

构成调车作业过程的基本要素是调车钩与调车程。调车钩是指连挂或摘解一组车辆的作业,它是衡量调车工作量的基本单位。调车程是指连挂或摘解车辆加减速一次的移动,它是分析计算调车作业时间的最小单位。由于轨道交通通常是短距离调车,调车作业主要采用下面三种调车程,如图 7-4 所示:

◇ 加速-制动型,即车辆被加速到一定速度后立即制动停车(图 7-4(a))。
◇ 加速-惰行型,即车辆被加速到一定速度后以惰力运行(图 7-4(b))。
◇ 加速-惰行-制动型,即车辆被加速到一定速度后,以惰力运行一段距离后制动停车(图 7-4(c))。

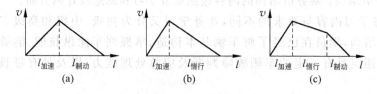

图 7-4 三种调车程

3) 调车方法

调车作业方法有推送调车法和溜放调车法两种。推送调车法是指将车辆由一股道调移到另一股道,在调动过程中不摘车的调车方法。溜放调车法是指推送车辆达到一定速度后摘钩制动,使摘解的车组借助于获得的动能溜放到指定地点的调车方法。与溜放调车法比较,推送调车法需要的时间较长,但也是一种比较安全的调车方法,因此轨道交通调车采用推送调车法。推送调车的作业过程如图7-5所示。

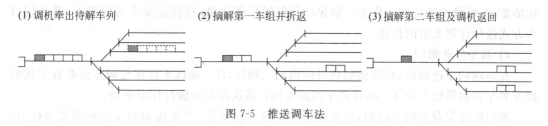

图7-5 推送调车法

2. 车辆段调车作业

1) 调车作业领导与指挥

调车作业是一项多工种联合进行的复杂作业,为了安全、协调、迅速地进行工作,按时完成调车任务,必须实行统一领导、单一指挥。

运转值班员是车辆段的行车工作领导人,因此,车辆段调车作业由运转值班员统一领导。所有与调车有关的作业人员,必须认真执行调车领导人的命令、指示,按调车作业计划进行调车作业。

调车组的调车长是调车作业的指挥人;在无调车车组、手信号调车时,可由运转值班员指定在业务知识和指挥技能方面能够胜任的人员负责调车作业指挥。

信号楼值班员负责办理调车作业进路并监控调车作业的安全进行。

2) 调车工作制度

◇ 交接班制度:交接班时,调车组在规定地点对号交接线路存车数、停留车位置、安全及有关注意事项等。

◇ 作业前准备制度:在调车作业前,调车长应将调车作业计划、作业方法向调车司机及其他调车人员传达清楚。调车员应对线路、车辆进行检查,在解体调车作业前,必须确认连接车辆的机械、电路与气路装置已处于拆开状态。

◇ 班后总结制度:每班工作结束后,由调车长负责召集调车组人员,总结本班生产任务完成、安全等情况,遇非正常情况及时向运转值班员报告。

◇ 要道还道制度:要道还道是指调车长或调机司机向信号楼值班员要道,信号楼值班员在进路准备妥当后向调车长或调机司机还道。在非集中联锁设备或集中联锁设备因故不能使用时,调车作业必须执行要道还道制度。要道还道制度是一项确保安全的互控制度,目的是防止车辆进错股道或发生挤岔事故。

3) 调车作业计划

调车作业计划是调车作业的行动依据,调车作业计划由调车领导人(运转值班员)编制,以书面形式下达给信号楼值班员和调车指挥人。调车作业计划的内容包括担当作业的调机与调车组、作业线路、作业钩数及作业方法等。

原则上,调车作业计划应由调车领导人亲自向调车指挥人传达,以确保调车作业安全,提高调车作业效率。调车长必须在作业前将调车作业计划和有关注意事项向调车司机及其他调车人员传达清楚。

由于调车作业涉及的因素较多,作业中会发生需要变更计划的情况,但变更调车作业计划,常常会因为未传达清楚,使参加调车作业的人员失去协调而产生差错,甚至造成事故。因此,遇调车作业中需变更计划,应停止调车作业,由运转值班员将变更后的计划向信号楼值班员和调车指挥人重新布置,再由调车指挥人将变更后的计划向调车司机及有关人员传达清楚,方可继续进行调车作业。如果计划仅做局部变做,在保证安全的前提下,准许用口头方式进行计划变更的传达。

4)调车作业组织

在办理调车进路前,信号楼值班员应做到三确认,即:确认不存在与调车作业有干扰的接发列车和检修施工作业;确认调车线路空闲;确认调车组做好作业准备。

如因故需要取消调车进路,应在调机及车辆未起动前,并在通知调车长和调机司机后,再关闭调车信号,取消调车进路。

在调车作业过程中,信号楼值班员应掌握列车运行图规定的列车出入段时刻,防止因调车作业影响出入段列车的运行。如调车作业影响列车出入段运行,必须得到行车调度员的批准。

调车组由调车长(可由副司机担任)、调机司机和调车员组成。在调车作业前,调车长除布置清楚调车作业计划和有关注意事项外,还应督促和带领调车人员做好作业前准备工作;调车组人员应穿戴好防护用品,准备好信号旗或信号灯,确认对讲机等无线通信设备性能良好。

在调车作业中,调车长应正确及时地显示信号,指挥调车作业进行,组织调车人员按计划、安全地完成调车任务。

为了明确调车长和调机司机的职责,根据作业中所处的位置和所具备的瞭望条件,规定在牵引车辆运行时,前方进路的确认由调机司机负责;在推进车辆运行时,前方进路的确认由调车长负责。如调车长所处位置确认前方进路有困难时,可指派参加调车作业的其他人员确认。

调车作业必须按照防护信号机或调车手信号的显示要求进行。没有信号,调机司机不准动车进行调车作业;在调车作业中,调机司机要时刻注意确认信号,不间断地进行瞭望,认真执行呼唤应答制,按信号显示要求进行作业;如遇信号显示不清,调机司机应立即停止调车,严禁臆测作业。

调车手信号显示种类包括停车信号、减速信号,指挥列车或车辆向显示人方向来信号,指挥列车或车辆向显示人反方向去信号,三、二、一车距离信号,连挂作业信号等。

调车手信号的显示,昼间使用信号旗,夜间使用信号灯,地下站按夜间办理,使用信号灯。调车手信号在对方作出回示后就可停止显示,但停车信号在列车或车辆停车后方可收回。

在进行车辆连挂时,应根据停留车位置的距离,向调机司机显示三、二、一车距离信号。调车司机应注意确认三、二、一车距离信号,并鸣笛回示,然后按信号显示要求进行挂车作业。没有三、二、一车距离信号,调车司机不准挂车。调机司机没有鸣笛回示,调车长应立即显示停车信号。

当因天气不良、照明不足或地形地物影响,调车长确认停留车位置有困难时,应派胜任人员在停留车的连挂一端显示停留车位置信号。车辆连挂前要一度停车,车辆连挂后应先试拉,确认连挂妥当后方可起动。

在进行调车作业时,应准确掌握调车速度,各类调车作业速度规定如表7-1所示。在瞭望条件困难或气候条件不良时,应适当降低调车速度。调车作业结束后,调车组应使列车或车辆停于线路警冲标内方,对暂不移动的列车或车辆应按规定采取防溜措施。

表7-1 调车作业速度规定

调车作业项目	速度/(km/h)
车辆段空线上牵引调车	20
载客车辆调车	15
车库内及检修线上调车	5
接近连挂车辆调车	3
尽头线调车	3

5) 试车作业组织

为确保车辆技术性能符合正线运行的要求,车辆在定期检修后应进行调试,包括车场内调试和正线上调试。车场内调试又分为试车线试车、股道试车与非进路试车三种情形。

(1) 试车线试车:由车辆检修部门向运转值班室提出试车申请,运转值班员通知信号楼值班员布置进路,列车按调车信号驶入试车线进行调试。

(2) 股道试车:股道试车是指车辆在库内线路上进行小范围的动态调试。车辆检修部门向运转值班室提出试车申请,运转值班员派出司机配合试车。

在进行股道试车时,如需要越过线路前方的防护信号机,运转值班员在同意试车前应通知信号楼值班员办理进路。车辆头部越过信号机后,未得到信号楼值班员准许,司机不准擅自退行。股道试车前应确认无关人员已撤离、止轮器已撤除、线路上无障碍物和股道上已送电。股道试车时,车辆运行限速是5km/h。

(3) 非进路试车:非进路试车是指车辆在车场线路上进行大范围的动态调试。车辆检修部门向运转值班室提出试车申请,运转值班员派出司机配合试车。

在进行非进路试车时,建立的非进路只能由库内线路通往车场牵出线,并且该非进路必须封闭。试车司机凭运转值班员填发的《非进路试车许可证》进入封闭进路试车。

司机在调试车辆进入封闭进路前应确认信号显示,进入封闭进路后,车辆可在指定范围内按规定速度往返运行,进路上的信号机红色灯光显示均可越过。非进路试车完毕后,车辆应停于指定的股道内,由运转值班员收回《非进路试车许可证》并注销,然后通知信号楼值班员非进路试车结束。

信号楼值班员接到运转值班员的非进路试车通知后,在确认试车时间内无计划的接发列车作业、办妥试车进路后,方可同意进行非进路试车。遇有行车调度员临时下达的接发列车作业命令,信号楼值班员应立即停止非进路试车并指示调试车辆停于牵出线待命。

非进路试车前应确认无关人员已撤离、止轮器已撤除、线路上无障碍物和股道上已送电,以确保试车安全。

3. 特殊情况调车

1) 救援调车

救援列车连挂故障列车,牵引或推送故障列车在适当的车站清客,然后返回车辆段称为救援调车。救援调车兼有摘挂调车和取送调车的特点。

救援调车作业根据行车调度员下达的调度命令和信号显示的要求进行。在手信号调车时,调车指挥人为故障列车的司机。调车指挥人应正确及时地显示调车手信号,救援列车司机应认真确认调车手信号,并鸣笛回示。

在进行救援调车作业时,救援列车应在距故障列车三车距离时一度停车,距一车距离时再度停车,然后按调度指挥人的调车手信号显示进行车辆连挂。车辆连挂后先进行试拉,在确认连挂妥当后,方可起动运行。

救援列车牵引故障列车运行时,调车进路的确认由救援列车司机负责;救援列车推送故障列车运行时,调车进路的确认由故障列车司机负责。

在救援调车作业中,救援列车接近被连挂的车辆或调动载有乘客的车辆时,调车速度应按照有关规定准确掌握。

2) 越出站界调车

占用区间正线进行调车称为越出站界调车。为保证列车运行和调车作业安全,越出站界调车按照下列作业办法进行。

双线区间正方向越出站界调车:如区间为自动闭塞,只要确认第一闭塞分区空闲;如区间为非自动闭塞,只要确认区间空闲;车站值班员即可办理调车进路、口头通知调机司机,准许越出站界调车。

双线区间反方向越出站界调车:在收到停止实行基本闭塞法的调度命令后,车站值班员与邻站办理闭塞手续,并将调度命令发给调机司机作为占用区间的凭证,调机司机凭手信号进入区间调车。调车作业结束后,行车值班员应及时向行车调度员报告并通知邻站。

3) 手推调车

以人力推移车辆称为手推调车。通常是在短距离移动车辆时采用。正常情形下,原则上不使用手推调车,如确有必要采用手推调车,应得到运转值班员或安全主管部门批准,并有可靠的安全措施,如车辆能随时停住、无触电危险等,以确保作业安全和人身安全。根据规章,线路坡度大于 2.5‰、车辆有溜行可能、装有易爆易燃品车辆、夜间无照明等情形均禁止手推调车。

复习思考题

1. 什么是车辆基地?我国的《地铁设计规范》是如何定义的?
2. 车辆段和停车场的作业内容包括哪些?
3. 车辆段的技术设备包括哪些?
4. 什么是咽喉区?咽喉区该如何设置?
5. 车辆段线路包括哪些?
6. 车库有哪几种?各类车库的作用是什么?
7. 什么是调机?车辆段通常采用什么机车作为调机?
8. 车辆段运转车间的工作包括哪些?
9. 什么是《段细》?《段细》的主要内容有哪些?
10. 《列车操纵规则》的主要内容有哪些?

11. 在车辆段,运转值班员、信号楼值班员、调车长和乘务组长各负责什么?
12. 列车出车作业包括哪些?各作业有何注意事项?
13. 从车辆运用角度,列车正线运行主要涉及哪些方面?各有何注意事项?
14. 列车收车作业包括哪些?各有何注意事项?
15. 列车整备作业包括哪些部分?
16. 轨道交通的乘务方式有哪些?具体含义是什么?各有何优缺点?
17. 乘务员配备数如何计算?乘务员平均驾驶时间如何计算?
18. 乘务员的录用有何要求?乘务员的培训分哪几个等级?
19. 什么是调车?调车有哪些种类?
20. 轨道交通的调车作业主要在什么地方进行?调车作业的动力是什么?
21. 车辆段调车作业的特点是什么?
22. 调车工作应达到什么要求?
23. 构成调车作业过程的基本要素是什么?
24. 什么是调车钩?什么是调车程?
25. 调车作业主要采用的调车程有哪些?各种调车程是怎样操作的?
26. 调车作业的方法有哪些?各如何操作?各方法有何优缺点?
27. 车辆段调车作业由谁领导?由谁指挥?
28. 调车工作制度有哪些?各制度的具体含义是什么?
29. 什么是调车作业计划?调车作业计划的内容包括哪些?
30. 办理调车进路前,信号楼值班员应做到哪些确认工作?
31. 调车组成员由哪些人组成?
32. 车辆调试包括哪些?车场内调试又包括哪几种情形?各种情形的含义是什么?
33. 什么是救援调车?救援调车的特点是什么?
34. 什么是越出站界调车?越出站界调车的作业办法是什么?
35. 什么是手推调车?什么情况下禁止采用手推调车?

第 8 章

票务管理

8.1 售检票方式及其自动化

售检票作业是轨道交通为乘客服务的环节之一，在售检票过程中，乘客希望有一个方便、快捷和文明的服务，运营企业也希望通过让乘客满意的服务来树立良好的企业形象和吸引更多的客流。

1. 售检票方式

1) 开放式售检票

开放式售检票是指车站不设检票口，乘客在上车前或在列车上付费，车上有随机查票，并进行补票与罚款的售检票方式。这种售检票方式一般为客流量较小的轨道交通线路采用，要求国民素质相对较高，并且通常都有政府的财政补贴。实践中，采用这种售票方式的轨道交通线路仍存在车费收入流失现象。

2) 封闭式售检票

封闭式售检票是指车站设检票口，乘客进出收费区进行检票并完成收费的售检票方式。这种售检票方式能减少或杜绝无票乘车现象，减少或避免车费收入的流失。封闭式售检票又有传统的人工售检票和先进的自动售检票两种方式。

（1）人工售检票：人工售检票速度慢，存在漏检现象，并且需要配备较多的票务人员。人工售检票方式又分为进站检票、出站检票和进出站均检票三种情形。进站检票和出站检票适用于单一票价的轨道交通线路。进站检票是指乘客进入收费区时进行检票，出站时不再检票。出站检票是指乘客无须检票自由上车，但出站时进行检票，由于出站客流到达检票口相对集中，出站检票的作业组织难度较大。进出站均检票适用于实行计程票制的轨道交通线路，乘客进出收费区均进行检票，这种售检票方式运营成本较高。

（2）自动售检票：自动售检票实行全封闭的计程、计时收费，乘客进出收费区均需通过检票机检票后方能通行。可实现售票、检票、收费和运营统计的自动化，自动售检票（AFC）系统的应用，是自动售检票方式取代人工售检票方式的基础。运营实践表明，轨道交通采用 AFC 系统具有下列优点：

◇ 便于推行计程、计时等多种票制,使乘车收费更趋合理,有助于吸引短途客流;
◇ 高效的 AFC 设备,为乘客提供方便快捷的售检票服务,有助于提高服务水平;
◇ 能及时、准确、自动地统计票务、收入和客流数据,有助于提高运营组织水平;
◇ 能杜绝无票乘车、越站乘车或超时乘车,减少票务和其他相关人员,有助于确保收入、降低成本;
◇ 为推行城市公共交通的一卡通和建立智能卡收费管理系统提供了基础。

2. 自动售检票系统

1) AFC 系统发展概况

AFC 系统在轨道交通的应用可以追溯到 20 世纪 70—80 年代:
◇ 如巴黎地铁在 20 多年前就采用了当时相当先进的磁卡 AFC 系统;
◇ 东京营团地铁在 1988 年 4 月开始应用磁卡 AFC 系统;
◇ 一些地铁在 20 世纪 90 年代先后采用磁卡(单程票)与 IC 卡(储值票)兼容的 AFC 系统。

AFC 系统在我国的发展已有近 20 年历史。

上海地铁在 20 世纪 80 年代末率先进行采用 AFC 系统的研究。在 90 年代中期,磁卡 AFC 系统技术已相当成熟,而 IC 卡技术在城市交通收费方面的应用刚刚开始,上海轨道交通 1 号线最初采用的是磁卡与 IC 卡兼容的 AFC 系统。

广州地铁 1 号线最初采用的是预留 IC 卡功能的磁卡 AFC 系统。

近年来,IC 卡技术在轨道交通 AFC 系统的应用规模迅速扩大。

非接触式 IC 卡以其存储量大、保密性强、系统结构简单、运营成本较低、可实现一卡多用等优点,逐步取代了磁卡的地位,称为轨道交通车票的首选媒介。目前,国内新建轨道交通线路的 AFC 系统均选用非接触式 IC 卡技术;上海和广州也对早期的 AFC 系统进行了升级改造。上海在 2005 年底完成了 AFC 系统的"一票通"改造,组建了轨道交通票务清分中心,改造后的 AFC 系统采用非接触式 IC 卡技术,实现了轨道交通的"一票换乘"。

非接触式 IC 卡 AFC 系统的应用使城市公共交通行业的票务联营成为发展趋势,上海的"一卡通"和广州的"羊城通"收费系统目前已拓展到多个城市公共交通领域。例如,上海的"一卡通"现可以在常规公交、轨道交通、出租车和轮渡通用,为乘客出行带来便利。

2) AFC 系统技术制式

AFC 系统是集电子技术、计算机通信和微机实时控制于一体的自动收费系统和数据库系统。在轨道交通 AFC 系统的发展过程中,先后出现过磁卡 AFC 系统、磁卡和 IC 卡兼容 AFC 系统、IC 卡 AFC 系统三种技术制式。

(1) 磁卡 AFC 系统:投入应用的时间最早。磁卡车票上涂有两条磁粉物质,一条为磁卡密码、编号等不变信息,另一条为车资、进站时间和地点等可变信息,磁卡车票可作为单程票或储值票使用。磁卡 AFC 系统技术比较成熟,但也存在下列缺陷:磁卡存储信息有限、用途单一;磁卡密码等信息易被破译、伪造和盗用,安全性较差;读写设备机械结构复杂,购置成本和维护费用较高;乘客使用不熟练和吃卡、误读写等故障均会影响检票机的通过速度。

(2) IC 卡 AFC 系统:IC 卡是将一块集成电路芯片封装在塑料基片上(非接触式 IC 卡内还嵌入一小型天线),在集成电路中有微处理器,微处理器由存储和控制两个单元组成,由于微处理器具有人工智能功能,IC 卡又称为智能卡。IC 卡具有数据存储能力,其内容可供外部读写与内部处理。随着超大规模集成电路和大容量存储芯片技术的发展，IC卡和IC卡系统所具有的优点使其逐步取代磁卡和磁卡系统。

与磁卡系统相比较，IC卡系统具有下列特点：

◇ 使用方便快捷：IC卡与读写设备的信息交换通过触点接触（接触式IC卡）或电磁感应（非接触式IC卡）方式进行，不会产生因机械故障导致的吃卡和误读写等现象，提高了检票机的通过能力。

◇ 存储容量大：IC卡数据容量大于8Kbit（磁卡数据容量小于300bit），可划分多个数据区供不同的用途，便于一卡多用。

◇ 保密性能强：IC卡复杂完善的加密处理，以及多次双向验证，能有效防止解密、伪造票卡和对数据内容的修改、复制。

◇ 使用寿命长：IC卡无机械磨损，可重复使用10万次以上。

◇ 设备成本较低：IC卡系统的读写设备为电子设备，无复杂的机械移动部件，造价较低，维修简单。此外，票卡不需维护、能耗较低。因此，IC卡系统的设备购置和运营成本均大大低于磁卡系统。

◇ 票卡成本较高：IC卡在应用于单程票时，卡的成本一般远高于票价，如果票卡不能回收，将给运营企业带来经济损失。

根据IC卡与读写设备的信息交换方式，IC卡有接触式IC卡和非接触式IC卡两种。

在IC卡的发展早期，使用的是接触式IC卡。接触式IC卡应用于轨道交通AFC系统，最大的问题是乘客插卡不便，通过检票机速度慢，难以适应大客流的情形；接触式IC卡系统对使用环境要求较高，脏、湿环境会影响读写效果；此外，由于票卡芯片裸露，磨损和污染均会影响票卡的使用寿命。因此，接触式IC卡在轨道交通实用化方面的进展缓慢。

与接触式IC卡相比较，非接触式IC卡在读写时操作简单、无接触、无磨损，只要读写距离在10cm内，读写设备就可准确读写卡中信息。非接触式IC卡的这种特性，一方面有利于提高检票机的通过能力，另一方面也降低了检票设备的故障率和维护费用。

非接触式IC卡技术上的先进性和经济上的低成本以及使用上的方便快捷，使其成为轨道交通AFC系统的首选技术制式。

3) AFC系统组成与功能

AFC系统由中央计算机系统、车站计算机系统、车站AFC设备和票卡四个层次组成，如图8-1所示。

（1）中央计算机系统：包括小型机系统、数据库系统、监控工作站、数据传输设备、票卡编码及初始化设备等。其基本功能有：

◇ 将运营模式、票价表等系统控制与执行参数和黑名单信息等下达给车站计算机系统；

◇ 接收来自车站计算机系统的票务、客流和维修信息，建立AFC数据库，分析AFC数据并生成各类运营报表；

◇ 实时监控车站AFC设备，接受及处理外界侵犯或紧急报警；

◇ 对新车票进行编码等初始化处理，以及自动分拣各类车票、剔除废票等；

◇ 与其他票务清算系统连接，进行数据交换和实现数据共享。

（2）车站计算机系统：包括车站计算机、监控工作站、数据传输设备等。其基本功能有：

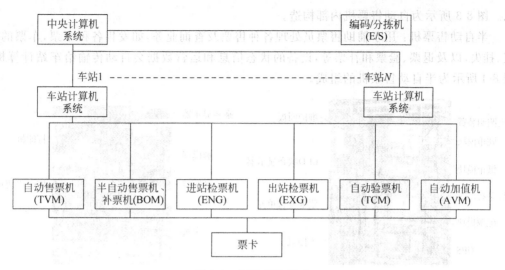

图 8-1 AFC 系统组成

◇ 将来自中央计算机的系统控制与执行参数、黑名单信息等下载给车站的各台 AFC 设备;
◇ 定时收集 AFC 设备的状态信息和运营数据,并经过处理后发送给中央计算机系统;
◇ 实时监控车站 AFC 设备的运行状态;
◇ 紧急情况下,可由车站计算机发出指令或通过紧急开启装置,使检票机处于自由通行状态,便于乘客快速疏散。

(3) 车站 AFC 设备:包括检票机、自动售票机、半自动售票机、自动验票机和自动加值机等。其基本功能介绍如下:

检票机:又称为闸机,根据用途的不同,分为单向检票机和双向检票机,其中单向检票机又分为进站检票机和出站检票机。根据闸门阻挡方式的不同,分为三杆式检票机和门式检票机等。检票机可对各类车票进行读写操作,进站时在车票上写入进站有关信息,出站时扣除乘车费用等;对车票进行有效性确认,有效票放行,无效票禁止通行。出站检票机能自动回收单程票,并具有闸门紧急开启功能。图 8-2 所示为检票机内部构造。

图 8-2 检票机内部

自动售票机:用于乘客自助式购票。能识别指定的硬币和纸币并退出伪币,可以找零;票盒无票或钱箱已满时能提示相关信息,设备的状态信息和运营数据自动传输给车站计算机。图 8-3 所示为自动售票机内部构造。

半自动售票机：用于辅助售票员处理各种售票及查询业务，如发售各种车票，车票的充值、挂失，以及退票、验票和补票等，设备的状态信息和运营数据会自动传输给车站计算机。图 8-4 所示为半自动售票机的组成。

图 8-3　自动售票机内部　　　　　　图 8-4　半自动售票机组成

自动验票机：用于乘客自助式查询车票的相关信息，包括车票种类、卡号、金额、有效期以及近期若干次乘车记录等。

自动加值机：用于乘客自助式对储值票用现金或银行转账方式进行充值，用现金充值时能识别伪币，可以找零，具有分析车票和自动显示余额功能，设备的状态信息和运营数据自动传输给车站计算机。

自动查询机简称 TCM(ticket checking machine)，它安装在非付费区，供乘客自助查看车票的信息及有效性。读取过程不修改车票上的任何数据。自动查询机的操作方式采用触摸屏。自动查询机应可显示乘客服务信息，由线路 AFC 控制系统下载。

(4) 票卡：轨道交通使用的票卡，目前主要是磁卡和非接触式 IC 卡两种。磁卡通常用于单程票、多程票和纪念票等票种，非接触式 IC 卡通常用于储值票和员工票等票种。图 8-5 所示为非接触式 IC 卡结构图。

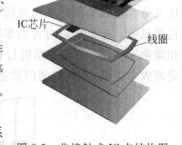

新建轨道交通线路更趋向于选用非接触式 IC 卡 AFC 系统，如大连轨道交通 3 号线的单程票和储值票均采用非接触式 IC 卡，单程票用的是薄型卡，存储容量为 512bit，因卡的采购成本较低，解决了票、卡价格倒挂的问题。

图 8-5　非接触式 IC 卡结构图

单程票解决方案除了采用磁卡或薄型非接触式 IC 卡外，还有一种解决方案是采用筹码 (TOKEN)。TOKEN 的采购成本较低，使用次数可达 1000 次，因此每次使用成本很低。此外，TOKEN 的回收机械简单、可靠，由于分拣直接在检票机上进行，车票可在车站内循环。筹码型单程票的缺点是不适宜作为商业广告的载体。天津地铁 1 号线、南京地铁 1 号线和武汉轻轨均采用筹码(TOKEN)单程票。

筹码型 IC 卡是在直径为 30mm、厚度为 2mm 的非金属材料圆盘内，嵌装集成电路芯片及天线,通过电感耦合的方式与筹码读写器进行操作的 IC 卡,简称筹码(TOKEN),如图 8-6 所示。

4) AFC 系统运营模式

通过中央计算机或车站计算机的设置,可使 AFC 系统处于不同的运营模式,以适应列车故障、大客流集中进站等各种非正常运营情况和火灾等紧急情况,确保乘客的利益或安全。

图 8-6 筹码型车票

(1) 正常运营模式:采用计程、计时收费运营方式。乘客进出收费区均须持有效车票通过检票机检票后方能通行。检票机根据中央计算机设定的参数,自动扣减车资,储值票在显示余额后返回给乘客,单程票则进行回收。如车资不足或超过时间,乘客需补票。

(2) 特殊运营模式,主要有下列几种:

列车故障时的运营模式:当列车故障时,部分车站可能处于停运状态,此时通过中央计算机或车站计算机的设置,允许已进入收费区的乘客和从故障列车上下来的乘客不收费通过出站检票机。单程票将不回收,乘客可在一段时间内(一般为 7 天)继续使用。如果乘客不准备继续使用,也可退票。

超时、超程忽略的运营模式:由于站台拥挤、列车故障和发生事故等原因,使列车跳站停车或运行时间延长,中央计算机或车站计算机可将有关车站设置为"超时忽略"或"超程忽略"运营模式,对乘客车资不足或超过时间不再补票。

大客流集中进站时的运营模式:在大客流集中进站,而进站检票机能力不足时,车站可发售"应急票",乘客持"应急票"不通过进站检票机进站,此时中央计算机或车站计算机将其他车站设置为"进站检票忽略"运营模式,允许持"应急票"的乘客通过出站检票机正常出站。

紧急情况下的运营模式:当车站发生火灾、爆炸等危及乘客人身安全的情况时,为及时疏散收费区内的乘客,中央计算机或车站计算机将该车站设置成"紧急"运营模式。此时,检票机的闸门处于自由通过状态,乘客能尽快地撤离。

高峰/非高峰运营模式:通过中央计算机的设置,将每日的运营时间分为高峰时段和非高峰时段,在非高峰时段,对票价实行折扣优惠,以吸引客流或鼓励乘客在非高峰时段乘车。

8.2 AFC 设备配置与布局

1. 影响配置与布局的因素

车站 AFC 设备配置是研究解决 AFC 设备的选型和配置数问题,而车站 AFC 设备布局则是研究解决 AFC 设备的空间布置问题。影响车站 AFC 设备配置与布局的因素主要有下面四个方面。

1) 高峰小时进出站客流

高峰小时进出站客流的数量是决定车站 AFC 设备配置的主要因素,而高峰小时进出站客流的流向则是确定车站 AFC 设备布局的基本依据。

从客流的时间分布角度,首先应确定进出站高峰小时所在时间,其次是对高峰小时进出站客流进行分析。根据对客流统计资料的分析,车站客流的进出站高峰小时出现时间与断面客流的高峰小时出现时间通常不相同,车站客流的进站高峰小时与出站高峰小时出现时间通常也不相同,工作日高峰小时进出站客流通常大于双休日高峰小时进出站客流。因此,一般可采用工作日高峰小时进出站客流作为计算确定车站 AFC 设备配置数的依据。

从客流的空间分布角度,应根据车站内乘客流向及行程轨迹分别对各个收费区及各组检票机的进出站客流进行分析。此外,还应对上、下行方向客流的到发特征、进出站客流到达检票口的特点和进出站客流的径路交叉等进行分析。

2) 车站 AFC 设备使用能力

车站 AFC 设备能力是指车站 AFC 设备在单位时间内(通常为 1min)的出票张数或通过人数等。在高峰小时进出站客流一定的情况下,AFC 设备配置数与 AFC 设备能力成反比关系。

车站 AFC 设备能力可分为设计能力和使用能力。设计能力是理想状态下的设备能力,根据 AFC 系统技术文件提供的数据确定。如检票机的设计能力,主要决定于票卡读写时间、闸门开启时间和乘客通过闸门时间等。在实践中,由于乘客使用票种与熟练程度不同,设备忙闲不均以及更换票箱和钱箱时的设备停用等原因,车站 AFC 设备的使用能力小于设计能力。因此,应将使用能力作为计算 AFC 设备配置数的依据。AFC 设备的使用能力应通过理论分析与现场实测相结合的方法进行确定。

3) 站台与站厅层设计布局

站台、站厅层设计布局主要涉及站台类型、车站控制室的位置、升降设备的位置和车站出入口的布置等。

站台类型主要有岛式和侧式两种。

◇ 在采用岛式站台时,各种标高车站的收费区与站台通常不在同一平面上;

◇ 在采用侧式站台时,地面车站的收费区与站台可以在同一平面上,但地下车站和高架车站的收费区与站台通常不在同一平面上。

车站控制室(需要设在非收费区)的位置主要有站厅一侧、站厅中央和站台一端三种情形。车站控制室设置在站厅中央时,收费区将形成空间上被隔断的布局。

升降设备是指连接地面至站厅、站厅至站台的自动扶梯和步行楼梯。升降设备的位置主要有沿站厅两侧设置和在站厅中央设置两种情形。

车站出入口的布置,有车站出入口与收费区在同一平面上和不在同一平面上两种情形。前者通常出现在地面车站和高架车站,而后者通常出现在地下车站。

站台、站厅层设计布局对收费区及检票机的设置有较大影响,从而影响车站 AFC 设备的配置与布局。

(1) 对收费区设置的影响:表现在收费区的集中或分散设置,以及收费区分散设置时是否在空间上被隔断等。

在车站收费区与站台位于不同平面时,如果车站控制室设置在站厅一侧,可以设置一个收费区,但在客流较大车站或特殊建筑结构车站也有设置两个收费区的情形。如果车站控制室设置在站厅中央,则至少设置两个收费区,并且在空间上被隔断。

在车站收费区与站台位于同一平面时,通常是设置两个收费区,并且在空间上被隔断。

在高架车站,如果车站出入口与收费区位于同一平面,并且车站出入口布置分散,常会使收费区设置数增加。

(2) 对检票机设置的影响:一般而言,在收费区分散设置时,或者是同一收费区双侧进出以及多组检票机交错布置时,通常都会使检票机配置数增加。

如果车站出入口与收费区位于同一平面且车站出入口分散布置,由于收费区出入口需要混合设置,会增加进出站检票机的配置数。

在岛式站台车站,收费区的自动扶梯、步行楼梯设置在站厅中央区域,如果收费区的出入口设置在自动扶梯、步行楼梯的两侧,会增加进出站检票机的配置数。

在线路两端或靠近线路两端的侧式站台车站,通常上下行到发客流明显,进出站检票机设置位置对进出站客流径路交叉有较大影响。

4) 相对集中管理的要求

在进行车站 AFC 设备配置与布局时,应考虑售检票作业相对集中管理的要求。按相对集中管理的原则,在符合客流流向的前提下,自动售票机、半自动售票机、自动加值机、自动验票机和自动兑币机等设备在非收费区内应尽可能集中布置。

在减少客流径路交叉的前提下,同一收费区中的进出站检票机应尽量避免多组设置和交错设置,以实现既能方便乘客进出站、提高服务水平,又能降低运营成本、提高客运管理效率的优化目标。

2. 车站 AFC 设备配置

1) 车站 AFC 设备选型

车站 AFC 设备选型应遵循下列原则。

◇ 可靠性:AFC 设备的可靠性包括运行可靠性、数据可靠性、通信可靠性和设备的低故障率等。一旦设备出现故障,可迅速诊断故障模块;任何一台设备故障不会影响其他设备的正常运行。

◇ 安全性:AFC 设备是乘客进出车站时直接操作的设备,因此在设备选型时应确保乘客的人身安全。

◇ 友好性:AFC 设备应具有良好的人机界面,乘客操作简便。此外,设备的造型与色调设计应美观协调,能增进乘客的满意度。

◇ 先进性:AFC 设备的选型不但应达到当前国际先进水平,而且还应具有一定的技术超前意识,确保在未来若干年能够保持技术的先进性。

◇ 适用性:AFC 设备的选型应适应轨道交通线网的票务政策,还要适应客流特点和客运组织方案。例如,在短时间内有大客流集中进站的车站宜选用双向检票机。

◇ 经济性:在保证设备的可靠性、先进性、适用性等的前提下,尽可能降低设备的购置成本与运营成本。设备的选型立足国产化或对部分零配件进行国产化,以及备品、备件的低比率均能有效降低成本。

◇ 易维修:AFC 设备的零配件应标准化、模块化,做到设备故障时可快速进行模块更换,实现易维修的目标。

在进行车站 AFC 设备选型时,售票机的性能参数主要有平均无故障次数、平均故障修复时间、售票机操作方式、售票速度、每次发售车票张数、发售车票种类、硬币与纸币识别能力、网络标准、购置成本和运营成本以及是否可以打印票据、是否可以银行卡转账等。

检票机的性能参数主要有平均无故障次数、平均故障修复时间、检票机通过能力、车票处理速度、客流通过方向控制、网络标准、购置成本和运营成本以及紧急情况下闸门状态及是否有利于乘客疏散、是否可以回收车票等。

2) 车站 AFC 设备配置数

自动售票机配置数计算公式:

$$N_{\text{TVM}} = \text{INT}\left[\frac{P_{\text{上}}\ \alpha_{\text{波}}\ \beta_{\text{单}}}{60n_{\text{TVM}}}\right] \tag{8-1}$$

式中：N_{TVM}——自动售票机配置数,台;

　　　$P_{\text{上}}$——高峰小时上车人数,人;

　　　$\alpha_{\text{波}}$——高峰小时客流波动系数;

　　　$\beta_{\text{单}}$——使用单程票乘客比例系数;

　　　n_{TVM}——自动售票机使用能力,张/min;

　　　INT——向上取正整数函数。

进站检票机配置数计算公式：

$$N_{\text{ENG}} = \text{INT}\left[\frac{P_{\text{上}}\ \alpha_{\text{波}}}{60n_{\text{ENG}}}\right] \tag{8-2}$$

式中：N_{ENG}——进站检票机配置数,台;

　　　n_{ENG}——进站检票机使用能力,人/min。

出站检票机配置数计算公式：

$$N_{\text{EXG}} = \text{INT}\left[\frac{P_{\text{下}}\ \alpha_{\text{波}}}{60(1-\alpha_{\text{中断}})n_{\text{EXG}}}\right] \tag{8-3}$$

式中：N_{EXG}——出站检票机配置数,台;

　　　$P_{\text{下}}$——高峰小时下车人数,人;

　　　$\alpha_{\text{中断}}$——出站客流中断系数;

　　　n_{EXG}——出站检票机使用能力,人/min。

其他设备：半自动售票机主要是出售储值票、兼售单程票。由于使用储值票乘客无须每次购票,因此,半自动售票机一般可按每个收费区两台进行配置,客流量较大车站可适当增加配置数,半自动售票机使用能力的推荐取值为 4 张/min。自动验票机和自动加值机一般可按每个收费区一台进行配置。

计算参数分析：

高峰小时上下车人数：按预测客流数据,由于不同的客流预测年限有不同的预测客流,在计算车站 AFC 设备配置数时,如果客流预测年限取得较远,则运营近期的设备利用率往往就会很低。从设备配置的经济合理出发,客流预测年限一般应取在 10 年左右,但 AFC 设备的管线、沟槽等隐蔽设备及有关接口可预留 25 年的需求。

对分期建设的规定交通线路,近期线路的终点站会变成远期线路的中间站,这类车站在确定高峰小时上下车人数时,应注意存在近期客流大于远期客流的情形。

高峰小时客流波动系数：高峰小时客流波动系数考虑了因突发或偶然事件所引起的客流波动,该系数取值为 1.1~1.4,对附近有体育场馆、影剧院等公共场所的车站可取 1.4,其余车站则取 1.1。应该指出,为了适应短时间的客流波动而在计算公式中引入乘客波动系数、增加 AFC 设备的配置数值值得商讨。这样考虑势必会使 AFC 设备在运营的大部分时间内出现利用率较低的不经济现象。在实际工作中,完全可以考虑通过配置部分双向检票机来加速短时间内的大客流疏散。

也有采用超高峰系数来计算 AFC 设备配置数的,但因为 15~20min 的超高峰期毕竟时间较短,如按超高峰期客流配置 AFC 设备数,则 AFC 设备在运营的其他时间段会比较空闲或非常空闲,不利于降低运营成本。

使用单程票乘客比例系数:使用单程票乘客比例系数小于 1,该系数与车站位置、乘客构成等有关,如居民区附近的车站,高峰小时进站客流以上班为主,单程票的比例一般较低;而连接火车站、机场的车站,高峰小时进站乘客以中转为主,单程票的比例一般较高。因此,理论上全线各站的使用单程票乘客比例系数是不相同的。在实践中,可以根据对车站位置、乘客构成等的分析,将全线各站的使用单程票乘客比例系数确定为 2~3 种。

出站客流中断系数:由于出站客流具有集中到达检票口的特征,而前、后两次列车到达车站又存在一定的时间间隔,致使出站检票机在运用中会出现客流中断现象,为确保出站检票机能力配置与出站客流量及其分布特征相匹配,有必要引入一个出站客流中断系数,该系数的取值小于 1,表示高峰小时内出站客流中断时间所占的比例。出站客流中断时间的长短取决于列车到站间隔的长短和下车人数的多少。因此,全线各站的出站客流中断系数也应根据下车客流量的大小确定为 2~3 种。

AFC 设备使用能力:2003 年修订的《地铁设计规范》规定,自动售检票机的最大能力为 5 张/min,自动检票机(三杆式、非接触式 IC 卡)的最大能力为 30 人/min。

由于购票使用的硬币面值较小、乘客使用 AFC 设备不熟练、车票损坏,以及更换票箱和钱箱时的设备停用等原因,AFC 设备的使用能力难以达到最大能力。国内一些地铁的 AFC 设备使用情况也证明了这一点。此外,还应该考虑 AFC 设备的合理负荷或一定的能力储备。因此,自动售票机使用能力的推荐取值为 4 张/min,自动检票机使用能力的推荐取值为 20 人/min。

3. 车站 AFC 设备布局

在 AFC 设备选型和配置数已经确定的情况下,AFC 设备的布局是否优化,直接影响 AFC 系统功能的实现、车站客运管理的效率以及对乘客的服务水平。

1) AFC 设备布局优化

在站台、站厅层设计布局既定的条件下,AFC 设备布局优化的目标是便于乘客使用 AFC 设备和快速进出收费区、尽可能降低检票机购置和运营成本、便于车站对售检票作业的集中管理。在检票机配置数已经确定的情况下,提出尽可能降低检票机购置和运营成本问题,是因为在车站设置多个收费区或收费区布局为双侧进出的情况下,最终确定的检票机配置数往往会大于计算得出的检票机配置数。

车站 AFC 设备布局优化涉及收费区设置、检票机设置和其他 AFC 设备设置三方面。

收费区设置:在可能的情况下减少收费区的设置数。减少收费区通常还能减少检票机的配置数。

适当缩小收费区面积。收费区实质上是一个连接非收费区与站台的通道,在能够容纳集中出站的到达客流前提下,适当缩小收费区面积,可以相应扩大乘客进行换零、购票、进站等活动的非收费区面积。

检票机设置:将进出站检票机由分散设置、交错设置调整为集中设置,有利于发挥检票机的能力。合理确定检票机设置位置通常也能减少检票机的配置数。

在靠近线路两端的侧式站台车站,进出站检票机设置位置与客流发到方向一致,可减少进出站客流径路交叉。每一个检票口的检票机配置不少于 2 台,做到互为备用。

其他 AFC 设备设置：售票区与进站检票机的距离不宜过近，以避免大客流情况下形成进站客流与购票客流的径路交叉。此外，售票区设置位置应有利于各台进站检票机的均衡使用。

自动售票机、半自动售票机和自动加值机宜集中设置，以方便乘客、便于管理。每一收费区应设置一台半自动售票机作为乘客出站补票使用。

2) AFC 设备布局优化实例分析

实例1：某地铁车站为地下车站，岛式站台，站厅有 4 个出入口，设置 1 个收费区。该站早高峰小时进站客流主要来向是 4 号口与 2 号口，出站客流主要去向是 3 号口与 1 号口，而晚高峰小时进、出站客流的流向恰好相反。

该站的原 AFC 设备布局设计见图 8-7，设置两个售票区、8 台进站检票机、10 台出站检票机、1 个补票亭。该布局存在的主要问题：购票、进站、出站乘客行程径路交叉；补票亭只有一个，东端出口处乘客补票不便。

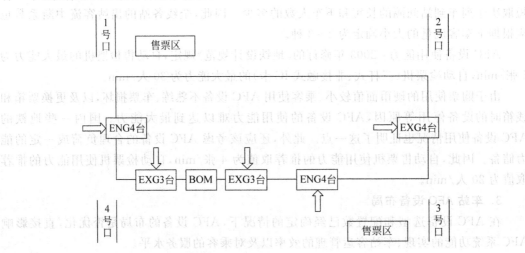

图 8-7　实例 1 原布置图

针对上述问题，布局调整方案见图 8-8，该调整方案优点是：基本消除了客流径路交叉，解决了乘客补票不便问题，进、出站检票机分开并集中设置。

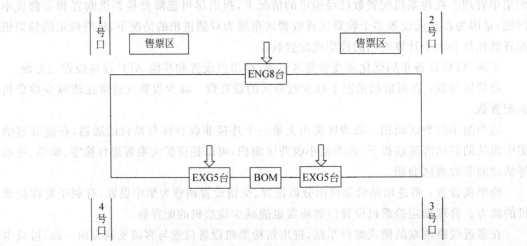

图 8-8　实例 1 修改布置图

实例 2：某地铁车站为高架车站，侧式站台，车站控制室位于站厅一侧。该站进站客流高峰出现在晚高峰时间内，主要是上行出发客流；出站客流高峰出现在早高峰时间内，主要是下行到达客流。

该站的原 AFC 设备布局设计如图 8-9 所示，设置 3 个售票区、9 台进站检票机、11 台出站检票机、3 个补票亭。该布局存在的主要问题：收费区及补票亭较多；进、出站检票机设置与乘客流向不一致，存在进出站客流径路交叉，如图 8-10 所示。

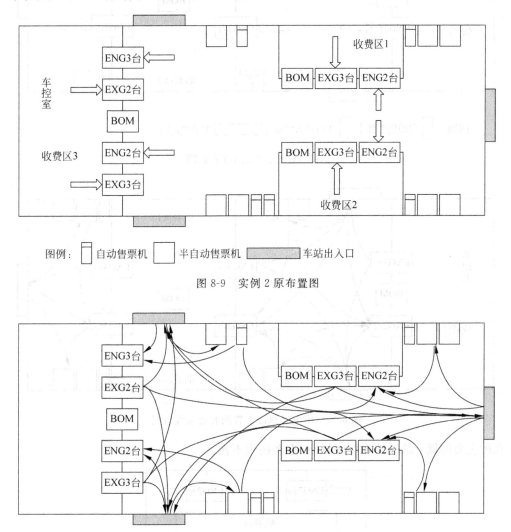

图 8-9 实例 2 原布置图

图 8-10 实例 2 原布置图客流流线分析

布局经过调整优化后，该站收费区及补票亭减少为 2 个，进站检票机减少 1 台，出站检票机减少 2 台。如图 8-11 所示，进站检票机集中设置在上行出发方向一侧，出站检票机集中设置在下行到达方向一侧，以及半自动售票机位置调整为主要设置在上行出发方向一侧，最大程度减少了进出站客流的径路交叉，如图 8-12 所示。

实例 3：如图 8-13 所示，某地铁换乘站为高架车站，岛式站台，自动扶梯与楼梯位置在站厅中央，站厅面积较小。4 台进站检票机、6 台出站检票机设置在升降设备两侧。该布局

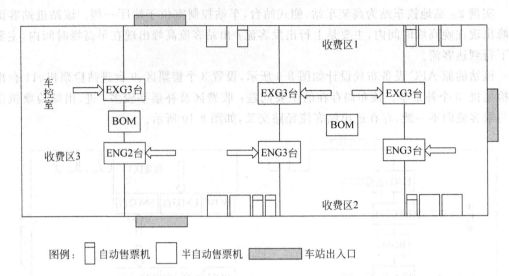

图 8-11 实例 2 修改布置图

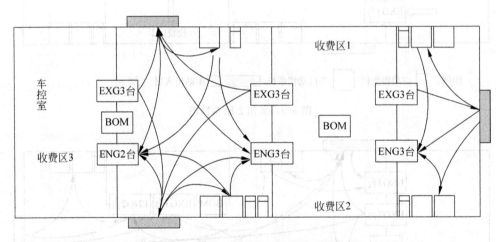

图 8-12 实例 2 修改布置图客流流线分析

存在的主要问题：站厅被收费区隔断，乘客换乘不便。

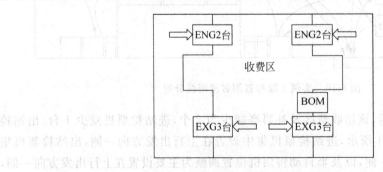

图 8-13 实例 3 原布置图

布局调整方案如图 8-14 所示，该调整方案将进、出站检票机分别集中设置在收费区的沿站厅纵向两侧，使非收费区由隔断变为连通及非收费区面积扩大，方便了乘客；出站检票机集中设置后可减少 1 台。

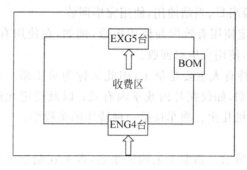

图 8-14　实例 3 修改布置图

8.3　车票管理

1. 车票分类

轨道交通车票的种类可根据车票采用的媒介、车票使用的时间、次数的限制、线路的限制等进行划分。

1) 根据采用的媒介划分

车票分为纸质车票、筹码车票、磁卡车票和 IC 卡车票。纸质车票上印有票价、站名和编号等，适用于人工售检票。筹码车票采用代币 TOKEN，投入后能开启闸门。磁卡车票的塑料基片上载有密码、编号、车资、进站时间和地点等信息。IC 卡车票的塑料基片上封装了集成电路芯片等，具有存储容量大、保密性能强、使用寿命长等优点，又分为接触式 IC 卡车票和非接触式 IC 卡车票。

2) 根据使用时间的限制划分

车票分为普通车票和定期车票。普通车票是只能在当日一定时间内乘车使用的车票，定期车票是可以在一段时间内(如周内、季内或年内)乘车使用的车票。

3) 根据使用次数的限制划分

车票分为单程车票和储值车票，单程车票是供一次乘车使用的车票，储值车票是在车资用完前可多次乘车使用的车票。

4) 根据使用线路的限制划分

车票分为专线车票和联合车票。专线车票是只能在指定线路乘车使用的车票，联合车票是可以在多条线路乘车使用的车票。这里所指的多条线路，既可以是轨道交通线网的线路，也可以是票制一体化下的常规公交线路。

除了以上主要的分类外，根据车票发售对象的不同，车票还有乘车证、学生票等。

◇ 单程票：日常使用，车票有面值，限当日、当站使用，在下车站由出站检票机自动回收。

◇ 储值票：日常使用，车票有面值，乘客一次购票、多次使用，并有尾程优惠，可设定使用有效期，使用完毕可回收。

◇ 纪念票：为纪念政治、经济、文化等重大事件或题材而限量发售、兼有乘车和收藏功能的车票。车票有面值并有尾程优惠，可设定使用有效期，使用完毕一般不回收。

◇ 应急票：在大客流时应急使用，类似单程票，由车站人工发售，使用有效期与使用车站可设定，一般限当日、当站使用，使用完毕回收。

◇ 多程票：车票设定使用有效期与使用次数，例如，在使用有效期一个月内每天乘车不超过规定次数，使用完毕可回收。

◇ 乘车证：乘车证持有人主要是员工，因此又称为员工票。为加强票务管理，乘车证可设定使用有效期，如仅在月内或季内有效；以及设定允许使用次数，如每天允许持有人进出检票机几次。乘车证是一种特殊的多程票。

2．车票流程

车票流程如图 8-15 所示。新票卡采购回来后，首先在制票中心进行编码、赋值等初始化处理，然后配送给各个车站，通过半自动售票机和自动售票机发售给乘客。乘客持票进出收费区时，检票机对有效票给予放行，进站时写入进站有关信息、出站时扣除乘车费用（储值票）或回收车票（单程票、应急票）；如遇到出站检票机拒收车票、禁止通行的情形，通常是单程票超程、超时使用或票卡读错误等原因，此时乘客需到补票亭去进行车票分析及处理。出站检票机回收的单程票可在车站重新发售、循环使用，而储值票则应送交制票中心再次编码后才能配送给车站发售。

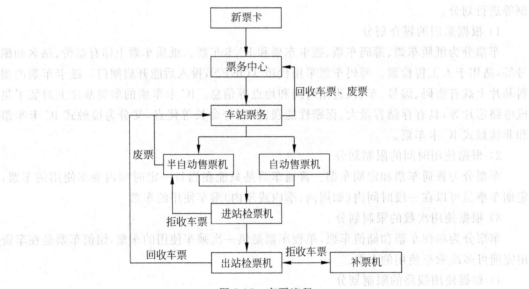

图 8-15　车票流程

3．车票管理

1）车票安全

车票流程涉及多个环节，车票安全管理是车票管理的首要问题，关系到整个票务系统的安全、高效运行。车票安全管理的重点是防盗、防火、防作弊等，包括制票中心、车站与车票配送三个环节。

（1）制票中心：在制票中心，设备方面的安全措施有安全防盗门、密码门和闭路电视监控设备，设置防灾报警和自动灭火系统等。规章制度方面，应制定严格的出入登记制度、钥匙保管与交接制度、工作场所监控制度、票库审核与盘点制度、车票分区管理制度等。作业程序方面，对每一张车票进行动态追踪管理，建立车票分区保管的台账，制定车票出入库与交接作业程序、车票在制票中心内部流程标准、制票过程作业标准、账册每日核对作业程序、车票注销与销毁作业程序等。

(2) 车站：在车站，应有专门保管车票的票务用房。票务管理的安全措施有：配置保险柜，安装防盗门、密码门和闭路电视监控设备，制定出入管理制度、房门及保险柜钥匙保管与交接制度，以及车票的存放、保管和交接制度等。

对售票亭，安全措施有：安装密码门，加强钥匙的保管与交接，对进入人员进行严格控制，安装报警装置，将车票放在外部人员触及不到的地方等。

在车票回收房门，安全措施有：对出站检票机的钥匙进行控制；车票回收由专人负责，对每日回收的车票进行加封，并注明加封人、加封日期和加封车票的种类、张数；票务审核人员定期核查回收后在车站循环使用的车票。

(3) 车票配送：在车票配送给各个车站的途中，应使用专用的车票装载箱与运输工具，配备保安人员押运并按作业程序要求进行车票的交接与签收。

在给售票员配票时，作业双方应确认车票的票种、数量等准确无误，并进行书面签字；此外，应制定售票员往返售票亭途中的车票防抢劫措施。

2) 车票保有量与应急票

车票保有量是对单程票而言的，为保证车票发售，车票保有量一般应控制在车票发售量的2倍左右。对短时间内有大客流进站的情形，制票中心应根据计划提前制作应急票，并提前一天配送给有关车站；车站发售应急票应设专窗，对回收和结存的应急票，应按规定上交，不得截留。

3) 降低成本

降低票卡摊销成本的途径包括：减少票卡的流失率、降低票卡的废卡率和降低票卡的库存量等。在票卡的发售、使用和回收环节中，由于售检票设备、乘客使用、作业人员截留、票卡清洗不当等原因均会造成票卡流失。因此，为降低票卡的流失率，应有针对性地强化相关作业环节的管理，如做好售检票设备日常维护，改进票卡回收、清洗作业组织，提高售检票作业人员素质等。

4. 票款流程

票款来自自动售票机和半自动售票机的车票发售收入，以及乘客因各种票务问题所支付的现金。票款由专人定期收取（自动售票机为钱箱已满、半自动售票机为班后），并根据车站计算机或半自动售票机的打印清单进行清点核对；将票款解缴银行，银行出具解款回单，车站将票款现金日报表、银行解款回单交给票务管理部门，票务管理部门将各站的票款现金日报表、银行解款回单汇总后交给财务部门入账，如图8-16所示。

票款解缴银行有多种模式，如车站解缴到银行、银行到车站收取、第三方到车站收取等。在选择票款解缴银行模式时，尽量减少现金在轨道交通内部的留存是主要考虑因素。

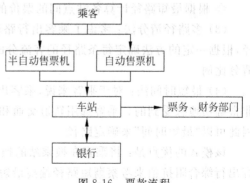

图8-16 票款流程

8.4 票款清分结算概述

1. 基本概念

清分:也叫清算,指清算中心 ACC 按照一定的清分规则将合法交易数据对应的资金进行清分,并将清分的结果详细列示出来。

清分模型由清分主体、清分原则、清分比例三大要素组成。

(1) 清分主体:收益分配的主体。

(2) 清分原则:路径选择原则。

(3) 清分比例:各清分主体的收益分配比例。

结算与清分规则如下:

结算是指清算中心 ACC 按照清算结果将资金划拨给相应的收益方账户,完成资金的实际交收。

清分规则是指交易金额、费用如何在不同的利益主体之间进行分配的原则,是清算中心 ACC 进行交易清分的依据。

换乘方式:在轨道交通线路之间发生换乘时,根据是否经历进、出检票过程,换乘方式分为两种形式:①无标记换乘;②有标记换乘。

换乘交易的清分目的就是依据清分规则,对票务收入进行及时、公平的清分,使各运营公司能够及时地将运营收入入账,同时提高各收益主体的资金效益。

根据不同的换乘方式,清分算法也不同,分为无标记换乘的清分和有标记换乘的清分。

2. 常见的清分方法

(1) 人为比例分配方法:按照约定的规则得出的固定比例进行清分。如根据各清分主体运营线路里程比例。

(2) 最短路径清分方法:采用经典的 Dijkstra 算法,按路网中车站间路径长度递增的次序产生最短路径,把最短路径中相关线路段所占的比例作为清分规则,并对换乘交易进行清分。

最短路径清分特征如下:

◇ 根据存储的路网基本信息数据,自动建立全路网的网络模型;

◇ 根据路网模型按里程最短路径算法,计算出任意站点间的最短路径;

◇ 根据最短路径计算分析出站点间的换乘信息;

◇ 根据最短路径计算各站点间的票价的换乘信息。

(3) 多路径清分法:考虑了乘客出行路径的多样性,确定 N 条乘客可能选择的理性路径,根据一定的方法确定每条路径的客流分配比例,进而结合各线路承担的运输里程计算出清分比例。

(4) 最短时间法:对于乘客来说,乘客出行对于距离的概念是模糊的,而旅程时间却是非常确切地感受到的。乘客选用轨道交通和选择乘坐路径的出发点多数是为了节省时间,因此可以"最短时间"来确定路径。

该模式的优点是:将乘客在换乘站的换乘时间合理地折算为列车区间运行时分;以乘客出行综合阻抗值来考察渐短路径偏离最短路径的程度,而不是简单的距离相差比较。

该模式的缺点是:清分模型参数标定的不确定性,需要对实际起讫点旅行时间进行统计分析来标定相关的参数。

（5）多因素修订综合优选多路径法：就是在多路径算法基础上，以乘客出行选择因素作为修订依据，根据线路的被选乘的概率进行清分结算。由于乘客是否选择某条换乘路径在现实中具有统计意义，因此，这一概率能够通过人为修正权重来不断满足实际的运营情况。

复习思考题

1. 什么是开放式售检票？适用情况如何？
2. 什么是封闭式售检票？有何优点？
3. 封闭式售检票又分为哪两种？各自有何优缺点？
4. 人工售检票方式分为哪三种情形？
5. 轨道交通采用 AFC 系统有何优点？
6. 为什么非接触式 IC 卡能成为轨道交通车票的首选媒介？
7. 在轨道交通 AFC 系统的发展过程中，先后出现过哪三种技术制式？
8. 与磁卡系统比较，IC 卡系统具有哪些特点？
9. AFC 系统由哪几层次组成？
10. AFC 系统中的中央计算机系统有哪些基本功能？
11. AFC 系统中的车站计算机系统有哪些基本功能？
12. 检票机如何分类？
13. AFC 系统的运营模式有哪些？各模式适用情况如何？
14. 影响车站 AFC 设备配置与布局的因素主要有哪几个方面？
15. 什么是决定车站 AFC 设备配置的主要因素？什么是确定车站 AFC 设备布局的基本依据？
16. 为确定车站 AFC 设备的布局，应对车站客流的空间分布进行哪些分析？
17. 什么是车站 AFC 设备能力？分为哪几类？采用哪一类作为计算 AFC 设备配置数的依据？
18. 站台、站厅层设计布局主要涉及哪几个方面？
19. 车站 AFC 设备的选型应遵循哪些原则？请阐述原因。
20. 自动检票机、进站检票机、出站检票机数量如何计算？各计算参数如何取值？
21. 在站台、站厅层设计布局既定的条件下，AFC 设备布局优化的目标是什么？
22. 车站 AFC 设备布局优化涉及哪几个方面？各方面有哪些优化布局的思路？
23. 掌握车站 AFC 设备布局优化实例分析能力。
24. 轨道交通车票如何分类？
25. 轨道交通车票的流程是怎样的？
26. 车票安全管理的重点是什么？各环节有哪些措施来确保车票的安全？
27. 车站的单程票保有量如何控制？
28. 降低票卡摊销成本的途径主要有哪些？
29. 轨道交通票款的流程是怎样的？
30. 什么是票款清分？清分模型的三大要素是什么？
31. 常用的清分规则有哪几种？
32. 最短路径清分的特点有哪些？

第9章 运营安全

9.1 安全理论

轨道交通的运营安全对城市的经济活动和市民的日常生活有着举足轻重的影响。没有运营安全,就没有生产效率,谈不上服务水平,也不可能产生经济效益和社会效益。

因此,"安全第一、预防为主"应在轨道交通运营中给予高度重视。

1. 安全有关概念

1) 安全

在生产活动领域,关于安全的概念,目前大体有绝对安全和相对安全两种观点。

绝对安全观点认为:安全是指没有危险、不发生事故(故障)或灾害,不存在会引起人员伤亡、设备损坏或系统中断运行的条件。

相对安全观点则认为:绝对安全、零事故可以作为一个不懈追求的目标,但在实践中,绝对安全是不存在的。因此,应把安全理解为危险、故障等发生的概率小到可以忽略的程度,以及它们所造成的对人与环境的伤害能够控制在可接受水平。

2) 危险

在生产过程中,危险是指会引起人员伤亡、设备损坏或系统中断运行的各种不安全因素集合,这些不安全因素可以是现实的,也可以是潜在的;这些不安全因素可能与设备有关,也可能与人有关,还可能与人机环境有关;危险还包含了各种尚未为人类所知,或虽为人类所知但尚未为人类所控制的不安全因素。因此,危险是与安全相对的概念,两者是一种此消彼长的关系。

3) 故障

故障是指在生产过程中发生的意外的、失去控制的事件。在大多数情况下,故障概念与设备不能在规定条件下完成规定功能的情形有关。故障常常引起系统中断运行,严重的故障及对故障处置不当会导致事故的发生。

4) 事故

事故也是指在生产过程中发生的意外的、失去控制的事件,事故往往导致人员伤亡、设备损坏或系统中断运行。事故概念侧重于后果已经形成,事故发生的根本原因是危险源。应该指出,事故不是与安全相对的概念。在实践中,认为不发生事故就是安全的,或者没有出现人员伤亡和设备损坏就不算事故,这些都是不正确的。

5) 灾害

灾害是指出人意料、突然发生的事件,常常造成灾难性后果。按照灾害的成因分类,灾害可以分为自然灾害和人为灾害。自然灾害以自然变异为主因,人为灾害以人的因素为主因。灾害具有突发性强、猝不及防、灾度难测和灾因复杂等特点。

6) 安全管理

安全管理是运营管理的重要组成部分。它是以控制危险、防止事故、最大限度减少事故损失为目标而进行的决策、组织与控制等一系列活动。安全管理涉及技术设备选型、作业人员招聘、有关规章制定、应急预案编制、安全教育与检查、事故调查与处理、安全状况统计分析等各方面。有效的安全管理是运营安全有序可控、基本稳定的保证。

2. 安全理论

1) 事故原因研究

事故原因研究通过对大量事故的分析,研究造成事故的原因与机理,寻求事故发生的规律性,从理论上为事故预测、预防提供科学的依据。

关于早期的事故原因研究,海因里奇提出的多米诺骨牌理论最著名,该理论认为,伤害是一连串事件、按一定因果关系连锁反应的结果。多米诺骨牌理论建立了事故发生的事件链概念,提出了安全管理的核心是防止人的不安全行为与物的不安全状态,为后来的事故原因与机理研究提供了一种有价值的思路。

近年来的事故原因研究,轨迹交叉理论有一定影响。该理论认为,事故是人的不安全行为和物的不安全状态两大因素综合作用的结果。人的不安全行为和物的不安全状态有着各自的发展过程,如果在一定的时空条件下产生交叉就会引发事故。根据该理论,预防事故发生的关键是设法避免人的不安全行为和物的不安全状态两者运动轨迹的交叉。

2) 设备可靠性研究

设备与安全有直接的关系。如果设备设计不合理、本身不可靠就容易出故障,这意味着存在引发事故的隐患,必然会使安全受到威胁。因此,提高设备的可靠性和稳定性,是运营安全的重要保障。表9-1所列为常见危险等级划分。

表 9-1 危险等级

级别	故障危险度	危险度说明
Ⅰ	灾难的	引起人员死亡,导致系统报废
Ⅱ	严重的	引起人员伤害(含严重职业病),导致系统重大损坏
Ⅲ	临界的	引起人员轻度伤害(含轻度职业病),导致系统轻度损坏
Ⅳ	轻微的	不会引起人员伤害、职业病或系统损坏,但引起非计划检修或修理

可靠性是元件、设备、系统在规定环境下、规定时间内、规定条件下无故障地完成规定功能的概率。这里,元件与系统的概念是相对的,元件可以是组成设备的部件,也可以是组成系统的设备;系统可以看成是一些设备的集合,但在更大的研究范围内,也可以看成是一项设备子系统。

设备可靠性的基础是元件可靠性,反映可修复元件可靠性的指标有可靠度、平均无故障工作时间、平均故障修复时间、有效寿命和可用度等;反映不可修复元件可靠性的指标有可靠度、故障率和平均寿命等。

对设备可靠性的要求主要是两个方面:一方面是要求设备本身达到各项可靠性指标,并具有故障导向安全的性能;另一方面是要求设备具有主动防止因人的失误而引发事故的功能。

系统可靠性除与元件可靠性有关外,还与系统的结构有关。系统的结构有简单结构与复杂结构两类,串联、并联和串并联结构属于简单系统结构,桥式结构属于复杂系统结构。在采用并联和桥式结构时,系统能提高它的可靠性。

3) 不安全行为研究

在引发事故的诸多因素中,人的不安全行为是重要因素之一。在生产过程中,不安全行为是指导致事故发生的人为差错与失误,它的表现形式有:安全意识薄弱,违章指挥与违章作业,作业联系及确认不充分,感知、判断及操作错误,使用不安全设备和应急反应不恰当等。

不安全行为,有的是有意识的,如违章作业,但大部分是无意识的。不安全行为研究的重点是不安全行为的产生原因与控制措施。

心理学、社会学方面的研究表明,不安全行为的产生原因非常复杂,但归纳起来主要是态度、个性、能力和人机环境四个方面因素。

(1) 态度与安全:态度是指个体对人、对事所持有的一种比较稳定的评价和由此产生的行为倾向,态度由认知、情感和行为三种成分组成,它们是协调一致的。认知成分是人对态度对象的评价、意义等的思想认识,情感成分是人对态度对象的喜爱或厌恶等的情感因素,行为成分是人对态度对象的接受或拒绝等的反应倾向。

对安全持不重视态度,在认知上必然是安全意识薄弱、存在麻痹与侥幸思想,反映到行为上则是纪律松懈、有章不循和冒险蛮干等。

(2) 个性与安全:个性是指人在日常活动中经常地、稳定地表现出来的心理倾向性和心理特征的总和。个性造就了每个人具体的、与他人不同的基本心理面貌,决定了每个人具有社会意义的行为方式。个性的形成和发展与人的遗传素质有关,但更多地取决于人的社会实践、所受教育与环境影响等。因此,本质上个性是社会历史的产物。

个性的心理倾向性是指人对现实的态度以及行为的积极性特征,包括需要、动机、兴趣和爱好等。个性的心理倾向性不但决定了人的行为,还能对人的行为进行调节。

个性的心理特征是指人的气质、性格等。气质表现人的心理活动和行为方式的动力特点,它的形成基础是人的生物学特性,因此气质反映的是个性的自然实质。性格表现为人对现实的态度及与之相适应的、习惯化的行为方式,它的形成基础是人的生活实践,因此,性格反映的是个性的社会实质。

气质和性格在个性发展过程中密不可分,它们共同造成人的个性差异,并且两者是相互影响、相互作用的;气质可以影响性格,对一定性格特征的形成和发展起着促进或阻碍的作用;性格也可以改变气质,在性格的影响、制约下,人能克服气质中的消极方面,或以气质中的积极方面来补偿消极方面。

劳动动机是员工行为的直接动因,它对工作成效起着决定性的影响。在现实生活中,员工对劳动报酬的欲望表现明显,而对工作缺乏直接兴趣或对劳动的社会意义缺乏认识的情形是客观存在的。因此,掌握员工心理的这种特征、有针对性地进行安全管理非常重要。

关于个性心理特征与安全关系的研究,主要集中在职业适应性方面,研究的重点是员工中是否存在个性上容易出事故和不容易出事故两类人,或者说某些人是否存在事故易发倾向性;如果有,那么这些人的个性心理特征又是什么。

员工的个性心理特征符合特定工作性质的需要,对消除不安全行为、降低事故发生率具有重要意义。

(3) 能力与安全:能力是指为顺利完成某种活动提供可能性,而且直接影响活动效率的心理特征。能力总是和活动密切相关,只有通过活动才能体现能力和发展能力。

能力分为一般能力和特殊能力两大类:一般能力是指人在多种活动中都表现出来的能力;特殊能力是指人在某种专业活动中表现出来的能力。实践表明,生产活动中员工的感知觉错误导致判断和反应错误是常见模式,即使感知觉功能没有缺陷或障碍的人也会产生感知觉错误的可能。

人与人之间的能力差异主要表现在量、质与发展速度三方面。量是指能力水平的差异,质是指能力类型的差异,而发展速度则是指能力发展早晚的差异。

4) 人机工程研究

人机工程研究把人、设备和工作环境看成是一个系统,按照以人为中心,设备、环境适应人的原则,研究人、机、环境系统最优组合。人机工程研究的重点是设计合理的人机界面和布置舒适的作业环境,良好的人机系统设计能有效地提高人的工作能力,减少和防止人为差错。

合理的人机界面设计问题,主要研究机器设备的操作特点对人的心理活动有何种要求,对人的心理、行为和作业安全、效率有何影响,以及如何根据人的心理特点对人机界面进行优化设计等。

舒适的作业环境布置问题,主要研究作业环境的色彩调节、照明设计、噪声和振动控制等。

3. 轨道交通的安全

1) 轨道交通的公共安全

"公共安全"是指不特定多数人的生命、健康、财产以及国家公共财产等社会公共利益的安全。"公共安全危机"是指不特定人员的生命、健康、财产及社会公共利益安全为侵害对象的危害公共安全的事实。

引发我国公共安全问题的主要因素有安全生产事故、自然灾害、人为灾祸、社会治安问题、有害生物侵害等。

纵观世界各国的城市轨道交通,构成对城市轨道交通安全的主要威胁有恐怖暴力袭击,地铁火灾,大量客流拥堵,阻碍运营事件,有毒、有害的生物或气体的侵害,自然灾害和其他意外因素的侵害。

2) 轨道交通的运营安全

对于城市轨道交通系统,运营安全指在整个系统运营过程中,保障乘客和员工不受伤害以及设备不遭破坏的能力;运营可靠性指在系统运营过程中,保障"乘客准时到达目的地"的能力。

为确保城市轨道交通的运营安全，应着重做好以下工作：
◇ 建立、健全城市轨道交通法规体系及安全管理体系；
◇ 做好城市轨道交通公共场所的保安防范工作；
◇ 做好城市轨道交通重点单位、重要部位的安全防范工作；
◇ 健全和落实确保城市轨道交通安全运营的各项技术措施；
◇ 制定应对城市轨道交通突发事件的应急预案及组织实地演习。

9.2 城市轨道交通风险分析

城市轨道交通系统是一个庞大复杂的系统工程，从建设施工到正式运营的整个过程都存在着诸多的潜在安全隐患。例如在施工期间以及运营期间的供电系统、车辆系统、屏蔽门系统、售检票系统、通风排烟系统、给排水系统、通信信号系统等方面都会出现危险因素。从城市轨道交通事故产生的基本原因来看，可以归结为设备因素、人员因素、环境因素和管理因素等。

1. 设备因素

（1）工务系统因素：工务系统是轨道交通运营的基础，包含轨道、路基、桥隧、房建以及其他附属设备等。工务系统工作状态异常，会对运营安全带来严重隐患。

（2）车辆系统因素：车辆是轨道交通系统中的运载工具，车辆故障通常是影响线路运营的主要原因，其中以车门故障、主回路故障居多，此外还有列车制动故障、电气故障、列车出轨及列车追尾等。

车门故障率受客流变化影响较大。
◇ 2002年4月4日，上海地铁2号线因机械故障车门无法开启，停运0.5h。
◇ 2005年元旦，开通运营仅一周的深圳地铁1号线从罗湖开往世界之窗的一列车因电源短路停运42min，造成数万乘客滞留车站。
◇ 2005年7月11日晚，日本东京地铁千代田线的一列车因制动故障无法重新起动，大约1000名乘客被困在车厢长达40min。

列车出轨（追尾）是列车事故的主要因素。
◇ 1991年8月28日，美国纽约地铁列车在运行中脱轨，10节车厢受损，机车起火，5人死亡，155人受伤。
◇ 2000年3月发生的日本比谷线地铁列车脱轨，造成了3死44伤的惨剧。
◇ 2003年1月25日，一列8节编组的地铁列车在行经伦敦市中心一车站时脱轨并撞在隧道侧壁上，导致3节车厢在站台区域倾倒，32名乘客受轻伤。
◇ 2005年1月17日，泰国曼谷一辆地铁列车准备出站时，被后面驶来的列车追尾相撞，两列车均受到严重损坏，并有100多人受伤。

（3）信号系统因素：信号系统是轨道交通运营的行车指挥系统，信号系统的异常，会对轨道交通运营带来不良影响。2003年2月14日，上海地铁2号线中央控制室自动信号系统发生故障，造成停运20min。

由信号引起的故障以车载故障（ATC/ATP）最为频繁，还有SECEM故障、列车收不到速度码、发车表示器不亮、中央ATS故障导致进路不自动触发等。出现SECEM故障后需用电话闭塞法行车,这在行车密度加大的情况下对运营有较大影响。另外,新车载客运行,上线后也会出现较多的信号故障。

(4) 通信系统因素:通信系统是轨道交通运营的信息收发系统,其电源发生故障或通信设备本身发生故障时,不能保证各种行车信息及控制信息不间断地可靠传输,从而引起事故的发生。因此,通信系统在运营安全中的作用不言而喻。2000 年 11 月 11 日,奥地利萨尔茨堡一列高山地铁列车在隧道内运行中发生火灾,由于通信指挥信号失控,另一列下行线列车驶来,在此相撞造成车毁人亡。

(5) 供电系统因素:供电系统是为轨道交通运营提供电能的设备,供电系统故障对轨道交通运营的打击往往是致命的。2003 年 7 月 7 日,上海地铁 1 号线莲花路到莘庄的列车突然停电,被迫停运 62min,经查明是由于地铁牵引变电站直流开关跳闸,列车蓄电池亏电过量,致使列车无法正常起动。

供电系统包括电气元件及其线路连接,轨道交通的各设施设备都要依靠电来运行,因此,电气系统对安全运营也有着重要影响。

接触网带的是高压电,一旦发生接触网断线或绝缘子损坏,接触到金属结构物就会使其带电,危及人身安全;由于电气设备损坏和使用不当常发生触电伤亡事故;变电所、配电室中的电气设备等由于短路、过载、接触不良、散热不良、照明、电热器具安置或使用不当、违章作业等均会引起电气火灾、触电事故;杂散电流会给城市轨道交通以外的金属管道、金属结构造成电蚀危害;列车内的高压电器设备的安全防护措施不当,可能引起人员伤亡事故。

(6) 通风/排烟系统因素:在通风系统管理上的缺陷,如对风亭、风道设置不合理,会妨碍通风系统的正常工作。

排烟系统对轨道交通的安全运营也相当重要,在城市轨道交通系统内,如在地下隧道内发生火灾,不仅火势蔓延快,而且积聚的高温浓烟很难自然排除,还会在隧道、车站内蔓延,给人员疏散和灭火抢险带来极大的困难,严重威胁乘客、员工和抢险救援人员的生命安全。

(7) 给排水系统因素:
◇ 给排水管道的防腐、绝缘效果不佳会引发泄漏;
◇ 隧道内排水系统不完善,隧道防水设计等级过低,会导致涝灾或地表水侵入;
◇ 地面车站的地坪高度低于洪水设防要求;
◇ 排水系统设置不完善,污水乱排以及污水、垃圾的排放会影响运营环境卫生。

(8) 服务设备因素:轨道交通的其他系统出现故障,对运营及服务也会造成较大影响。如车站地面材料防滑效果不明显会存在安全事故隐患;在自动扶梯运行中,可能发生梯级下陷、驱动链断裂、梯级下滑、扶手带断裂等故障,并对乘客造成伤害。

2003 年 9 月 8 日,上海地铁莘庄站北广场自动扶梯突发故障,原本向上运行的扶梯突然失控下滑,数十名乘客摔倒,14 人受伤;

2006 年 2 月 5 日,由于设备承包商未及时更新相关参数,导致南京地铁全线售检票系统不能正常工作近 4h。

2. 人员因素

(1) 工务系统因素:人员因素是导致城市轨道交通事故的主要原因,一般性事故主要是因乘客未遵守安全乘车规则,而险性事故则多由于工作人员职责疏忽引发的。工作人员业务素质不高、经验欠缺、处置不当、职责疏忽是造成重大事故的主要原因。

（2）拥挤：拥挤是车站安全事故的诱因之一，站台人员过多可能会使乘客跌入轨道；太过拥挤的车站也可能发生踩踏事件。

1999年5月，在白俄罗斯，因地铁车站人员过多，混乱而拥挤，导致54名乘客被踩踏致死事件。

2001年12月4日晚，北京地铁1号线一名乘客在站台上候车，被拥挤人流挤下站台，此时列车驶入站台，导致该名乘客当场死亡。

（3）道床伤亡：长期以来，因人员进入城市轨道交通线路区段，造成轨道交通列车延误的事件屡次发生。例如2005年6月，上海地铁在3天内发生了2起人员跳轨自杀现象。

（4）处理措施不当：工作人员在突发事件时处理措施不当是造成事故发生或事态严重的又一因素。

1995年10月28日，阿塞拜疆巴库地铁火灾，司机缺乏经验，紧急制动将列车停在了隧道内；

2003年韩国大邱市地铁火灾事故中，地铁司机和行调有关人员对灾难的发生有着不可推卸的责任：在车站已断电、列车不能行驶的情况下，司机没有采取任何果断措施疏散乘客，却车门紧闭。在火灾发生5min后，调度居然还下达"允许1080号车出发"的指令，导致另一辆载客列车驶入烟雾弥漫的站台，至少198人死亡，146人受伤，289人失踪。

3．环境因素

环境因素对轨道交通安全运营也有一定影响，一些自然灾害的发生不仅会影响列车的正常运行，也会对车站造成影响。主要的自然灾害有雨雪、迷雾、台风、水灾、地震等，其中雨雪、迷雾天气对列车影响较重。

台风：根据国内外城市轨道交通事故的分析表明，台风对沿海城市的轨道交通，特别是高架桥部分的破坏程度较高。如2001年9月的纳莉台风使台北地铁站内水流成河。因此，在有可能遭受台风威胁的地区，在工程设计及施工过程中就应加强对台风危害的防范。

水灾：城市轨道交通尤其是地铁工程的车站和隧道大都处于地面标高以下，一方面受到洪涝灾害积水回灌危害，另一方面受到岩土介质中地下水渗透浸泡危害。地下水或地表水进入地铁车站和隧道内，可以使装修材料霉变，电气线路、通信设备、信号元件受潮或被水浸湿损坏失灵，造成工程事故，并且危及行车安全。地下水积存，使地铁内部潮湿度增加，使进入车站的乘客感觉不舒适。

地震：地下铁道的车站和隧道包围在周围的地理介质中，地震发生时地下构筑物随围岩一起运动，与地面结构不同，围岩介质的嵌固改变了地下构筑物动力特征。一般认为地震对地下结构影响较小。但1995年阪神地震后，人们更重视地下结构的防震设计。

4．管理因素

轨道交通从建设到运营期间，都由相应人员进行管理、负责安全。在管理过程中出现的各种失误或不负责任都会成为安全事故发生的隐患。而管理因素与其他安全隐患同时发生，会使得安全生产事故率进一步加大。事实上，每一次事故的发生都是因为在各个环节上都有疏漏，如果说设备及环境因素是很难避免的，那就更应该注重管理，以减小事故发生的可能性，或降低事故的影响程度和危害性。

(1) 客运管理

◇ 站台上乘客过多产生拥挤现象,若不及时采取措施,管理不当,可能会使乘客跌入轨道区,甚至在列车进站时造成人身伤亡事故;

◇ 车站站厅、站台乘客疏散区、疏散通道及相连开发的地下商业等公共场所管理不当,也会使其存在潜在的危险隐患,且会发生连锁事故;

◇ 车站安检力度不够或管理上不够重视,导致乘客违反城市轨道交通运营安全管理的要求,擅自携带易燃易爆、有毒危险物品乘车,造成各种潜在的事故隐患。

(2) 设计管理

◇ 设计单位在勘测设计线路时设计不当很可能造成安全隐患,如暗河、古河道、地下人防设施、地下不明障碍物、承压水地层、复杂地貌条件等各类不良地质条件都会隐藏着塌方、异常涌水、有害气体堆积等危险;

◇ 土建时施工管理不当,同样会造成塌方、涌水等严重安全隐患;

◇ 正常运营后,也会有许多施工作业,施工人员携带火种、打火机等可引起火灾的物品在车站或进入隧道施工是火灾发生的安全隐患;

◇ 施工机械振动噪声过大,会妨碍信息的传递,甚至影响信号联络;

◇ 施工完毕后,特别是进入隧道的施工完毕后,现场处理不清,有工具遗留在施工地点,会对第二天的运营造成严重影响。

9.3 城市轨道交通风险评估

风险矩阵是在项目管理过程中识别风险重要性的一种结构性方法,并且还是对项目风险潜在影响进行评估的一套方法论。

以下列出在进行风险及隐患评估时所使用的风险评估矩阵(包括危害事件出现的频度、危害严酷等级、频度-后果矩阵及其定性的风险等级),其定义及分类参照《轨道交通可靠性、可用性、可维修性和安全性规范及示例》(GB/T 21562—2008)。

(1) 危害事件出现的频度见表9-2,这些类别及其数值、采用的数值定标应由轨道交通主管部门制定,与所考核的应用相适应。

表 9-2 危险事件出现频度表

分 类	定 义
频繁	频繁地出现,危害将一直存在
经常	发生多次,危害可以预期经常出现
有时	可能发生几次,危害预期有几次出现
很少	在系统生命周期的某个时期可能发生,危害能合理地预期出现
极少	不太可能发生但可能存在,假定危害极少出现
几乎不可能	几乎不可能发生,可假定危害不会发生

(2) 后果分析应可用于估计可能的影响。所应用的严酷等级数值和每个严酷等级的后果由轨道交通主管部门制定,应与所考核的应用相适应。严酷等级见表9-3。

表 9-3 严酷等级表

严酷等级	对环境或人的影响	给运行带来的后果
特大	多人死亡,和(或)是多方面的严重伤害,和(或)对环境的较多损害	
重大	一人死亡,和(或)是单个严重伤害,和(或)对环境产生明显的损害	主系统失效
次要	较小的损伤和(或)对环境的明显影响	严重的系统损害
轻微	可能存在的较小伤害	较小的系统损害

(3) 风险评估应结合危害性事件的发生频度及其后果的严重性来进行。频度-后果矩阵如表 9-4 所示。

表 9-4 频度-后果矩阵

危害性事件的发生频度	风 险 等 级			
频繁				
经常				
有时				
很少				
极少				
几乎不可能				
	轻微	次要	重大	特大
	危害后果的严酷等级			

(4) 定性的风险等级评估表(表 9-5)规定了定性的风险等级及应对每一类风险的措施。轨道交通主管部门应负责规定所采用的原理、容许风险等级和分成不同风险种类的标准。

表 9-5 风险等级定性评估表

风险等级	对各风险等级所采取的措施
不容许的	应该消除
不希望的	当风险降低不可行时,应经过轨道交通主管部门或安全规章主管部门同意后方可接受
容许的	经充分控制并经轨道交通主管部门同意后可以接受
可忽略的	有或无轨道交通主管部门同意均可接受

9.4 轨道交通故障与事故

1. 轨道交通故障

1) 故障种类

轨道交通故障可分为设备故障与运营故障两类。设备故障是指由于设备的异常状态所引起的故障。运营故障是指由于调度指挥、作业组织方面的人为失误,以及乘客违章等外部因素所引起的故障。故障往往引起列车运行延误和服务水平下降,严重的故障常常引起系统中断运行,甚至引发事故。

按故障对列车运行与运营安全的影响程度,轨道交通设备的故障可以分为完全故障与局部故障。

完全故障是指由于某些设备产生故障,使整个系统失去完成规定功能的能力,例如,牵引供电设备故障使列车中断运行。

局部故障是指虽然某些设备出现故障,但在采取一定的安全措施前提下,整个系统仍能有条件地完成规定的功能,例如,在 ATP 轨旁设备小范围故障时,列车在故障区间可以继续运行,但必须是人工限速驾驶并且故障区间只准一个列车占用。

按故障涉及的设备类型,轨道交通设备的故障可以分为车辆故障、列车运行控制(通号)设备故障、牵引供电设备故障和其他设备故障。车辆故障包括主电路故障、逆变器故障、车载 ATC 故障、车门故障和制动设备故障等。通号设备故障包括中央 ATS 故障、系统错排进路、ATP 设备故障、车站联锁设备故障、发车表示器故障和数据传输故障等。牵引供电设备故障包括变电所设备故障和接触网(轨)故障等。其他设备故障主要有道岔故障、AFC 设备故障和自动扶梯故障等。

根据国内某地铁运营公司 2002、2003 年度的故障统计数据,车辆故障与通号设备故障占了较大比例,车辆故障所占比例约为 38%,通号设备故障所占比例约为 35%。

2) 故障控制

设备是顺利完成生产活动的物资基础,是重要的生产要素。轨道交通的故障,设备故障占了 80% 左右,因此研究与控制设备故障对运营安全与防止事故具有重要意义。

(1) 设备故障规律:设备故障的出现频率与设备所处的使用时期有关,设备使用寿命期分为适应期、稳定期和老化期。

在设备投入使用的适应期,由于设备自身需要磨合或者由于操作人员对设备不够熟悉及使用不当等原因,设备故障率较高。

设备经过一段时间的使用后,原先引起故障的因素逐渐消除,技术性能趋于稳定,此时进入设备故障偶发的稳定期,这个阶段时间较长。

设备经过长期使用后,技术性能逐渐下降,故障→维修→使用→故障的周期逐渐缩短,进入设备故障率最高的老化期。

对引起故障的原因进行分析,直接原因主要是设备状态异常、人的不安全行为和人机系统设计不合理;间接原因主要是设计、运用和维修保养方面存在问题。

(2) 设备故障控制要点:对设备故障的控制应以人为主导,运用设备故障规律,重点做好以下预防性的安全管理。

◇ 根据生产过程的特点做好设备的设计、选型,设备应具有故障导向安全的性能。

◇ 安装调试、工作环境达到设备运行的技术要求,为设备安全运行创造良好的条件。

◇ 通过技术培训使作业人员掌握设备技术性能和安全使用要求,配备达到岗位技术要求的作业人员,为设备安全运行提供人的素质保证。

◇ 做好设备在日常运行中的安全检查、维修保养,合理确定设备的检修周期,使设备在使用寿命期内保持良好的技术状态。

◇ 设置设备监控系统,如机电设备监控系统、电力监控系统等,对设备运行进行监视、诊断和控制等,确保在第一时间发现故障和有效防避、控制故障。

◇ 建立设备故障应急预案。一旦故障发生,可按预案规定的故障处置原则与程序,迅速行动,排除故障,最大限度地降低设备故障对系统正常运行的不利影响,避免发生事故。
◇ 制定保证设备安全运行的技术措施,如建立设备使用操作规程、安全管理制度,建立设备管理台账,以及做好故障调查分析等。
◇ 根据需要与可能,有重点、有步骤地对接近使用寿命期的老、旧设备进行更新或改造。

2. 轨道交通事故

1) 事故种类

在轨道交通运营与非运营时间内,由于作业人员违章作业、人为差错,技术设备故障或其他内外部因素,造成人员伤亡、设备损坏、中断正常行车或危及行车安全的意外事件均构成事故。

轨道交通事故通常分为行车事故、伤亡事故、火灾与爆炸事故三大类。按照行车作业的内容,行车事故分为列车事故和调车事故两类。按照伤亡人员的身份,伤亡事故分为职工伤亡事故和乘客伤亡事故两类。

根据轨道交通运营安全管理有关规定,按照事故造成的损失,以及对正线列车运行的影响程度,事故分为重大事故、大事故、险性事故和一般事故。

(1) 重大事故:客运列车发生冲突、脱轨、火灾或爆炸,造成下列后果之一时认定为重大事故。
◇ 人员死亡三人或死亡、重伤共五人;
◇ 客车中破一辆;
◇ 正线行车中断 150min。

其他列车发生冲突、脱轨、火灾或爆炸,调车作业发生冲突或脱轨,造成下列后果之一时认定为重大事故。
◇ 人员死亡三人或死亡、重伤共五人;
◇ 客车大破一辆或中破两辆;
◇ 内燃机车大破一辆或轨道车报废一辆;
◇ 车辆报废一辆或车辆大破两辆;
◇ 正线行车中断 150min。

(2) 大事故:客运列车发生冲突、脱轨、火灾或爆炸,造成下列后果之一时认定为大事故。
◇ 人员死亡一人或重伤两人;
◇ 客车小破一辆;
◇ 正线行车中断 90min。

其他列车发生冲突、脱轨、火灾或爆炸,调车作业发生冲突或脱轨,造成下列后果之一时认定为大事故。
◇ 人员死亡一人或重伤两人;
◇ 客车中破一辆;
◇ 内燃机车中破一辆或轨道车大破一辆;
◇ 车辆大破一辆;
◇ 正线行车中断 90min。

在进行重大事故、大事故认定时,对人员伤亡,人员的认定是事故发生时执行职务的作业人员和持有效乘车凭证的乘客,重伤的认定根据国家有关标准、规定进行;对客车、车辆和机车破损,大破、中破和小破的认定依据是车辆主管部门的有关规定;对行车中断时间,按从事故发生时起至客运列车恢复连续通行时止进行统计。

(3) 险性事故:凡事故性质严重,但未造成损害后果或损害后果不够大事故的列为险性事故。险性事故的认定依据是发生下列情形之一:

◇ 行车有关:包括列车冲突、脱轨或分离;在进路未准备好的情况下接、发列车;未经许可,向占用区间发出列车或向占用站线接入列车;列车冒进信号;列车开错方向或进错股道;电话闭塞法行车时,未办或错办闭塞发车。

◇ 客运有关:包括客车错开车门、运行途中开门或车未停稳开门;客车车门夹人夹物并造成后果。

◇ 其他:包括列车运行中,客车齿轮箱或其他重要悬挂件脱落;列车发生火警;障碍物侵入车辆限界并造成后果。

(4) 一般事故:凡事故性质及损害后果不够险性事故的列为一般事故。一般事故的认定依据是发生下列情形之一:

◇ 行车有关:包括调车冲突、脱轨;挤岔;因错误开放或未及时开放信号致使列车停车;应停站列车在车站通过或应通过列车在车站停车;因车辆故障或其他原因致使正线行车中断 30min;因行车作业人员出勤迟延、影响列车正点运行;调度命令漏发、漏传或错发、错传;错误办理行车凭证发车,或因此影响列车正点发车。

◇ 其他:包括列车运行中,车辆部件脱落或货物装载不良刮坏技术设备;安全主管部门认定为危及行车安全的情形。

应该指出,在轨道交通行业内部,对事故的分类是上述重大事故、大事故、险性事故和一般事故四类。对造成特别重大人员伤亡、巨大经济损失,以及性质特别严重及产生重大影响的事故,在国务院颁布的《特别重大事故调查程序暂行规定》中称为特别重大事故或特大事故。根据劳动部对特大事故的解释,事故造成下列后果之一,即人员死亡 50 人及其以上、直接经济损失 1000 万元及其以上、性质特别严重及产生重大影响就可以认定为特大事故。

按照事故的责任承担,事故分为责任事故和非责任事故。责任事故是指由于有关人员的过失造成的事故,责任事故还可进一步分为全部责任事故、主要责任事故和次要责任事故等,以及分为肇事者责任和管理者责任;非责任事故是指由于客观因素或外部原因造成的事故。

2) 行车事故处理

(1) 事故报告程序:在发生重大事故、大事故,或一时难以判定,但属于列车冲突或脱轨等严重事故时,应立即按规定程序报告。事故发生在区间时,由列车司机报告行车调度员;如不可能,则报告最近车站的车站值班员,由其转报行车调度员。事故发生在车站或段管线内时,由车站值班员或车辆段运转值班员报告行车调度员。

(2) 事故报告的事项包括:发生时间,发生地点,列车车次、车组号,关系人员姓名、职务,事故概况及原因,人员伤亡及车辆、线路等设备损坏情况,是否妨碍邻线和是否需要救援等。

行车调度员接到事故报告后,应立即向值班调度主任、公司值班室以及有关基层段的值班室报告。值班调度主任应立即向公司经理、主管副经理和安全主管部门负责人,以及有关基层段段长和公安分局局长报告。

(3) 事故应急处置:在接到行车重大事故、大事故报告后,控制中心应立即采取应急处置措施,最大限度减少人员伤亡、降低事故损失和防止事故升级,尽快开通线路和恢复按图行车。具体的应急处置措施包括:

◇ 在请求救援的情况下,应决定是从车辆段派出救援列车,还是由正线运行列车担当救援列车。如是前者,行车调度员应向车辆段运转值班员下达出动救援列车命令;如是后者,行车调度员应向担当救援任务的列车司机发布调度命令。正线运行列车原则上应先清客,后担当救援任务。

◇ 关闭事故区间后方站的出站信号,阻止续行列车进入事故发生区间。如果已有列车进入事故发生区间,应采取措施使其退回后方站;在不能退回后方站时,应根据需要向列车司机发布撤离乘客的调度命令。

◇ 根据需要,通知电力调度员切断牵引电流;向列车司机和有关车站发布撤离乘客的调度命令,调度命令应明确乘客撤离方向及注意事项。

◇ 在接到救援命令后,救援列车和救援人员应在规定时间内到达事故现场,在救援现场指挥者的主持下确定救援方案,组织实施;所有救援人员必须服从命令、听从指挥,按照分工开展救援工作;在救援过程中,应保持通信的畅通、规范信息的披露。

◇ 在事故造成人员重伤时,应急处置的基本原则是尽可能抢救伤员生命。如发生在车站,应立即对重伤员采取包扎、止血等急救措施,并及时将重伤员送往医院;如发生在区间,列车司机应通知就近车站组织抢救,并设法迅速将重伤员送往就近车站。

(4) 事故调查、分析与处理:事故调查、分析与处理是安全管理工作的重要内容。

◇ 事故调查是掌握事故发生经过与基本事实的过程;

◇ 事故分析在事故调查的基础上进行,重点是分析事故原因和分清事故责任;

◇ 事故处理,除对事故责任单位、责任人做出处理决定外,还应提出防止同类事故再次发生的技术组织措施或进一步研究建议。

(5) 事故调查处理权限:特大事故由省、自治区或直辖市人民政府负责调查处理,重大、大事故和险性事故由运营公司负责调查处理,一般事故由事故发生单位负责调查处理。

(6) 事故调查:在事故调查过程中,应进行的工作有:

◇ 事故发生后,立即指派专人保护事故现场和进行初步的物证、人证收集。

◇ 勘察现场,详细检查车辆、线路及其他设备,形成文字、图像等调查记录;必要时,对设备及材料进行物理、化学性能的技术鉴定,或对作业过程、事故发生过程进行模拟试验。

◇ 对事故关系人员进行调查,如作业情况、设备状态、事故发生经过,以及年龄、本工种工龄、技术等级、接受安全教育、事故记录等个人信息,取得经本人签字的书面调查记录。

◇ 检查作业过程的书面和录音记录,检查有关技术文件的内容和执行情况。

◇ 调查人员伤亡情况,了解有关部门对伤亡情况的诊断报告。

◇ 在调查过程中,应注意是否有人为破坏的迹象,对有人为破坏嫌疑的事故,应及时移交公安部门调查处理。

(7) 事故分析：事故原因的分析包括直接原因分析和间接(本质)原因分析，在进行事故原因分析时，从事故的直接原因入手，找出事故的本质原因，对下一步制定事故预防措施具有重要意义。

事故的直接原因是指直接导致事故发生的因素，通常是设备的异常状态(故障)和人的不安全行为。

事故的间接原因是指事故直接因素得以形成的原因，又称为事故的本质原因，通常是：技术或设备上的缺陷，作业过程组织不合理，设备维修保养不良，规章或作业办法存在问题，技术培训和安全教育不够，以及作业监控、安全管理不到位等。

事故责任分析是在查明事故的直接原因和间接原因后，客观合理地分清事故有关各方的责任，以便做出适当处理，使有关各方吸取事故教训，改进安全工作。

(8) 事故处理：在完成事故分析后，安全主管部门应提交事故调查报告、认定事故性质和责任、提出事故处理意见、制定防止同类事故再次发生的措施。

如果各方面对事故的分析结论、责任者的处理不能达成一致意见，可提请上级有关部门、仲裁或司法部门裁决处理。

事故处理应坚持"四不放过"原则，即事故原因没有搞清楚不放过、事故责任人没有受到处理不放过、相关人员没有受到教育不放过、预防事故措施没有落实不放过。

3. 事故应急救援

在日常运营中，一旦发生重大事故、大事故，必须迅速组织救援。及时有效的救援能减少人员伤亡、降低事故损失和防止事故升级。

应急救援工作是安全管理的重要组成部分，它包括救援基础工作和现场应急处置两个方面。

1) 救援基础工作

救援基础工作的核心是编制应急预案。应急预案是针对潜在的、可能发生的事故(故障、突发事件)，预先编制一个如何应急处置的书面计划。编制应急预案的目的是：防止事故扩大、升级，最大限度减少事故造成的危害损失。

应急预案的基本内容应包括：特定事故的定义，报警或报告程序，应急处置组织指挥，应急处置程序与措施，抢险抢修方案，现场急救医疗方案，以及通信、交通等内部保障条件和救护、消防、公安等外部支援条件。

应急预案一旦编制完毕，应下达到所有有关人员，如应急处置指挥人员、参与应急处置人员、可能与事故直接有关人员，以及可能会受到事故影响的人员等。并且还应通过培训与演习来强化上述人员对应急预案的了解与掌握。

轨道交通的应急预案主要有故障应急预案、事故应急预案和突发事件应急预案三类。

◇ 故障应急预案如列车故障应急预案、供电设备故障应急预案等；

◇ 事故应急预案如行车事故应急预案、外部人员伤亡事故应急预案等；

◇ 突发事件应急预案如火灾、爆炸、投毒应急预案，车站大客流应急预案等。

围绕应急预案，应建立应急救援组织体系、配备救援设备器材、组织救援培训与演习等工作。

应急救援指挥机构一般由企业和有关职能部门的负责人组成，明确事故发生时应急救援的总指挥和现场指挥人。救援机构下设负责日常工作的办公室和执行各项救援任务的小组,各级人员均应职责分明。完整的救援组织体系还应包括外援单位,因此需要配备负责内外部协调和公共关系的人员。

配备救援设备器材,并确保它们经常处于技术良好状态,是成功进行救援必须具备的物资基础。在平时应有专人负责救援设备器材的保管、养护和维修。

组织救援培训与演习,其目的是使有关人员对救援知识和就援技术、应急预案内容做得应知应会。直接执行救援任务的人员必须定期参加演习,通过演习熟悉救援步骤和方法,掌握救援设备器材使用,以及了解如何进行自我防护等。

2)现场应急处置

在发生事故时,应急处置的指导思想是:先控制、后处置,救人第一。现场人员应尽一切可能控制事故的扩大,以减少伤害损失,并应按规定程序及时向有关方面报告。

有关方面接到事故报告后,应根据应急预案和具体情况,迅速采取有效措施。对重大、大事故等应立即组织救援。在进行救援时,严禁违章指挥、冒险作业,避免在救援过程中发生二次事故,增加人员伤亡和财产损失。现场应急处置的重点是控制事故源头、危险区域,组织人员撤离和抢救受伤人员。

控制和切断事故源头是排除事故的关键。控制危险区域既是为了使救援工作不受干扰,也是为了避免无关人员或列车进入使事故扩大。

迅速组织危险区域内非救援人员撤离,直接关系到能否减少人员伤亡,因此是一项紧迫和重要的任务。在组织撤离时,救援人员应熟悉地形、明确撤离路线;同时应采取必要的防护措施,如切断牵引电流、通风排烟方向与撤离方向相反等。

急救医疗人员应根据具体情况,采取各种措施对受伤人员进行紧急抢救和治疗。对重伤员,应采取有效措施抢救伤员生命,并及时安排专人送往医院救治。急救医疗小组应掌握重伤员的姓名、性别和受伤情况,送往医院和陪送人员等信息。陪送人员到医院后应尽可能详细、准确地说明重伤员的受伤原因,以便医院及时诊断和进行救治。

4. 安全评价指标

为了全面、准确反映运营安全状况,需要建立安全评价指标。分析安全评价指标,有助于掌握事故发生规律,找出安全生产、安全管理的薄弱环节和存在问题,从而为进一步加强安全工作提供决策依据。

安全评价指标大体可分为数值指标和比值指标两类。数值指标侧重于从总量上反映运营安全状况。比值指标考虑了完成的工作量,更适用于安全状况的纵向或横向比较。

1)数值指标

事故次数:统计时,按行车事故、其他事故分别统计,对行车事故,按列车事故和调车事故,以及按重大事故、大事故、险性事故和一般事故分别统计。

责任事故次数:统计口径与事故次数统计相同。

事故次数伤亡人数:按职工伤亡人数、乘客伤亡人数和外部人员伤亡人数分别统计,以及按死亡人数、重伤人数和轻伤人数分别统计。

责任事故直接经济损失:直接经济损失由人员伤亡费用、设备损坏的资产损失、系统中断运行的损失、救援及事故处理费用构成。

行车安全天数。

安全驾驶公里。

车辆故障次数。
列车故障次数。
中央 ATS 系统故障次数。
牵引供电故障次数。

2) 比值指标

列车事故率：平均每完成百万列车公里所发生的责任列车事故次数，计算公式为

$$\text{列车事故率} = \frac{\text{责任列车事故次数}}{\text{列车公里}} \times 10^6 \tag{9-1}$$

乘客伤亡率：平均每完成亿人公里因责任事故所造成的乘客伤亡人数，计算公式为

$$\text{乘客伤亡率} = \frac{\text{责任事故乘客伤亡人数}}{\text{人公里}} \times 10^8 \tag{9-2}$$

职工死亡率：单位时间内，平均每千人职工因事故所造成的死亡职工数；或者是平均每完成百万单位工作量因事故所造成的死亡职工数。计算公式分别为

$$\text{职工死亡率} = \frac{\text{因事故死亡职工数}}{\text{职工人数}} \times 10^3 \tag{9-3}$$

$$\text{职工死亡率} = \frac{\text{因事故死亡职工数}}{\text{单位工作量}} \times 10^6 \tag{9-4}$$

职工重伤率：统计计算口径与职工死亡率相同。

车辆临修率：运用车平均每行驶千车公里所发生的临修次数，计算公式为

$$\text{车辆临修率} = \frac{\text{临修次数}}{\text{车公里}} \times 10^3 \tag{9-5}$$

列车故障下线率：客运列车平均每运行万列车公里所发生的因故障回库次数，计算公式为

$$\text{列车故障下线率} = \frac{\text{列车故障回库次数}}{\text{列车公里}} \times 10^4 \tag{9-6}$$

中央 ATS 系统故障率：中央 ATS 系统平均每运行千小时所发生的故障次数，计算公式为

$$\text{中央 ATS 系统故障率} = \frac{\text{中央 ATS 系统故障次数}}{\text{中央 ATS 系统运行小时}} \times 10^3 \tag{9-7}$$

9.5 轨道交通突发灾害

突然爆发，给人类与社会带来成灾难性后果的突发事件称为灾害。灾害的主要特点是突发性强、发展迅速和后果严重。灾害可以分为自然灾害和人为灾害两大类：自然灾害以自然变异为主因，常见的自然灾害有水灾、大风和地震等；人为灾害以人的因素为主因，常见的人为灾害有火灾、爆炸、投毒和恐怖袭击等。

灾害具有突发性与破坏性，一旦发生，产生人员伤亡、财产损失、秩序失控的严重后果，因此防灾减灾是安全管理的重要方面。

分析轨道交通重大突发灾害案例，绝大多数轨道交通灾害与人的因素有关，是人为灾害。早期的轨道交通灾害，如火灾发生大多是因为人、机方面的原因。

近年来，恐怖组织多次将客流集中的轨道交通作为袭击目标，轨道交通灾害出现了新的

情况,提高防恐、反恐能力成为轨道交通安全的重要课题。

1. 火灾预防

在轨道交通的灾害中,火灾发生的次数最多、频率最高。轨道交通火灾的发生具有突发性,并且大都是发生在运营时间内、运行列车上。在隧道、车站和列车构成的封闭环境中发生火灾,高温伴随着有毒浓烟,加上被困在一个有限空间的恐怖感往往会使乘客惊慌失措、作业人员应变出错,从而加剧乘客疏散、救人灭火的难度,造成群死群伤,对行车安全和乘客安全造成严重危害。因此,火灾是轨道交通防灾的重点。

大邱地铁火灾事故:

2003年2月18日上午,由于一名中年男子纵火,造成韩国大邱市地铁1号线的中央路车站两列满载乘客的地铁列车被烧毁。根据官方统计,共造成198人死亡,146人受伤,289人失踪。

事故经过:

2月18日上午9:55,当1079号地铁列车即将驶入中央路站时,身着蓝色运动服的金大汉从随身携带的黑色提包内取出一个塑料瓶,并用打火机点燃。虽然周围乘客全力阻止,但车厢还是在停靠站台之际被金大汉点燃,火势迅速蔓延开来。

大火最初开始于一辆停在站台的6车厢列车,大火首先烧着了座椅,接着火势蔓延到另一辆停在该站台的列车上。车内起火后,车站的电力系统立刻自动断电,站内一片漆黑,列车门因断电无法打开。车内没有自动灭火装置。大火燃起的几秒后,浓烟不仅从地铁出口向地面上街道扩散,而且顺着通风管道蔓延至地下商场。200多家商店纷纷关门。

1079号列车司机:一发生火灾立即打开一处门取出灭火器灭火,无效后取月台消防栓,此时火势已大,自己也受重伤。

1080号列车司机:当车站已起火1.5min时,该车距进站仍有4min的路程,还可及时反应,但行控中心通知起火为小火,仍在处理中,于是进站停住,此时开门就会有烟进入,随即又关门。与行控中心联系了3次,均被通知等一下可发车,因此广播要求车内民众等候。后火势已烧进第4、5节车厢,广播通知大家逃生,自己拔下控制钥匙逃出现场,但已有79位民众死伤。在已找出133具尸体中,1080号列车占最多,其中4、5节占50位。

车内民众:以手机向家人或消防队求救,随即失去通信能力,因火灾当时乘客大都为妇女及小孩,故会在避难逃生第一时间先向最亲近的人通报,但浓烟太大太快来不及逃生。

行控中心:仅出现地铁中央路站电力故障信号。

电源断电:1079号列车车厢动力全部切断,蓄电池组有供电,但一下子又不见了。车站有紧急照明,但烟很大看不清楚。排烟仍有动作且最小。其他站供电不久也断电(车站没有单独发电机)。

无线电通信:10:03分,行控中心要求司机疏散群众,10:17最后一次通话,之后无法再联络(可能供消防抢救联络用通信电缆已烧断),消防队进入也无法使用。

消防抢救:消防本部于9:55接获报案,一共接获159个报警电话,出动900人投入抢救,据大邱东部消防署行政担当朴先生表示,当消防人员抵达现场时,中央站各出入口已冒出大量浓烟,消防人员背负空气瓶进入抢救,进入时在楼梯间遇到逃生及已经昏倒的旅客,由于浓烟、高热及楼梯的原因,消防人员搬运旅客相当困难。后来在灾后4h,待火势及浓烟扑灭消散之后,消防人员才得以进入搜救及搬运尸体。

事故调查分析：

此次被烧毁的列车是1997年生产的,列车所用的各种材料一经燃烧就会散发出有毒气体。尤其是车厢内部的地板、顶棚和座椅,基本都是用阻燃塑料制成的,在高温下会释放出大量有毒气体。而毒烟是造成大量乘客迅速死亡的主要原因。有毒气体还造成大批救援人员无法及时进入现场。

其次,地铁站内设备不完善,灭火装置不够,其通风设备被证明在火灾中毫无作用,大量的烟雾和有毒气体无法排放,使得千余名救援人员到达现场后束手无策。地铁内还缺少必要的夜间照明装置,使得乘客逃离时混乱无序,阻碍了乘客的顺利逃生。

另外,工作人员过于疏忽大意、掉以轻心也是导致伤亡惨重的一个原因。大邱地铁总控室在9:55就接到了警报,但当时的值班员认为,这只是一起轻微事故,并指挥另一辆列车开往中央站,从而使伤亡人数增加了近一倍。

1）设计、建设阶段的防火措施

采用阻燃、低烟和无卤材料：采用该措施能有效减少火灾的发生、抑制火灾的扩大及减轻火灾的后果。

设置火灾报警系统：能使火警在第一时间被发现,达到控制火灾和减少损失的目的。

配备高效消防设备：轨道交通使用的消防设施主要有消火栓灭火系统、气体灭火装置、手提灭火器和自动喷水灭火装置等。

提高通风系统排烟能力：有助于快速降低烟气浓度、缩短排除烟气时间,对乘客安全撤离和减少人员伤亡具有重要作用。

设置紧急疏散导向标志：为确保人员迅速安全撤离,在车站的站厅、站台、自动扶梯、楼梯口、通道及拐弯处和出入口均应设置紧急疏散导向标志和应急照明设施。

2）运营阶段的防火管理

在运营阶段,防火管理工作的重点是：健全防火管理体制,编制火灾应急预案,建立应急指挥体系,进行防火安全思想教育,开展防火与应急救援培训,组织火灾应急救援演习,加强易燃易爆危险品管理,确保消防设备技术状态良好,以及检查防火措施落实情况等。

防火安全思想教育：包括防火安全意识、消防法规规章和遵守劳动纪律等。防火安全意识教育侧重于提高员工对火灾的严重后果、防火的重要性及社会意义、经济意义的认识,通过增强防火安全意识,引导员工安全行为的形成。消防法规规章教育侧重于帮助员工树立消防法制观念,杜绝消防违法违章行为发生。在防火管理工作中,必须进行遵章守纪教育,规范员工的工作行为,从而促进安全生产。

防火与应急救援培训：防火知识与技能的培训分为两种。一种是防火基本知识与技能培训,面向全体员工。另一种是防火专业知识与技能培训,主要是针对相关工种员工和应急救援人员。

应急救援培训通常与防火专业培训相结合。各种火灾情况下的应急救援,人员疏散,伤员急救,行车指挥等的程序、办法与措施是培训的内容重点,但员工自我防护、职业道德和心理辅导方面的内容也不应忽视。

遇到特大火灾,员工是履行职责投入救援、还是丢下乘客自行逃生,这里面有一个职业道德和是否失职问题。

此外,在突发火灾面前,员工表现慌乱、胆怯、优柔寡断,会失去扑灭火灾和人员撤离的最佳时机，心理辅导的目的就是要让员工知道人在紧急状态下的反应会直接影响突发灾害后果及自身的安全。

火灾应急救援演习：组织火灾应急救援演习的重要性体现在下面几个方面：
◇ 发现防火设计、消防设备存在的问题；
◇ 检验和完善火灾应急预案；
◇ 提高火灾应急处置和综合救援能力；
◇ 增强员工防火安全意识。

一场演习要涉及许多单位与部门，还要耗费一定的人力与物力，线路通车后的演习还要考虑对正常运营的影响。因此，现场、综合性的大型演习次数总是有限的，但模拟、单项性演习则应借助于计算机仿真手段经常组织。

火灾应急救援演习内容应有针对性，重点是灭火、救人、人员疏散、列车火灾处置、通风系统的火灾运行模式和各种消防设备的使用等。

2. 列车火灾即时处置

列车火灾即时处置应遵循"救人第一、及时扑救、快速撤离"的原则，按照列车火灾应急预案规定的程序、办法与措施进行。

（1）列车在车站上发生火灾：列车司机、车站值班员应迅速将火灾情况向控制中心报告。车站应立即通过广播向车内乘客和候车乘客发出火灾警报，指明乘客应从何路线撤离，并派车站作业人员组织、引导乘客快速疏散，努力把混乱情况控制在最低限度。切断牵引电流防止救援人员触电，车站通风系统进入火灾模式，车站的检票口和安全出口应全部开放。同时，车站应组织力量进行初期扑救和伤员救护，并将重伤员及时送往医院。

（2）列车在隧道内发生火灾：

① 列车能够继续运行：司机有两种选择，即继续运行至前方站或停车于区间隧道内。从救援难度、乘客撤离、通风照明条件等综合分析，以及比较列车继续运行时间与救援人员到达列车停留位置时间的长短，列车应尽可能运行至前方站，在车站组织乘客撤离和进行灭火救援。此时，司机迅速将火灾情况向控制中心、邻站报告，并通过广播要求乘客保持镇静。

② 列车不能继续运行：司机应立即通过广播要求乘客保持镇静，告示乘客撤离方向与方法，乘客撤离方向主要取决于列车着火位置与列车停车位置。此外，司机应迅速将火灾情况、乘客撤离方向报告给控制中心。原则上通风排烟方向应与大多数乘客撤离方向相反。在组织乘客撤离时，应切断牵引电流，打开隧道内照明灯；行车调度员应封锁火灾发生区间，停运有关车站。同时，邻近车站应派救援人员赶往火灾现场，协助乘客撤离和进行扑救，及时对伤员进行救护，并将重伤员送往医院。

3. 其他人为灾害预防

轨道交通其他人为灾害主要有爆炸、投毒等，大多数的爆炸、投毒事件与故意破坏或恐怖活动有关。这些突发事件对乘客安全和运营安全带来极大威胁，同时也对社会、心理和经济带来严重冲击。

1）爆炸

对爆炸事件的预防重点是炸药爆炸。关键是加强危险源的日常管理与控制。对爆炸事件应编制应急救援预案，在爆炸发生后迅速控制其发展，最大限度减少爆炸事件造成的损失。对炸药爆炸现场，应着重勘察爆炸点、抛出物、残留物、破坏与伤亡情况，寻找收集爆炸物种类与数量、引爆方式、破坏程度的痕迹物证,判明爆炸事件的性质。

1995年7月25日下午5:30左右,巴黎圣米歇尔地铁站一辆满载旅客的列车驶进站台,就在乘客上下车时,第6节车厢突然爆炸起火,当场造成4人死亡,62人受伤,其中14人伤势严重。

2004年2月6日早晨8:30左右,莫斯科中心地铁发生爆炸,造成40人死亡,130余人受伤。

2005年7月7日早上8:59,伦敦市中心发生连环爆炸事件,有56人死亡,700多人受伤,200多人被困在地铁站内,交通全面瘫痪。

2)投毒

在一定条件下,较小剂量即可引起机体急性或慢性病理变化,甚至危及生命的化学物质称为毒物。对投毒事件的预防,应建立预警机制、编制应急预案,应急预案内容重点是化学中毒事件的报警、中毒伤员急救、排除可疑危险源、布控嫌疑分子和现场组织指挥等的程序和措施。投毒事件发生后,控制现场局面、紧急疏散、稳定情绪、搜寻排除可疑危险源最为关键。除了书面的应急预案,在技术上、物资上也应有相应的准备,如配备防护服、防毒面具等防化设备。在平时,应组织相关的演习,对储备物质妥善管理。

1995年3月20日上午7:50,东京5名奥姆真理教信徒把由报纸包裹的装有"沙林"混合液的袋子扔到车厢地板上,将袋子弄破后离开。使"沙林"在车厢和车站内散发,破坏受害者的神经系统。造成12人死亡,约5500人中毒,1036人住院治疗,许多人至今依然留有受到毒气袭击的后遗症。

复习思考题

1. 关于事故原因的轨迹交叉理论是如何认为的?
2. 设备可靠性与哪些因素有关?
3. 轨道交通故障如何分类?各类故障的概念是什么?
4. 按对列车运行与运营安全的影响程度,轨道交通设备的故障如何分类?各类故障的概念是什么?
5. 按涉及的设备类型,轨道交通设备的故障如何分类?哪些类型的设备故障占了较大比例?
6. 设备使用寿命期分为哪些时段?各时段的特点是什么?
7. 设备故障控制的要点是什么?
8. 轨道交通事故如何分类?
9. 事故报告程序是怎样的?
10. 在发生行车重大事故、大事故后,控制中心应怎样行动?
11. 什么是事故调查?什么是事故分析?什么是事故处理?
12. 什么是事故的直接原因?什么是事故的间接原因?什么是事故责任分析?
13. 应急救援工作包括哪两个方面?
14. 什么是应急预案?它有什么作用?其内容包括哪些?
15. 轨道交通的应急预案主要有哪几类?

16. 在发生事故时,应急处置的指导思想是什么?现场应急处置的重点是什么?
17. 安全评价指标有哪几类?
18. 为什么说火灾是轨道交通防灾的重点?
19. 轨道交通设计、建设阶段的防火措施有哪些?
20. 运营阶段的防火管理工作重点是什么?
21. 列车火灾即时处置应遵循什么原则?
22. 列车在车站上发生火灾应如何处置?
23. 列车在隧道内发生火灾应如何处置?

第10章

成本效益分析

10.1 成本与收入

1. 成本概述

1) 现行成本与机会成本

现行成本又称为会计成本,是以实际发生的费用为基础、在账面上记录的成本。

机会成本是指放弃其他可供选择的代价。机会成本虽然不是指实际发生的费用,但企业在作出经营决策时,机会成本大于会计利润是不合理的。

2) 固定成本与可变成本

固定成本是指不随产量变化而变动的费用支出,如设备折旧、管理人员工资、贷款利息等。需要指出,固定成本不随产量变化而变动是相对的,它只是在一定的产量范围内保持稳定。

可变成本是指随产量变化而变动的费用支出,如能耗与材料费用、作业人员工资等。

3) 短期成本与长期成本

从微观角度,为适应经营活动需要,企业能够调整劳动等可变生产要素,但不能调整资本等固定生产要素的时期称为短期;而企业能够调整其全部生产要素的时期则称为长期。

短期成本是指短期内企业在生产过程中发生的费用支出,由可变成本与固定成本组成。前者对应于企业在短期内必须支付、可以调整的生产要素的费用,如能耗与材料费用、作业人员工资等。后者对应于企业在短期内必须支付、不能调整的生产要素的费用,如设备折旧、管理人员工资等。

长期成本是指长期内企业在生产过程中发生的费用支出。在长期中,一切生产要素都可以调整,因此长期成本中没有固定成本,即所有成本均是可变的。

4) 平均成本与边际成本

平均成本又称为单位成本,是指一个单位产出平均所需要的成本,如每公里成本、每客位公里成本、每车公里成本、每乘客成本等。短期平均成本由平均固定成本与平均可变成本组成。

边际成本是指每增加一个单位产出所需要增加的成本。边际成本概念在分析运量与成本之间的关系时很有用。在列车满载率较低时,增加一个乘客的边际成本小于边际收益,因此提高列车满载率有助于提高经济效益。

5) 内部成本与外部成本

内部成本是从微观角度分析企业的成本,而外部成本则是从宏观角度分析社会、用户的成本。

社会成本是指社会为企业经营所支付的费用。在市场经济中,企业追求利润最大化无可非议,它本身也有与社会利益一致的一面,如为社会提供产品、创造就业以及有效利用资源等。但企业追求利润最大化与社会利益有时也会产生矛盾,在降低企业成本的同时引起社会成本的增加,如由社会支付的环境治理费用增加等。

用户成本是指由用户承担的成本,如乘客出行中涉及的出行时间、换乘便捷、舒适、准时、安全等都被认为是用户成本。实践中,对用户成本中的出行时间节约及其时间价值的分析较多;而对其他的用户成本内容,由于难以量化,在分析中常被忽略。

6) 轨道交通运营企业的成本特点

轨道交通运营企业的成本具有下列特点:

◇ 在成本中,没有与运输产品直接相关的原材料费用支出;
◇ 将完全成本称为运输成本,包括运营费用、折旧费用和贷款利息三部分,其中运营费用和折旧费用又分别称为运营成本和折旧成本;
◇ 在运输成本中,折旧成本占较大比例,通常占35%～40%;
◇ 在运营成本中,人员费用占较大比例,通常占35%～40%,其次是列车牵引、环控照明等的用电费用;
◇ 列车满载率是影响单位运营成本的主要因素之一。

2. 运输成本

1) 运营成本构成

轨道交通运营成本是指日常运营过程中的费用支出,按其性质可以分为营业支出和营业外支出。营业支出按其用途,又可以分为营运费用、管理费用和财务费用。

(1) 营运费用:在日常运营中所发生的各项费用称为营运费用,包括:

◇ 直接从事生产作业人员的薪酬,如工资、奖金、津贴、补贴、职工福利费,养老、失业等社会保险基金和住房公积金等;
◇ 日常运营过程中的用电、材料等费用;
◇ 设备的日常维修保养费用;
◇ 事故损失费用;
◇ 按规定可以在营运费用中列支的其他费用,如办公费、差旅费、劳动保护费和员工奖励等。

(2) 管理费用:企业经营管理中所发生的各项费用,以及具有管理性质的各项费用,包括:

◇ 机关管理人员的薪酬;
◇ 机关办公费与差旅费、职工教育经费、土地使用费、技术开发费、营销费、董事会费、业务招待费、咨询费和审计费等;

◇ 按规定缴纳的税金；
◇ 无形资产和开办费的摊销；
◇ 坏账损失、存货的盘亏或报废。

(3) 财务费用：企业为筹集资金所发生的各项费用，包括：
◇ 贷款利息；
◇ 金融机构手续费；
◇ 汇兑净损失。

(4) 营业外支出：与日常运营没有直接关系的各项费用称为营业外支出，包括：
◇ 营业外各部门人员的薪酬；
◇ 固定资产的盘亏、报废或出售损失；
◇ 非常损失，如自然灾害损失(扣除保险公司赔款)；
◇ 支付违约金、赔偿金或罚款，以及赞助、捐赠支出等。

2) 折旧成本构成

折旧成本是指按一定的折旧方法、每年分摊的固定资产投资费用和大修费用，包括工程购建投资、追加投资和大修费用三部分。

(1) 工程购建投资：在轨道交通建设过程中所发生的各项费用。包括工程费用、其他费用、预备费、贷款利息和流动资金。

在工程费用中，土建工程费用分为区间、车站和车辆段；设备及安装费用分为车辆、通信、信号、供电、通风与空调、自动扶梯与电梯、自动售检票、给排水与消防、车站机电设备监控和车辆段设备。

根据广州地铁 2 号线首通段工程投资预算，该线路长度为 18.25km，预算总额为 103.246 亿元，平均每公里造价为 5.657 亿元。

(2) 追加投资：为适应客流增长、提高运输能力，在运营期内新增固定资产、购置车辆等的费用支出。

(3) 大修费用：为使固定资产在寿命期内能保持良好的技术状态所发生的设备更新费用。大修费用的主要项目有车辆、线路、车站和牵引供电设备等。

折旧成本计算方法如下：

基本折旧费计算：采用直线折旧法时，固定资产的基本折旧费计算公式为

$$D_{基本} = \frac{A_{原值} - A_{残值}}{Y_d} \tag{10-1}$$

式中：$D_{基本}$——基本折旧费，元；

$A_{原值}$——固定资产原值，元；

$A_{残值}$——固定资产残值，元；

Y_d——折旧年限，即固定资产的经济寿命期，年。

固定资产原值包括最初投资与追加投资；固定资产残值是指固定资产在使用寿命期终了时的价值，固定资产残值不进行折旧；折旧年限是指固定资产价值摊销的时间期，该时间期通常是固定资产的经济寿命期。折旧年限的倒数称为折旧率，在采用直线折旧法时，基本折旧费也可按级别折旧率进行计算。

大修折旧费计算：采用直线折旧法时，固定资产的大修折旧费计算公式为

$$D_{大修} = \frac{\sum C_{大修}}{Y_d} \tag{10-2}$$

式中：$D_{大修}$——大修折旧费，元；

$\sum C_{大修}$——固定资产在经济寿命期内的大修费用总和，元。

（4）贷款利息：工程购建投资贷款的利息。

3．运营收入

1）运营收入构成

轨道交通运营收入可分为车费收入与非车费收入，经常性收入与非经常性收入等。车费收入又称为主营收入，是大多数轨道交通运营企业的主营收入来源。

我国香港地铁公司的经常性收入，包括车费收入与非车费收入两部分。其中非车费收入又分为车站内商务、其他业务、物业租赁与管理收入三部分，车站内商务收入还可细分为广告、商场租赁等收入。

2）车费收入

车费收入是票价与客运量的乘积，即

$$R_{车费} = F \times P \tag{10-3}$$

式中：$R_{车费}$——车费收入，元；

F——平均票价，元/人；

P——客运量，人。

影响车费收入的直接因素是票价与客运量。其中：票价又受到成本状况、利润目标、消费水平和政府管制等因素影响；客运量又受到土地利用、人口规模、轨道交通票价与服务水平、常规公交服务价格等因素影响。服务水平又包括服务频率、运送速度和换乘便捷等对吸引客流有影响的因素。因此，影响车费收入的间接因素非常多，并且很复杂。

此外，票价对客运量的影响，最终会影响车费收入。根据需求定理，票价与客运量是一种反方向变动关系。假设影响客运量的其他因素不变，可建立票价与客运量的函数关系式如下：

$$P = f(F) = a - bF \tag{10-4}$$

式中：a、b——待定系数。

于是可得到

$$R_{车费} = Fa - bF^2$$

对该式求极值，并标定待定系数，可求得车费收入最大时的票价水平。

票价变动对车费收入的影响还可用需求弹性理论作进一步说明。

对需求弹性相对较小的客运需求，如早晚高峰时段的通勤通学出行，出行方式选择余地较小，票价上升、客运量减少，但由于客运量减少的比例小于票价上升的比例，因此车费收入增加；票价下降、客运量增加，但由于客运量增加的比例小于票价下跌的比例，因此车费收入减少。

对需求弹性相对较大的客运需求，如非高峰时段的购物等出行，出行方式选择余地较大，票价变动对车费收入的影响，与上面的情形恰好相反，即票价上升、车费收入减少，票价下降、车费收入增加。因此，轨道交通在客流低谷时段采用差别定价策略，适当降低票价，有利于吸引客流，提高车费收入。

10.2 成本与盈利分析

成本是反映企业经营活动质量的综合性指标。提高劳动生产率和设备利用率、降低能源与材料消耗、减少其他费用支出、提高企业管理水平，最终都会在成本上综合地反映出来。通过成本分析，揭示影响成本变动的因素，为寻求降低成本的途径提供了基础。成本分析的内容主要有成本构成要素分析和单位产品成本变动分析。

轨道交通成本构成要素包括薪酬、用电、材料、折旧和其他等。成本构成要素分析可揭示成本中各部分费用支出的比例、总成本变动的原因以及成本控制和作业过程中存在的薄弱环节等。

单位产品成本是影响经济效益的主要因素，它的变动分析是成本分析的重要内容。对单位产品成本影响较大的因素有客运量、车辆运用、劳动生产率、能源与材料消耗、工程购建投资等。

1. 成本分析

1) 客运量对成本影响

客运量增加时，运营成本也会上升，但客运量增加与运营成本上升的速率是不一样的。在提高车辆满载率的情况下，运营成本上升的速率低于客运量增加的速率，即边际运营成本小于边际车费收入。

边际车费收入是指每增加运送一个乘客所增加得到的车费收入。短期运营成本分为固定成本与可变成本两部分。客运量增加时，变动成本增加，固定成本不增加或少量增加。从平均成本角度，由于边际运营成本小于边际车费收入，平均可变成本下降；而由于固定成本不增加或少量增加，平均固定成本也下降。因此，客运量增加能使平均成本降低。

2) 车辆运用对成本影响

车辆运用对成本的影响可从车辆使用减少、车辆使用不变和车辆使用增加三种情形进行分析。

客运量一定时，根据客流的时间、空间分布特征，选用特殊列车交路或停车方案能够减少车辆使用，从而使车辆折旧、牵引用电、维修保养等方面的成本降低。

客运量增加、但不增加车辆使用的情形，可参见客运量对成本影响的分析。

客运量有较大增加，因列车编组或列车密度增加，需要增加车辆使用，此时固定成本（车辆折旧成本）和变动成本（牵引用电、车辆维修）均会上升；在增加列车密度情况下，还会增加乘务员工资等支出。在运用车增加使用的初期，运营成本的增加往往会快于客运量的增加。

3) 提高劳动生产率对成本影响

劳动生产率是指单位时间内企业员工人均生产的产品数量，如人均完成的客运周转量等。提高劳动生产率能使分摊到每个单位产品上的人员费用支出减少，从而降低运营成本。

在劳动生产率提高的同时，如果人员费用也有所增加，应使劳动生产率的增长快于人员

费用的增长。此时,运营成本降低的百分比可用下式计算:

$$D_{运营} = \frac{P_{人员}(I_{劳动} - I_{人员})}{100 + I_{劳动}}$$ (10-5)

式中:$D_{运营}$——运营成本降低的百分比;

$P_{人员}$——人员费用占运营成本的百分比;

$I_{劳动}$——劳动生产率提高的百分比;

$I_{人员}$——人员费用提高的百分比。

4) 降低消耗对成本影响

轨道交通运营企业的消耗主要是用电、材料等。降低消耗对降低运营成本具有重要意义。以减少用电费用为例,运营成本降低的百分比可用下式计算:

$$D_{运营} = \frac{P_{用电} D_{用电}}{100}$$ (10-6)

式中:$P_{用电}$——用电费用占运营成本的百分比;

$D_{用电}$——用电费用降低的百分比。

5) 工程购建投资对成本影响

工程建设期的购建投资较高,则运营期的折旧成本也会较高。由于折旧成本占运输成本的比例较大,工程购建投资对运输成本影响较大。因此,控制轨道交通的购建投资非常关键,这也是轨道交通建设能良性、可持续发展的基础。

2. 盈利分析

1) 利润构成分析

利润分析是经济效益分析的重要内容。利润是企业在一定时期内生产经营活动的最终财务成果。利润的表达式如下:

$$R = R_{车费} + R_{非} - TC - T + S$$ (10-7)

$$R = R_{车费} + R_{非} - RC - T$$ (10-8)

式中:R——利润,元;

$R_{车费}$——车费收入,元;

$R_{非}$——非车费收入,元;

TC——运输成本,元;

RC——运营成本,元;

T——税金,元;

S——财政补贴,元。

式(10-7)适用于运营企业承担运输成本的情形;式(10-8)适用于运营企业在运营上自负盈亏,但不承担折旧成本的情形。

对利润构成分析可参见下面案例:

香港地铁公司 2005 年度综合损益表(表 10-1)数据表明:香港地铁利润的来源包括经常性收入中的车费收入、非车费收入和非经常性收入(物业开发利润)三部分,其中物业开发利润的贡献最大。香港地铁在承担运输成本的情况下自负盈亏,没有财政补贴。尽管运输成本大于车费收入,依靠非车费收入,香港地铁盈利状况良好。

表 10-1　港铁公司 2005 年综合损益表

项　目	百万港元
车费收入	+6282
非车费收入	+2871
经常性收入	+9153
减：运营成本	−4052
减：折旧成本	−2682
运营利润	+2419
物业开发利润	+6145
利润合计	+8564
减：利息与财务费用	−1361
投资物业的公允价值变动	+2800
其他净利润	+9
税前利润	+10 012
减：所得税	−1549
净利润	+8463

2) 盈亏平衡分析

假设票价不变，暂不考虑非车费收入与税金等，可采用量本利分析方法来研究客运量、成本和利润三者之间的关系。

(1) 量本利分析模型：表达式为

$$R = F \times P - (FC + AVC \times P) \tag{10-9}$$

式中：FC——固定成本，元；

AVC——平均可变成本，元。

(2) 盈亏平衡点分析：寻找一个车费收入等于运营成本的客运量水平。计算公式为

$$P_E = \frac{FC}{F - AVC} \tag{10-10}$$

$$P_E = \frac{FC + VC}{F} \tag{10-11}$$

式中：P_E——盈亏平衡点客运量，人；

VC——可变成本，元。

如图 10-1 所示，E 为盈亏平衡点，客运量水平在大于 E 点所对应的客运量时产生盈利，在小于 E 点所对应的客运量时出现亏损。

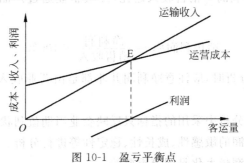

图 10-1　盈亏平衡点

根据盈亏平衡点分析可知,影响经济效益的因素主要是成本与收入,而收入又与客运量和票价有关。在客运量与票价一定时,成本越低,利润越高;在成本、票价一定时,客运量越大,利润越高。

此外,成本、客运量与票价之间也是相互影响的。例如,通过降低成本来实行较低票价,从而吸引更多客流并增加收入与利润。

3）盈利能力分析

盈利能力分析反映企业的资产运用和经营绩效,通常采用比率分析方法。盈利能力分析指标主要有毛利率、总资产收益率、净资产收益率和销售利润率等。

（1）毛利率:企业的销售(营业)毛利与销售(营业)收入之比,反映企业通过产品或服务销售的获利能力,计算公式为

$$毛利率 = \frac{销售毛利}{销售收入} \times 100\% \qquad (10-12)$$

式中的销售毛利等于销售收入减去销售成本。从企业经营的角度,没有一定的毛利率就不能形成较大的盈利。毛利率指标可以揭示企业在产品或服务的定价、营销和成本控制方面存在的问题。

（2）总资产收益率:又称总资产报酬率,是净资产与平均总资产之比,反映企业运用全部资产的获利能力,计算公式为

$$总资产收益率 = \frac{净利润}{平均总资产} \times 100\% \qquad (10-13)$$

式中的平均总资产是报告期的期初总资产与期末总资产的平均值。企业的总资产由所有者权益和负债组成,净利润与资产数额、资产结构和经营水平有密切的关系。总资产收益率是分析企业盈利能力的综合指标。

（3）净资产收益率:又称所有者权益收益率或股东权益收益率,是净利润与平均净资产之比,反映企业运用自由资产的获利能力,计算公式为

$$净资产收益率 = \frac{净利润}{平均净资产} \times 100\% \qquad (10-14)$$

式中的净资产等于总资产减去负债。净资产又称所有者权益或股东权益,由实收资本（股本金）、公积金和未分配利润组成。平均净资产是报告期的期初净资产与期末净资产的平均值。在相同的总资产收益率水平下,不同的资产负债比例,会得出不同的净资产收益率。

（4）销售利润率:净利润与销售收入之比,反映企业通过产品或服务销售的最终获利能力,计算公式为

$$销售利润率 = \frac{净利润}{销售收入} \times 100\% \qquad (10-15)$$

在使用该指标进行分析时,应注意净利润并非都是由营业收入产生,它还受投资收益、营业外收支等因素影响。

应该指出,盈利能力分析中采用的指标只反映企业当期盈利状况,不能反映企业长期盈利能力,因此还需要对利润的敏感性、成长性、稳定性等进行分析。从这个意义上,企业的市场占有率、服务质量与利润最大化是同等重要的。

10.3 票价制定

票价与运营企业的车费收入、经济效益有直接关系,也与乘客利益密切相关。此外,在市场经济条件下,票价还对运输服务的需求与供给产生重大影响。因此,在成本效益分析中,有必要对票价制定问题进行深入分析。

1. 票价制式

票价制式又称为票价结构,票价制式是票价制定的基础。

轨道交通票价制式主要有单一票价制、计程票价制、区段票价制和分区票价制四种。采用何种票价制式,取决于对收费合理化、乘距结构调整和企业经济效益等方面的考虑,但也与采用的售检票方式有密切联系,自动售检票方式是轨道交通采用非单一票价制的基础。

1) 单一票价制

单一票价制是不论乘车距离远近,全线实行一种票价。

优点:售票速度快,检票可实行单检制,即进站检票、出站不检票。因此,单一票价制的票务管理相对简单,车站售检票设备与人员的投入也可减少。

缺点:单一票价制通常按平均乘车距离来确定票价,对短距离出行乘客,因票价偏高不利于吸引短途客流;而对长距离出行乘客,又因票价偏低减少了车费收入。另外,在客流统计方面,只能统计上车人数,不能统计下车人数、乘车距离和断面客流量等,不利于运营组织。

国内早期建设的地铁,如北京地铁1、2号线长期以来采用的就是单一票价制。

2) 计程票价制

计程票价制是票价根据乘车距离或乘车站数计算。计程票价制提高了收费的合理性,避免了单一票价制的缺点,有利于吸引更多的客流,提高企业的经济效益。

计程票价制的缺点是车票种类多、进出站均检票、票务管理与售检票作业比较复杂。因此,采用 AFC 系统是实行计程票价制的前提,实行计程票价制后,还能实时、准确地统计客流信息,有利于提高运营组织水平。

在根据乘车距离计算票价时,票价是乘车距离与票价率的乘积,如果票价率随乘车距离的增加而递减,则计程票价的计算公式为

$$F_{\text{计程}} = F_0 + \sum_{i=1}^{n} D_i R_i \tag{10-16}$$

式中:$F_{\text{计程}}$——计程票价,元;

F_0——起步基价,元;

D_i——乘车距离,km;

R_i——票价率。

上海轨道交通1号线实行计程票价制,票价根据乘车距离计算。2005年9月,上海轨道交通1号线调整后的票价结构见表10-2,乘车距离6km及其以下时票价为3元,6km以远的票价按每增加1~10km递增1元计算。广州地铁1号线也实行计程票价制,但票价根据乘车站数计算,乘车3站及其以下时票价为2元,3站以远的票价按每增加1~3站递增1元计算(见表10-3)。

表 10-2　按乘车距离计价

乘车距离/km	0～6	7～16	17～26	27～36	37～46
计程票价/元	3	4	5	6	7

表 10-3　按乘车站数计价

乘车站数	1～3	4～6	7～9	10～12	13～15
单程票/元	2	3	4	5	6
100元储值票/元	1.8	2.7	3.4	4.1	4.5

3) 区段票价制

区段票价制是将轨道交通线路划分成若干个区段,乘客在同一区段内乘车采用单一票价、跨区段乘车采用计程票价。因此,区段票价制兼有单一票价制和计程票价制的特点。区段票价制与单一票价制相比,收费比较合理;与计程票价制相比,收费比较简单。在采用区段票价制时,为使乘车收费合理,对在两个区段的相邻站间上下车可按在同一区段内乘车进行收费。

4) 分区票价制

分区票价制是将轨道交通线网划分成若干个区域,乘客在区域内乘车采用单一票价,跨区域乘车则采用多级计程票价。分区票价制便于乘客在不同公共交通方式间换乘,也便于推行综合票价政策。但对乘车距离较近的跨区域乘车,需要制定特殊票价。欧洲一些城市实行了分区票价制,如巴黎按同心圆方式将城市交通圈划分成8个计费区域。

实行分区票价制,计费区域的划分应尽可能做到对乘客、企业和城市公共交通的发展均是相对有利的。为了合理地划分计费区域,必须对市民的出行方式选择、出行目的、出行距离、出行流量和出行成本等进行详尽的分析。

2. 票价制定

1) 运价制定理论

票价制定是在一定的运价理论指导下进行的。

(1) 劳动价值理论:劳动价值理论认为,商品(服务)的价格必须以价值为基础,价格是商品(服务)价值的货币表现形式。

根据劳动价值理论,运输服务的价值由运输过程中消耗的劳动力价值、生产资料价值和运输服务所创造的剩余价值所组成。其中,消耗的生产要素构成了运输成本,创造的剩余价值即为利润。因此,运输价格应是围绕运输服务的价值波动,它可按运输成本加上一定的利润率来制定。

(2) 均衡价格理论:源于微观经济学,认为在市场经济条件下,商品(服务)的价格由需求和供给共同决定,某种商品(服务)的需求和供给相等时的价格称为均衡价格。均衡价格理论揭示:需求的变动引起均衡价格和均衡数量同方向变动;供给的变动引起均衡价格反方向变动,引起均衡数量同方向变动。

按照均衡价格理论,运价最终由运输市场的供需关系决定,运价会对运输市场的需求或供给变动作出反应,并始终围绕均衡价格波动。应该指出,均衡价格理论是以完全竞争市场为前提的,因此它的应用也是有条件的。

(3) 厂商价格理论：认为每个企业都面临着市场竞争，因此每个企业在决定产量的同时还要合理确定价格，以便实现利润最大化。利润是成本与收益的差额，因此，厂商理论从成本与收益的角度研究如何制定价格。

根据厂商理论，在垄断竞争的市场条件下，当某一运价水平能使边际收益等于边际成本时，运营企业能在短期达到利润最大化；而当某一运价水平能使边际收益等于边际成本，同时平均收益又等于平均成本时，运营企业能在长期达到利润最大化。实践中，运营企业通常是以短期成本为基础来制定运价。

2) 国内票价制定特点

影响轨道交通票价制定的因素主要有运输成本、客运需求、市场竞争和公益性目标等，国内轨道交通票价制定具有以下特点：

(1) 政府对票价实行管制：轨道交通是服务性行业，提供准公共产品，通常由一家或少数几家企业垄断经营，具有一定的自然垄断性，这就决定了政府对轨道交通的票价进行管制。

(2) 票价不根据运输成本制定：轨道运输成本又称完全成本，由折旧成本、贷款利息和运营成本三部分组成。轨道交通属于资金密集型基础设施，投资额大、回报期长、年度折旧成本很高。广州地铁1999年测算的成本票价达到15.3元，深圳地铁运营第一年测算的成本票价达到18.3元。显然，从乘客消费能力角度，以运输成本来制定票价是不现实的。

(3) 票价与物价指数联系不紧密：在政府管制票价的情况下，票价调整周期往往较长，票价变动滞后于物价指数变动。运营企业无法对票价进行及时调整，一定程度上影响了运营企业对客运需求的调节和自我积累、追加投资的能力。而单次票价调整幅度过高，又引起客流骤减，使运输能力得不到充分利用。

(4) 票价未体现鼓励长距离出行：在实行计程票价制时，起步基价以远的票价是按每几公里或每几个站递增1元计算，即不是递远递减的票价率。另外，在各条轨道交通线路未采用统一票制的情况下，乘客因为不能一票通换乘，即使出行距离并不长也要增加一定的票价支出。票价制定中的上述情形，影响了轨道交通对长距离出行客流的吸引力。由平均票价不到3元/人次（上海调价后不到4元/人次）的数据可知，在轨道交通运送的乘客中，短距离出行客流占了相当大的比例，而短距离出行客流应是常规公交的主要服务对象，这反映了轨道交通与常规公交服务功能的重叠。

3) 票价制定原则

社会效益与企业效益兼顾是轨道交通票价制定的基本出发点，具体而言，轨道交通票价制定应遵循下列原则：

(1) 兼顾公益性目标：要求票价以较低水平制定，目的是吸引客流转向有利于节约能源、保护环境、缓解道路拥挤和减少交通事故的城市公共交通方式，解决日益严重的城市交通问题，实现城市社会经济的可持续发展。

但票价水平较低并不是说不考虑成本。如果在制定轨道交通票价时不考虑成本，结果必然是企业连年巨额亏损、失去持续经营能力，新的投资者不敢进入，轨道交通线网建设难以为继，使轨道交通的建设与运营陷入恶性循环。

同样，票价水平较低并不是说轨道交通的票价应与常规公交的票价看齐。对建设与运营方而言，轨道交通的成本远高于常规公交的成本；对乘客而言，轨道交通具有快速、准时、舒适、安全等优点。考虑到上述因素,轨道交通的票价高于常规公交的票价是有理由的。

(2) 以运营成本为基础:根据轨道交通的建设投资与票务收入实际情况,现阶段轨道交通起始票价可根据运营成本加上一定的利润率等制定。为体现票价以较低水平制定,实际执行票价可低于计算票价。

票价的调整应考虑运营成本、物价指数的变动和居民收入水平的变化。一般而言,票价调整幅度可与物价指数变动幅度同步,但不宜超过居民的实际收入增幅。

$$人公里票价 = 人公里运营成本 \times (1 + 利润率 + 税费率) \tag{10-17}$$

由于实际票价与成本票价存在较大差额,轨道交通的发展需要政府在财政、税收和信贷等方面给予扶持,如财政补贴、沿线土地开发权、减免营业税与关税、调整折旧方法等。应该指出,票价以运营成本为基础,再参考运输市场平均利润水平来制定,目的是能保本盈利。但在运营成本不合理时,也会出现票价背离运输服务价值的情况。因此,企业应通过提高劳动生产率、提高车辆满载率、加强企业管理、引进市场机制等各种途径和措施来降低运营成本。

(3) 有助于调节客流:根据在城市公共交通体系中,合理的分工应是:轨道交通以吸引中、长距离出行客流为主,常规公交是轨道交通的补充,以吸引短距离出行客流为主。票价过低,将使大量短距离出行客流转向轨道交通,造成运输能力紧张、乘客服务水平降低。而票价过高,轨道交通又将失去对长距离出行客流的吸引力,导致运输能力的浪费、经济效益的下降。

在票价水平、客流量、运输能力三者关系中,票价水平是引起客流量变化的重要原因,而客流量大小又决定了运能-运量相适应的程度。因此,在制定票价时,应充分发挥票价的调节客流功能,使轨道交通处于良好的运营状态。

理论上,存在一个有助于使运量与运能达到相适应的票价水平。一般而言,在高峰时段运能紧张的情况下,可采用较高的票价水平,如华盛顿地铁的高峰时段票价是非高峰时段票价的1.5倍。在非高峰时段运能富裕的情况下,可采用较低的票价水平,即优惠票价。非高峰时段采用优惠票价,有助于客流的削峰填谷,在缓和高峰时段运能紧张的同时,还能提高非高峰时段的列车满载率;此外,非高峰时段采用优惠票价对吸引潜在客流,提高轨道交通经济效益具有积极意义。

4) 票价制定策略

在票价制定原则已经确定的情况下,运营企业可根据市场供需关系、运输服务水平和客运需求的价格弹性等采取相应的票价制定策略。

(1) 差别定价策略:由于运输服务供给在一定的时空条件下总是相对稳定的,当运输市场供需平衡被打破,出现运输供给小于或大于客运需求时,采用差别定价不仅可能,而且非常必要。

在运输供给小于客运需求时,可采用以"削峰填谷"为主的票价制定策略;反之,出现运输供给大于客运需求时,则宜采用以吸引客流为主的票价制定策略。例如,递远递减的票价率、客流高峰时段适当提高票价、客流低谷时段适当降低票价等均是运用差别定价策略。

根据不同的服务水平制定不同的票价也是差别定价策略的运用。从乘客消费心理的角度分析,乘客对票价的认同度,除与收入水平有关外,还与服务频率、运送速度、安全准点和便利舒适等方面的满意度有密切关系。因此,在服务水平较高,并且乘客对运输服务价值的认同程度也较高的情况下,可以采用票价较高的定价策略。

(2) 折扣定价策略:折扣定价是一种向乘客让利的票价制定策略,折扣有现金折扣和数量折扣两种。现金折扣是指乘客购买储值票时给予金额折扣或票价折扣的优惠,储值票面值越大、使用时间越长,给予的折扣优惠也越高。数量折扣是指乘客乘车累计达到一定次数赠予若干免费乘车次数。

合理运用向乘客让利的折扣定价策略,有利于吸引更多的客流,并有助于提前收进票款,加快运营企业的资金周转。

(3) 价格弹性与定价策略:客运需求的价格弹性是指票价变动的百分比所引起的客流量变动的百分比,价格弹性的大小用弹性系数 E_D 来表示,计算公式为

$$E_D = \frac{客流量变动的百分比}{票价变动的百分比} \tag{10-18}$$

当 $E_D<-1$,即客流量变动的百分比大于票价变动的百分比时,表示客运需求富有价格弹性;当 $-1<E_D<0$,即客流量变动的百分比小于票价变动的百分比时,表示客运需求缺乏价格弹性。

对轨道交通客运需求的价格弹性进行分析,可以得到以下一些结论:

◇ 早晚高峰时段通勤、通学类出行的价格弹性相对较小;而非高峰时段购物等出行的价格弹性则相对较大。

◇ 在乘车距离较远的情况下,价格弹性相对较小;而在乘车距离较近的情况下,价格弹性则相对较大。

◇ 在收入水平较高的情况下,价格弹性相对较小;而在收入水平较低的情况下,价格弹性则相对较大。

◇ 在出行方式选择余地较小的情况下,价格弹性相对较小;而在出行方式选择余地较大的情况下,价格弹性相对较大。

价格弹性为测算客流量对票价变动的反应程度提供了依据。在制定票价时,定价策略的运用必须考虑价格弹性。对价格弹性相对较大的客运需求,采用薄利多销的定价策略容易奏效,可以达到吸引客流和增加收入的目的。对价格弹性相对较小的客运需求,提高票价对客流的分流或"削峰填谷"的作用往往不够显著。

10.4 提高经济效益

轨道交通运营企业是否具有较强的盈利能力、良好的经济效益,除了对运营企业自身的生存至关重要,还对轨道交通可持续发展具有重大影响。

轨道交通的造价很高,没有多元化的投资,轨道交通的发展速度难以满足城市社会经济的发展要求。但轨道交通项目如果没有盈利前景,吸引非国有资本来投资只是一种不切实际的愿望。

提高运营企业经济效益,需要开源节流,开源是增加收入与利润来源,节流是控制与降低成本。开源与节流应同时并举,因为只讲开源、不讲节流,增加的收入会被上升的成本抵消;而只讲节流、不讲开源,则购建费用不会因为成本控制而收回。

鉴于轨道交通完全成本很高,仅靠车费收入难以盈利,这就需要在政策方面,以市场化

的方式给予必要的、合理的扶持,使运营企业能有一定的经济效益。

1. 降低成本

1)提高劳动生产率

反映轨道交通劳动生产率的指标主要有平均每员工客运周转量、平均每员工运营收入和平均每公里员工数。

提高劳动生产率的途径有:
- ◇ 员工人数不变,提高客运周转量(运营收入)。
- ◇ 客运周转量(运营收入)维持一定水平,裁减冗员。
- ◇ 既提高客运周转量(运营收入),又裁减冗员。

鉴于人员费用占运营成本的35%~40%,一般而言,裁减冗员对降低运营成本总是有利的。实际工作中可考虑采取的减员措施主要有:

- ◇ 采用自动化设备:采用自动售检票系统、列车自动控制系统后,可相应减少车站售检票人员和车站行车作业人员。
- ◇ 岗位重新设计:对传统的岗位设置进行详尽分析,重新设计工作岗位,或将部分工作岗位科学合并,可以减少作业人员配备。
- ◇ 优化劳动组织:对乘务员等轮班制员工的作息时间安全,超劳固然不行,但达不到周工作小时势必要增加人员配备。因此,有必要优化乘务员劳动组织,提高劳动生产率。
- ◇ 精简管理部门:在组织结构设计方面,部门设置、管理跨度都应遵循减少管理层次的原则;从管理人员配备角度,公司管理部门的人员不宜超过员工总数的15%。
- ◇ 引进市场机制:将某些业务,如车站与车辆的清洁,车辆的架修与大修等,通过招标方式交给第三方去做,也是可以考虑采取的措施。

2)提高设备利用率

轨道交通是资金密集型行业,设备购置价格、维持费用均较昂贵,如能提高设备利用率,可有效降低成本。

在这方面,提高车辆(列车)满载率尤其重要。在客流分布一定的情况下,研究采用合理的列车编组与列车交路方案,能减少车辆使用,从而降低车辆折旧、牵引用电、车辆维修等方面的成本支出。在投入使用车辆数不变的情况下,加大营销力度,争取更多客流,能提高车辆满载率,从而降低每车公里或每客位公里的成本。

此外,合理配置车站AFC设备数量,共享控制中心、车辆基地、主变电站等资源,采用均衡修、部件修等车辆维修模式,对节省购建投资、降低运输成本都具有重要意义。

3)降低用电等消耗

制定消耗定额,降低用电、材料等消耗,降低运营成本,提高经济效益。以用电消耗为例,列车牵引、环控、照明等用电费用在运营成本中仅次于员工薪酬费用。

影响列车牵引用电消耗的因素主要有列车编组辆数、列车满载率、列车加速起动、进出站坡度等,涉及运营组织、设备选型和线路设计等方面。

轨道交通的内部空气环境由通风和空调系统进行控制。影响环控用电消耗的因素主要有夏季最热月平均温度、全年平均温度、高峰小时列车对数与编组辆数乘积及是否安装站台屏蔽门等。从发展趋势看,为提高乘车舒适度,使用空调的条件会有所降低。从节省车站环控用电消耗角度,安装站台屏蔽门值得推荐。

4）降低工程造价

工程造价直接关系到运营期的折旧成本和贷款利息的高低,控制工程造价能为控制运输成本打下良好的基础,而脱离国情的工程造价最终会抑制轨道交通发展。

（1）合理确定技术标准：一般而言,技术标准高、运送能力大,工程造价也相应较高,但如果没有足够的客流,难免出现入不敷出的局面。因此,控制成本问题在线路的规划设计阶段就应给予充分考虑。人口规模及客流水平不同的城市,在规划建设轨道交通线路时,应从经济实用出发,研究选择最适合自身的轨道交通类型及技术标准,没有必要一味选择技术标准最高、运送能力最大的轨道交通类型。

地铁列车的最高运行速度一般按 80km/h 设计。研究结果表明,在最高行车速度设计为 120km/h 时,车辆购置、牵引用电等费用增减较大；而土建工程费用、机电设备购置费用、车辆维修保养费用等则没有明显增加。因此认为,最高行车速度设计为 120km/h,在经济上是合理的,并且列车旅行速度的提高能为乘客节省 30% 左右的乘车时间,社会效益也是巨大的。

（2）提高设备国产化率：轨道交通车辆、机电设备投资在工程造价中约占 50%。如果进口国外车辆和机电设备,不但购置价格很高,并且将来的零配件采购价格也受制于国外供货商,使运营期的折旧成本、运营成本上升。为降低工程造价,加快轨道交通发展步伐,提高车辆、机电设备的国产化率（政策要求达到 70%）势在必行。

2. 增加收入

1）车费收入

车费收入是运营企业的主营收入,车费收入与票价和客运量水平有关。

关于票价：在与收入水平、物价指数挂钩的基础上,适当提高票价,通常能达到增加车费收入的目的。但采用差别定价策略,在客流低谷时段适当降低票价,同样也能增加车费收入。

关于客运量：客运量对增加车费收入的意义是显而易见的,尤其是在运能富余的情况下,增加客运量是投入小、产出大的提高经济效益的措施。

客运量问题涉及多个方面,就轨道交通外部而言,车站吸引范围内的土地利用状况对客流生成有较大影响,适当地减少平行运营的常规公交线路对提高轨道交通客运量也有积极意义。

对轨道交通自身而言,加快线网建设、提高轨道交通在中心城的面积覆盖率和与主要客流集散点的连通率,使乘客利用轨道交通出行方便、快捷,可以提高公交客运量中的轨道交通所占比例。此外,研究乘客需求、提高服务水平也是吸引客流的重要措施。

评价轨道交通服务水平的指标主要有服务频率、列车正点率、便利舒适和乘客安全等。从提高乘客满意度、吸引更多客流与提高运输收入出发,轨道交通全体员工都应把服务与经营、收入、利润联系起来,树立起服务经营观念。

2）非车费收入

运营企业实行多元化经营,拓宽收入与利润来源,我国香港地铁的成功经验值得研究和借鉴。香港地铁的非车费收入有两部分,一部分反映在经常性收入中,另一部分是非经常性收入。

(1) 经常性收入：包括车费收入、车站内商务及其他业务收入、物业出租及管理收入三部分。车费收入是主业收入，后两项收入是副业收入。其中的车站内商务及其他业务收入，主要是指广告、商店租赁、电信服务、对外顾问服务等方面的收入。

数据表明，在经常性收入中，主、副业收入大体是七三开，主业收入占主导地位，但副业收入的比例有上升的趋势。另外，主、副业收入均在稳步增长，这种局面实质上是主、副业相互促进的结果。地铁客流的增长使车站广告位、小商店铺位的商业价值提升，而车站内各类服务所提供的方便又吸引了更多的客流。

(2) 非经常性收入：香港地铁的非经常性收入主要是物业开发利润，它得益于香港特区政府的优惠政策，即根据地铁建设协议，地铁公司取得上盖物业开发权，物业发展商承担建造住宅、商场、写字楼、停车场和酒店的费用和风险，而地铁公司可从物业开发中获取利润。

对于物业开发，有两点需要强调。首先，物业开发为地铁带来了大量、稳定的客流。其次，物业开发与新线建设有一定关联。

3．政策扶持

1) 政策扶持的依据

从微观的角度，轨道交通运营亏损是普遍现象，收支不能平衡的直接原因是乘客支付的车费远低于成本。在运营亏损的情况下，如果没有合理的政策扶持，轨道交通的投资者、运营者将难以持续经营，最终会抑制轨道交通的发展。

从宏观角度，轨道交通的公益性质明显、社会效益显著，城市的社会经济发展、市民的生活质量提升，均受益于轨道交通的发展。将轨道交通产生的社会效益，以政策扶持的形式返回给投资者、运营者，可吸引较多的投资者进入轨道交通领域，从而实现轨道交通发展与社会经济发展的良性互动。

轨道交通的社会效益是指轨道交通给运营企业以外的整个社会带来的经济效益。可分为短期效益和长期效益、有形效益和无形效益等。

轨道交通的社会效益可以概述如下：

◇ 节约出行时间：轨道交通可以节约乘客出行时间，而乘客则可利用节约的时间去从事社会生产和其他的社会、个人活动，产生社会效益。

◇ 减轻交通疲劳：在拥挤、不舒适条件下长时间乘车会引起人体机能下降，产生交通疲劳。对通勤人员，交通疲劳会使其劳动生产率下降。而轨道交通的舒适、快速，有助于减轻交通疲劳。

◇ 减少公交支出：由于轨道交通分流了常规公交的客运量，常规公交的投资和运营费用相应减少，如公交车辆购置和车辆维修保养等。

◇ 缓解交通拥挤：交通拥挤既使行车速度降低、油耗增加和运营成本上升，也使乘客出行时间和出行成本增加。轨道交通出行的快速、舒适和安全，有利于吸引客流，从而减少地面交通的客流和车流。

◇ 减少交通事故：轨道交通以路权专用为主，发生事故的频率低于地面交通。此外，轨道交通对地面交通的分流，也使地面交通的安全情况有一定改善。

◇ 节约土地使用：在中心城内，轨道交通线路通常敷设在地下隧道或高架轨道上。即使是地面线路，就乘客人均占用土地面积而言，轨道交通也是各种城市客运交通方式中最少的。
- ◇ 促进经济发展：轨道交通能使沿线土地增值，带动车站周围地区商业发展，给相关产业带来商业计划，从而增加就业和税收，促进经济发展。
- ◇ 降低能源消耗：从能源的角度，轨道交通采用电力牵引，在人公里能耗上是各种城市客运交通方式中最低的。
- ◇ 减轻环境污染：轨道交通是环境友好型的城市客运交通方式，与道路交通相比，无尾气排放，噪声影响较小，环境污染治理费用降低。
- ◇ 引导城市合理布局：发展轨道交通对城市各区域功能的优化调整、居民住宅区的合理布局，以及卫星城镇的加快发展等都起到积极的促进作用。

2) 扶持政策的选择

扶持政策的类型：轨道交通的运营亏损可分为非经营性亏损和经营性亏损两种情形。政策扶持的目标是非经营性亏损，使运营企业能收支平衡、略有利润。

从成本承担的角度，轨道交通的投资、运营模式大体有下面两种。

承担运输成本模式：该投资、运营模式的特点是承担完全成本，轨道交通的投资、运营合一，轨道交通企业承担工程投资、贷款利息和运营费用。对经营亏损，政府给予财政补贴或给予某些特许经营权，使其能收支平衡。

承担运营成本模式：该投资、运营模式的特点是承担部分成本，轨道交通的投资、运营分开，轨道交通企业只对运营费用及追加投资、大修费用等自负盈亏，不承担折旧费用和贷款利息。在轨道交通发展、运营初期，政府通常给一定的财政补贴。

由上面的分析可知，政府的财政扶持主要是财政补贴和给予特许经营权两方面。

财政补贴：财政补贴是国内外采用较多的政策扶持方式，财政补贴的具体措施包括：亏损全额补贴、税收优惠或减免、少提或不提折旧、贷款利息减免、贴息贷款和各种经营补贴等。

特许经营权：该政府给予某些特许经营权，轨道交通企业借此获得利润，并补偿主业经营的成本或亏损。香港地铁通过政府给予的上盖物业开发权，可从物业发展商处得到50%的利润，为地铁盈利和线网建设打下了基础。

扶持政策的具体选择，取决于轨道交通的投资体制、地方政府的经济实力、经济发展的市场化程度，以及轨道交通沿线的开发现状等。但不管选择何种扶持政策，均应达到下面两方面的效应：一是企业有内在动力区控制成本，增加收入；二是新的投资者能看到盈利前景，有兴趣参与投资。

复习思考题

1. 轨道交通运营企业的成本有哪些特点？
2. 轨道交通运营成本是指什么？如何进行分类？
3. 什么是营运费用？主要包括哪些？
4. 什么是管理费用？什么是财务费用？什么是营业外支出？
5. 什么是折旧成本？包括哪几部分？折旧成本如何计算？
6. 轨道交通运营收入有哪些？

7. 票价变动对车费收入有怎样的影响？
8. 对单位产品成本影响较大的因素有哪些？
9. 客运量对成本有何影响？
10. 车辆运用对成本有何影响？
11. 提高劳动生产率对成本有何影响？
12. 降低能耗对成本有何影响？
13. 工程购建投资对成本有何影响？
14. 轨道交通票价制式主要有哪几种？什么是轨道交通采用非单一票价制的基础？
15. 单一票价制有何优缺点？
16. 计程票价制如何计算票价？有何优缺点？
17. 什么是区段票价制？
18. 什么是分区票价制？
19. 运价制定理论有哪些？
20. 国内轨道交通票价制定有什么特点？为什么？
21. 轨道交通票价制定的基本出发点是什么？应遵循什么原则？
22. 轨道交通票价是如何调节客流的？
23. 票价制定的策略有哪些？
24. 差别定价策略的基本思路是什么？试举例说明差别定价策略的运用。
25. 什么是客运需求的价格弹性？其不同的取值分别表示什么含义？
26. 通过对轨道交通客运需要的价格弹性分析，可总结出哪些结论？
27. 提高轨道交通运营企业的经济效益有哪些思路？
28. 轨道交通提高劳动生产率的途径有哪些？
29. 提高设备的利用率具体有哪些措施？
30. 轨道交通可采取哪些措施来降低用电消耗？
31. 轨道交通可采取哪些措施来降低工程造价？
32. 轨道交通可采取哪些措施来增加车费收入？
33. 轨道交通非车费收入如何分类？
34. 什么是轨道交通的社会效益？
35. 轨道交通的运营亏损分为哪两类？政策扶持的目标是什么？
36. 从成本承担的角度，轨道交通的投资、运营模式有哪两种？各模式的特点是什么？
37. 政府的政策扶持有哪几方面？各自有哪些具体措施？
38. 政府的扶持政策该如何选择？扶持政策的制定应达到哪些效应？

第 11 章

轨道交通投融资模式

11.1 城市轨道交通产业特征

1. 技术经济特征

1) 基本特征

◇ 运输量大,快速,准时;
◇ 行程为中短途,停车点多,客流波动大;
◇ 由于形式的差异,城市轨道交通的技术特点存在差异。

2) 经济特征

(1) 城市轨道交通是准公共物品。

城市轨道交通运输服务具有消费的非竞争性和一定的排他性等基本特征,决定了其服务可以由政府部门、企业或两者合作进行提供,其融资既可以由公共财政解决,也可以借助市场化的融资方式解决。

(2) 城市轨道交通的外部效应巨大且主要是正外部效应。

城市轨道交通能增加城市的社会经济福利,呈现出巨大的正效应。但其所带来的经济价值大部分流向了其他主体,外部效益内部化问题不容回避。政府提供适当的补贴支持是城市轨道交通可持续经营的必要前提条件。根据补贴内容不同,有现金补贴、实物补贴、权益类补贴。

(3) 城市轨道交通具有规模经济特征。

城市轨道交通发挥作用以网络规模为前提,覆盖面越大,密度越高,城市轨道交通服务质量越高,竞争力越强。相对于极高的固定成本,网络运输的边际成本极低,随着载客量的持续上升,网络全寿命周期的平均成本将持续下降。

这就决定了轨道交通初期投资资金需求量大,财务效益低,商业吸引能力差,需要政府介入。但发展到一定规模后,商业价值得以体现,同时又面临资本集中、垄断和监管等复杂问题。

(4) 沉淀成本高,资产保值增值能力强。

随着社会的发展,城市轨道交通将吸引更多的客流,票款收入从长期看,具有一定的增长趋势。同时,轨道交通的洞体使用年限长达百年,随着时间的推移,其资产的升值潜力很大。

这就说明,城市轨道交通行业具有明显的自然垄断特征,一般企业难以进入该领域进行投资建设,而且网络初期建设代价很大,一般企业难以承受。但从长远看,城市轨道交通投资的期权价值明显。

(5) 较强的可替代性。

城市轨道运输和其他运输方式都是对人和物的空间位移,存在较强的相互替代性。城市轨道交通产业较强的外部竞争环境限制了价格和赢利空间,要求轨道交通的投融资必须统筹考虑与公共汽车等基础设施的竞争格局、价格关系等。

2. 运营特点

(1) 城市轨道交通项目的运营具有时空局限性。

营运时间是有限的,不能通过加班来增加收入。营业地点限制在固定线路上,不能在主线之外进行。这就在一定程度上限制了城市轨道交通项目的商业化运作空间,必须在特定空间范围内配置资源,从而进一步限制了其融资操作的空间。

(2) 城市轨道交通项目运营受城市发展水平影响。

城市轨道交通项目的收益水平,不仅与其运营管理水平相关,也与城市规划、城市经济发展水平以及相关政策有关。随着社会发展,城市轨道交通将不断吸引更多的客流,形成稳定的收入,使项目采取市场化融资方式成为可能。

但同时,社会进步要求考虑公平问题,城市轨道交通属于城市基础设施,其票价的增长要顾及城市人口的平均收入水平,增长是相对有限的。

(3) 城市轨道交通沿线商业开发价值较高。

充分发挥城市轨道交通的网络性特点,对其进行规模化、集约化经营,实现其经营方式的品牌化、连锁化,以实现其综合经济效益的最大化。

通过广告、沿线物业、智能卡服务的开发等途径可以增加城市轨道交通项目的衍生收益。利用轨道交通站点采取连锁店、品牌店等现代营销方式,地下商业网络将随着城市轨道交通网络的成熟完善而发展壮大。

(4) 城市轨道交通运营主体可以采用多种模式。

◇ 政府运营,不以获取盈利为主要目的。

◇ 以盈利为主要目的的商业化运营。

(5) 运营收益具有不均衡性。

城市轨道交通项目初始投资大、回收期长,前期收支难以平衡,进入门槛很高。从长期看,随着城市化进程及运营网络的日益完善,未来具有长期稳定、持续增长的现金流收入。

这种特征表明在初期阶段不适宜大规模的市场化融资,应主要依靠财政资金进行投资建设。待网络建设达到一定规模后,商业资金进入的条件逐步具备,在此基础上就可以考虑市场化融资的相关策略。

3. 产业组织特征

(1) 横向结构:互补、垄断与竞争。

城市轨道交通各线路间的关系,其实质是垄断与竞争的关系。城市轨道交通与其他交通方式之间,其实质是竞争与互补的关系。

要求政府在制定城市规划时应打破部门界限,对城市各类交通方式进行统筹规划。要充分考虑乘客的支付意愿以及运输服务的边际成本定价。

城市轨道交通网络建设具有规模经济递减的产业特点,一个城市不宜有若干企业来开发若干个城市轨道交通网。从资源配置效率的角度,在城市内部应该实行适度的垄断经营,无论是在线路布局建设还是线路运营方面,均不宜进行过度竞争。

(2) 纵向结构:分离与统一。

城市轨道交通的纵向结构即所谓轮轨关系,就是"网"与"运"是否可以分离的问题。

从资产角度看,"网"(包括线路主体、车站、轨道、信号等)与"运"(包括车辆、运行等)无疑是可以分离的,它们可以由不同的投资主体投资和拥有。

按城市轨道交通各部分资产是否由同一主体所投资拥有可以分为资产一体化结构与资产分离式结构。常见的是资产一体化结构,但北京地铁4号线属分离式结构。分离式资产结构下,任一部分资产都无法独立提供运输服务,各部分资产必须通过一定的协议安排组合起来(如租赁协议),才能进行有效运营。

11.2 国内外城市轨道交通投融资模式

欧美国家主要采用"一体化"投资模式,即由政府公共服务机构或国有公营企业在透明监管的条件下垄断经营,且投资、建设、运营一体化。其优点在于所有的矛盾都可以在体制内协调,不会出现资金不到位、设备不适用等问题。

亚洲部分国家采用的是投资、建设和运营分离模式,以新加坡和中国台北为代表,政府负责筹资和建设城市轨道交通,然后授权城市轨道交通运营公司经营。该模式优点在于,政府将城市轨道交通作为准公共产品,把体制性亏损与经营性亏损区分开,以提高企业经营效率,减少公共财政支出。

1. 国外情况

1) 英国伦敦模式

政府提供资金建造新线,提供资金维护和改善既有线路,但运营所需费用政府不予资助。其投资来源有政府投资、地方公共团体投资、银行贷款、债券、城市轨道交通建设附加费、城市轨道交通营业收入等。

自20世纪90年代以来,英国城市铁路进行了体制改革,由过去的国有国营转为政府授权给私营联合体来运营。其目的是通过提高管理水平来提高效率及降低成本,减轻政府对铁路运营的补贴负担。

借鉴于城市铁路的投融资经验,伦敦地铁已经允许由私人投资对既有城市轨道交通线进行维护改造,通过PPP模式将地铁的更新改造及日常维护工作外包给三家民营的基础设施维护公司。运营管理仍由国营的伦敦地铁公司负责。

2) 德国与法国模式

德国各城市的城市轨道交通建设资金60%来自于联邦政府,其余由州、市政府承担。联邦政府规定:交通运输建设所需的资金,在全国范围内以汽油税方式征收,其中10%用于各城市的城市轨道交通建设。德国政府还制定了一些法律和规章吸引资金投资于城市轨道交通基础设施。

法国巴黎的城市轨道交通建设资金,由中央政府、地方政府及地铁公司三方承担。根据各条线路的具体情况不同,各级政府的分担比例有所不同。一般来说,40%来自中央政府,40%由大区政府提供,20%由巴黎地铁公司自筹解决。

德国与法国模式的特点是政府直接参与城市公共交通的统一规划、建设和管理。城市交通基础设施基本上由政府投资建设,公共交通运营由各公交公司承担,公交线路由政府采取招标方式公开拍卖,营运赤字由政府定额补贴。

3)美国模式

美国城市轨道交通融资特点是征税与商业化开发。包括:

(1)对非交通设施使用者收费。从房产税、收入税、买卖税、矿产税收入中抽出一部分用于交通建设。

(2)对城市轨道交通车站周围土地的合作开发。公交管理部门或城市轨道交通部门与开发商合作向开发商出租车站周围所拥有的土地,从开发商手中收取土地租金和从开发商的毛收入中按一定比例收取附加租金。

(3)注重利用商业化原则进行交通项目的利益返还。如向地铁收益范围的不动产征收费用。

4)日本模式

从建设主体上看有社会资本、民间与国家或地方公共团体、国家或地方公共团体三类。其中由各级政府和私营部门共同出资组成的城市轨道交通企业,称之为第三部门。该模式中,企业建设经营的社会效益较好,但完全依赖私营企业又难以实现自负盈亏,因此设立了半公半私的城市轨道交通企业。

投资来源包括各级政府补助、地方公共团体投资、债券、贷款、使用者负担、受益者负担、内部保留基金、税制优惠等。

5)东南亚模式

马尼拉地铁1、2号线由政府出资建设,其主要设备分别利用比利时政府贷款(利率7%,偿还期20年)、日本协力基金会贷款(利率2.5%,偿还期30年)。

新加坡地铁系统中的3条线路,总费用50亿新币,全部由政府财政拨款投资。正式投入运行后,承担运行管理的地铁公司不负偿还的责任,城市轨道交通的建设资金由政府通过土地开发收益来弥补。

曼谷及吉隆坡的城市轨道交通建设中,采用了BOT(建设、经营、转让)等商业化运作模式。

国外城市轨道交通融资模式的经验总结如下:

◇ 政府主导+商业化运作是基本形式;
◇ 重视法律和财政税收政策支持;
◇ 监管透明,政企分开,补贴机制稳定、科学、清晰;
◇ 土地开发与交通发展协调统一。

2. 国内情况

从20世纪90年代初开始,我国的城市轨道交通事业逐步复苏,2003年后,我国城市轨道交通开始了加快发展时期。近年来,我国城市轨道交通发展的主要特点如下:

◇ 城市轨道交通发展得到国家高度重视;

◇ 建设速度明显加快，规模迅速扩大；
◇ 城市轨道交通成为大城市可持续发展的趋势之选。

1) 北京模式

(1) 2003年前的"一体化"阶段。只由一家国有企业独家经营。问题比较多，如亏损、效益低、服务水平差等。

(2) 2003年以后的"三分开"阶段。成立北京市基础设施投资有限公司（"京投公司"）、北京市轨道交通建设管理有限公司（"建管公司"）、北京市地铁运营有限公司（"运营公司"）。京投公司作为北京市轨道交通业主，委托建管公司建设轨道交通新线项目，建成后委托运营公司运营地铁线路。三家公司在市政府的统一领导下，各司其职，通过专业化的分工协作，共同推进北京轨道交通的发展。在模式特征上，从"国有国营"向多元化模式转变。

北京模式，就是通过投融资、建设、运营三分开的专业化分工协作，提高社会资本投资的吸引力，使得北京轨道交通的发展在短期内解决了资金瓶颈，实现了政府配置资源和市场配置资源的有效结合。在此基础上，广泛使用各种金融工具及融资创新，在短期内筹集了大量的资金，保证了北京轨道交通建设需要的巨额资金。

2) 上海模式

(1) 1983—2003年前的"一体化"模式。建设所需资金往前由市财政支持。上海市政府指定上海久事公司和上海市城市建设投资开发公司负责将筹集的建设资金通过地铁指挥部转给上海地铁总公司，地铁总公司直接负责项目的建设和运营。建成后由地铁总公司运营，由政府负责运营监管。

(2) 2000—2004年的"四分开"体制。上海市公共事业管理局和轨道交通管理处组建上海市城市交通管理局负责轨道交通的监管，投资、建设、运营分别由相关企业负责。申通集团负责投融资业务；运营业务由上海地铁运营有限公司与上海现代城市轨道交通股份有限公司负责；上海地铁建设有限公司负责建设业务。

(3) 2004年以后的"二分法"。2004年，上海地铁建设有限公司并入上海申通集团；2005年，上海地铁运营有限公司划归申通集团。同时，为协调大规模建设中政府和企业的关系，2005年8月，成立上海市城市轨道交通建设指挥部，申通集团董事长兼任副总指挥和办公室主任。

3) 广州模式

广州市政府承担投资并授权广州地铁总公司负责投资、建设、运营其下属的各全资公司和控股公司。其城市轨道交通投融资的主要特点就是政府承担几乎所有建设资金的筹措。

首先，在建设资金上，广州地铁1、2号线由广州市政府全额投资，市政府拿出24块土地用于筹资建设1号线，所有的国内外贷款由市政府承担，地铁公司不承担还本付息的风险。

其次，从运营方面上，广州市政府从电价上给予地铁公司优惠；协调公交和城市轨道交通，形成优势互补的局面。

再次，在税收政策上，对于城市轨道交通庞大的地下建筑，将其定位为民用防空工程，减少建筑方面的收费。

第四，在法律法规方面，自1999年12月1日起，广州市就开始实施《广州市地下铁道管理条例》来保证城市轨道交通建设顺利进行和安全运营。

广州市城市轨道交通的经营采取包干的方式。政府出资将项目建成后,将项目的经营权交与地铁总公司,但不再对项目的运营进行补贴。地铁总公司如果经营出现亏损,将以自身信用或经营权质押的方式到银行进行融资,政府对这部分债务不再承担责任。

4）天津、南京模式

为城市轨道交通的发展建立长期稳定的现金流体系,以保证项目建设的资金需求,并增强对社会投资的吸引力。具体做法是：以基年财政收入作为参照,对城市财政收入的增长部分按一定比例计提城市轨道交通建设专项基金。

这种模式为那些急于建设城市轨道交通网络,又苦于融资无门的地方政府开辟一个新的路径,并可能成为近期发展城市轨道交通最行之有效而不难实现的一种模式,但同时也对这些城市的经济管理和信用维护提出了新的要求。

5）香港模式

香港地铁公司从一开始,就将经济效益放在了首位,公司的经营必须遵循审慎的商业原则。2000年香港政府对地铁公司进行了股份制改造,让高层主管级员工持股。通过资本运作,一方面进一步优化了地铁公司的产权结构,规范了企业制度,在国际上、市场上树立了良好的形象；另一方面,政府通过出售少量的股权,回收了可观的增值资金。

香港城市轨道交通的立法和政策为融资提供了条件。政府确定将地铁站出口处一定范围的土地,批给地铁公司发展楼宇物业,用于弥补经营的不足,近年来,政府还将地铁内的通信设备,批给地铁公司经营,开辟了新的利润增长点。

香港地铁公司完善的企业治理结构为盈利提供了保障。香港地铁公司的治理结构由董事局和执行总监会组成。董事局职能是负责香港地铁公司的重大决策及监管；执行总监会负责地铁的日常业务管理。

香港地铁的融资机制：香港地铁多年来一直根据一套理想的融资模式进行融资,按照既定的定息及浮息借贷比例、可容许的外汇风险水平、借贷还贷期的适当分布以及不同的融资工具来分散借贷风险。

香港地铁的盈利情况：香港地铁多年经营的盈利模式赢得了投资者的信任。在经营利润的构成中,非车费收入的比例已经越来越大。香港地铁依托便利交通的有利条件,积极开展物业发展、广告、商业以及移动电话等经营活动,取得了良好的收益。

国内外城市轨道交通融资规律如下：

◇ 以政府为主体筹集建设资金是国际惯例；
◇ 市场化融资离不开政府的有力支持；
◇ 我国城市轨道交通投融资模式由单一走向复合；
◇ 城市轨道交通投融资模式市场化程度逐步提高；
◇ 发展城市轨道交通必须与经济实力相匹配。

11.3 投融资的资金来源和管理模式

1. 可供选择的城市轨道交通资金来源

城市轨道交通的社会效益远大于项目本身的经济效益,政府承担一定的建设资金是理所当然的。但这并不意味着所有建设资金都由政府提供。政府更需要做的是建立起一系列吸引社会资本的体制和制度,制定出可行的政策,为社会投资者创造一个宽松的、有保障的投资环境,既要保护投资者的权益,又要实现社会福利的最大化,在二者之间寻找一个平衡点。

轨道交通资金来源可以从以下方面入手:

(1) 政府投资:中央政府、地方政府对非经营性的基础设施的建设和养护进行投资。

(2) 发行股票:交通基础设施项目,与第一、第二产业的一般经营性项目相比,具有收益稳定性、准行政性、准垄断性等特点。一般情况下,其收益必然随着社会经济的发展而逐步提高,投资风险相对较小,对投资有一定的吸引性,为城市轨道交通行业的股票发行提供了可能性。

(3) 引进直接投资:大胆而稳妥地向外商开放一些基础产业领域,包括国家法律监管下允许他们从事经营活动。

(4) 投资基金:通过发行收益凭证募集资金后,由专门的经营管理机构用于证券投资和其他实业投资。

(5) 发行债券:向社会公开发行建设债券,类似于银行贷款,需要还本付息。

(6) 各类贷款:政策性银行贷款、商业银行贷款、国外贷款等。

2. 可供选择的城市轨道交通投融资体制模式

(1) 政府主导的垄断一体化投资管理模式:政府负责全部建设投资与运营补贴,指定一家机构负责投资、建设、运营的具体执行。如广州地铁总公司和分拆前的北京地铁集团都是此类代表。

(2) 政府主导的专业化管理模式:政府负责全部建设投资与运营补贴,并指定不同机构(企业)分别完成投资、建设与运营的具体执行。如分拆后的北京地铁集团。

(3) 透明监管下的垄断一体化模式:城市轨道交通服务虽然由政府直接投资和运营,但大多建立了明确的监管体系,其安全、服务质量、成本都受到严格的约束,有的还明确要求严格按照商业原则运营。如新加坡地铁、香港地铁。

(4) 竞争与政府补贴共存的模式:在PPP模式中,一方面引入了竞争,另一方面,政府依然给予城市轨道交通建设以补贴。有前补偿模式(如北京地铁4号线)和后补偿模式。

(5) 适度有效竞争的新一体化模式:市场上存在数量适当的若干集投资、建设、运营管理能力于一身的合格投资人;在新线上马或老线改造时,通过竞争选择最适当的投资运营商授予特许经营权;建立科学合理的补贴与激励机制,政府据此给予合理的补贴支持。

3. 城市轨道交通投融资管理模式发展的主要趋势

(1) 建立健康的城市轨道交通投融资体制:

◇ 划分各个投资主体的职责;

◇ 加强投资主体的权利;

◇ 制定城市轨道交通利益保障机制;

◇ 理顺投融资主体与运营主体关系。

(2) 根据城市轨道交通发展阶段确定相应投资战略。

城市轨道交通事业发展大致经历三个发展阶段：第一阶段，城市轨道交通发展初期，这个时期各个城市开始修建第一条或第二条城市轨道交通线路；第二阶段，城市轨道交通快速发展时期，各城市开始了大规模的城市轨道交通建设；第三阶段，城市轨道交通发展的成熟期，各个城市主要是对现有线路的设施改善及更新、维护和路网优化。

① 初级阶段和快速发展阶段。

初级阶段的主要特征：以政府资金为主导，市场化为导向，项目融资为载体。在这个时期，城市轨道交通刚刚开始建设，在政府投资主导下，学习和尝试运用市场化的手段来解决城市轨道交通发展的资金缺口，是这个时期首先要解决的问题。

快速发展阶段的主要特征：以资本为平台，拓展城市轨道交通产业的多元化融资渠道，以产权为纽带，发展壮大城市轨道交通产业，主要采用政府主导的负债型投融资模式。

② 进入成熟期的投资战略。

成熟期的主要特征：以完善的法律法规为依托，以投融资模式创新为目标，推动城市轨道交通产业的市场化。

一是增加自己供给为着力点，通过引进竞争机制，推进投融资主体多元化，实现经济效益与社会效益的动态平衡；二是以优化资本结构为着力点，通过对渠道体系的拓宽与优化创新，推进投融资渠道多元化，实现资金供给与资本结构优化的协调互动；三是以提供投融资效率为着力点，通过对投融资工具的整合与创新，推进投融资方式多元化，实现资金配置与运作效率的高效互动。

成熟期的投资主要是改造和维护投资，占城市轨道交通总投资的50%～60%，扩建和新建投资占40%～50%。

在此阶段，城市轨道交通的建设资金的来源中，政府资金已处于次要地位，政府投资占到融资总额的20%～40%。项目融资、证券市场融资、银行信贷融资已成为这一时期的主要资金来源，占到融资总额的40%～80%。这一时期，以法律法规为基础的制度环境、以财政政策和金融政策为主体的政策环境相对比较健全，可以根据不同的条件选择适当的多种融资模式。

11.4 社会资本参与的PPP模式

1. 社会资本的特点

逐利性：追求利润最大化是社会资本的最终目标。

脆弱性：其产生历史短、经验欠缺、投资主体素质不高。

投资规模较小：一般以个体投资和家庭式投资居多，以自筹资金为主，规模比较小，生产性投资不足。

注重投资的时效性：要能尽快地收回成本，以利于更好地发展。

2. 社会资本进入我国基础设施领域的现状

基础设施建设对巨大的社会资本有现实的需求：目前，社会资本在城市基础设施项目投资中的作用不大，主要原因是社会资本参与城市基础设施的投融资活动存在不少限制。通过市场手段筹集社会资本进行基础设施建设，是社会经济发展的必然需要。

社会资本投资基础设施的范围：目前，在经济比较发达的地区和改革开放较早的领域，社会资本正在大显神通。如社会资本对浙江的城市基础设施建设起到了巨大的推动作用。上海社会资本已占城市基础设施建设总投资的一半。但就全国状况看，社会资本投资基础设施项目的范围还相当有限。

3. PPP模式中对社会资本的界定

吸引社会资本投资基础设施建设，核心目的是充分发挥社会资本的优势，打破政府财政资金垄断基础设施投资建设的局面，动员各类社会资金进行投融资模式的创新，推动基础设施的快速发展。

这里将政府投资以外的所有资本，包括国有企业、民营企业、境外资本，均视为社会资本，并与社会资本同义。

4. PPP融资模式的内涵

PPP(public private partnerships)译为"公私合伙制"。是指公共部门通过与社会资本建立伙伴关系来提供准公共产品或服务的一种方式，是公共基础设施建设中发展起来的一种优化的项目融资与实施模式，是一种以各参与方的"双赢"或"多赢"为合作理念的现代融资模式，通过这种伙伴关系，合作各方可以达到比预期单独行动更有利的结果。

◇ PPP模式是一种新型的项目融资模式；
◇ PPP模式可以使更多的社会资本参与到项目中，降低融资风险；
◇ PPP模式成为政府在基础设施建设中减轻负担并降低风险的一种有效方式；
◇ PPP模式在一定程度上保证了社会资本的"有利可图"。

5. PPP融资模式的参与各方

政府：通常是PPP项目的主要发起人，在法律上既不拥有项目，也不经营项目，而是通过给予某些特许经营权或给予一些政策扶持措施作为项目建设、开发、融资安排的支持，以吸引大量的社会资本并促进项目成功。

社会资本：是PPP项目的发起人之一，与代表政府的股权投资机构合作成立PPP项目公司，投入的股本形成公司的权益资本。通常，政府通过公开招标的方式选择合适的社会资本。

PPP项目公司：是PPP项目的具体实施者，由政府和社会资本联合组成，负责项目从融资、设计、建设、运营到项目最后的移交等全过程的运作。

金融机构：在PPP项目资金中，来自社会资本和政府的直接投资所占的比例通常较小，大部分资金来自于金融机构，且贷款期限较长，金融机构为PPP项目的顺利实施提供了资金和信用支持。

6. PPP融资模式的特征

以项目为主体：PPP项目主要根据项目的预期收益、资产以及政府扶持措施的力度来安排融资，其贷款的数量、融资成本的高低以及融资结构的设计都是与项目的现金流量和资产价值直接联系在一起。

有限追索贷款：贷款人可以在贷款的某个特定阶段对项目的借款人实行追索，或在一个规定范围内对公私合作双方进行追索，除此之外，项目出现任何问题，贷款人均不能追索到项目借款人除该项目资产、现金流量以及政府所承诺义务之外的任何形式的资产。

合理分配投资风险：可以尽早确定哪些基础设施项目能够进行项目融资，并且可以在项目初始阶段就较为合理地分配项目整个生命周期中的风险，而且风险将通过项目评估时的定价而变得清晰。

资产负债表之外的融资：根据有限追索原则，项目投资人承担的是有限责任，因而通过对项目投资结构和融资结构的设计，可以帮助投资者将贷款安排为一种非公司负债型融资，使融资成为一种不需进入项目投资者资产负载表的贷款形式。

灵活的信用结构：可以将贷款的信用支持分配到与项目有关的各个方面，提高项目的债务承受能力，减少贷款人对投资者资信和其他资产的依赖程度。

7. PPP融资模式的类型

（1）前补偿模式：又称建设期补偿方式，即SBOT（subsidize in building, operate and transfer）。

该模式是把整个基础设施项目分为A、B两个部分：A部分是指项目建设期的基础设施投资建设，由政府出资来完成；B部分包括设备的投资、运营和维护，由社会资本投资组建的PPP项目公司来完成。政府部门与PPP公司签订特许经营协议，按照提供服务的质量、安全、效率等指标，对PPP项目公司进行考核。在项目运营初期，政府将其投资所形成的A部分资产无偿或以名义价格租赁给PPP项目公司，为其实现合理的投资收益提供保障；在项目的成熟期，通过调整A部分资产租金的形式，收回部分政府投资，同时避免PPP项目公司产生超额利润；在项目特许期结束后，PPP项目公司无偿将基础设施项目的全部资产移交给政府或续签经营合同。北京地铁4号线就是这个模式。

（2）后补偿模式：又称建设期补偿方式，即BSOT（build, subsidize in operation and transfer）。

该模式是按照目前国内固定资产投资项目的资本金制度，政府部门与社会资本共同出资组建项目公司，负责项目的投资、建设和运营。政府部门预先核定项目公司的运营成本和收入，对产生的运营亏损给予相应的补贴。特许期结束后，企业要无偿将项目全部资产移交给政府。

这种模式是在项目的运营过程中，通过科学合理的补偿和激励约束机制，保证项目的良性运转，达到项目公益性和经营性的统一。

8. 案例：北京地铁4号线一期项目PPP项目的实施

◇ 北京地铁4号线PPP项目是我国城市轨道交通行业第一个正式批复实施的特许经营项目。

◇ 北京地铁4号线PPP项目是我国第一个利用外资、引入私营部门运作的地铁项目。

北京地铁4号线一期项目（以下简称该项目）南起丰台区马家楼，北至海淀区龙背村，正线长度28.6km，共设地铁车站24座，线路穿越丰台、西城和海淀几个行政区。项目于2003年底开工建设。如图11-1所示。

4号线项目中，土建工程部分投资额约为107亿元，占项目总投资的70%，由4号线公司负责投资建设。车辆、信号、自动售检票系统等机电设备部分投资额约为46亿元，占4号线项目总投资的30%，由京港地铁公司负责投资建设。如图11-2～图11-4所示。

图 11-1　北京地铁 4 号线一期工程线路位置走向

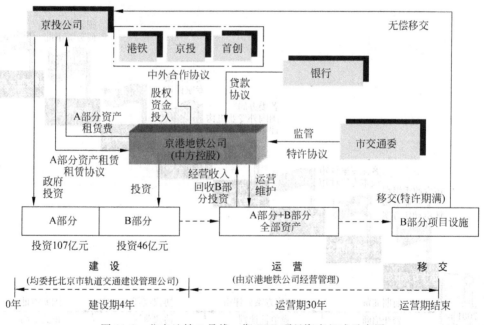

图 11-2　北京地铁 4 号线一期 PPP 项目资产组成示意图

实施效果：

◇ 通过项目自身的未来收益筹集建设资金，大大分担了市政府对轨道交通项目的财力投入压力，可加快城市轨道交通建设速度；

◇ 大幅提高了轨道交通的投资、建设、运营效率；

◇ 为政府部门完善对公用事业监管方式提供了新的思路和方式；

◇ 总结了准公共产品的公私合作一般规律及可行性方案，具有一定的推广借鉴意义。

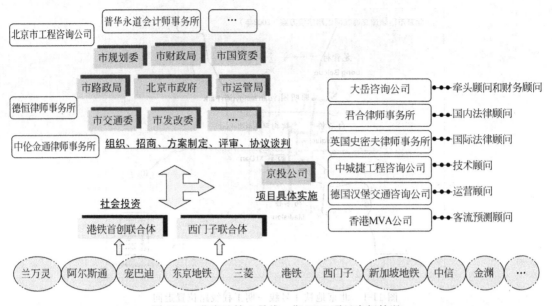

图 11-3　北京地铁 4 号线一期 PPP 项目竞标情况

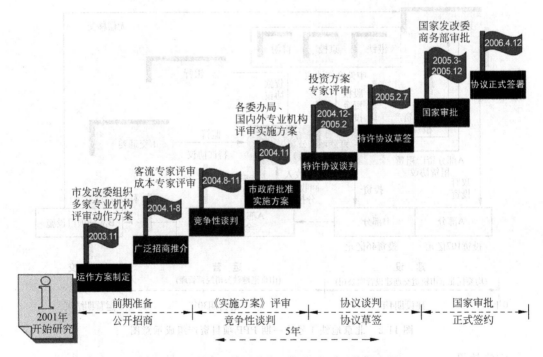

图 11-4　北京地铁 4 号线一期 PPP 项目前期流程

11.5　其他模式简介

1. BT 模式

BT(build transfer)模式,即建设-移交模式,指政府或其授权单位作为 BT 项目发起人经过法定程序选择拟建基础设施或公共事业项目的 BT 项目主办人,并由该 BT 项目主办人在工程建设期内组建 BT 项目公司进行投资、融资和建设,在工程竣工后按合同约定进行工程移交并从政府或其授权单位处收回投资。

BT 项目运作一般有五个阶段:项目发起,立项和准备,招投标,BT 项目公司组建,工程融资建设,移交和回购。

BT 的主要特征:
◇ BT 主要适用于非经营性的基础设施和公用事业项目;
◇ BT 涉及的法律关系复杂,缺乏统一的法律规定;
◇ BT 下的项目移交和付款具有强制性,属于典型的"强买强卖"行为;
◇ BT 项目发起人必须对项目建设过程进行监管;
◇ BT 实现了"政府按揭",具有强大的融资能力。

城市轨道交通项目采用 BT 方式,需要具备以下几个基本条件:
◇ 项目发起人负责的工程前期工作较为深入,相关勘察、设计方案甚至初步设计文件已完成并通过了政府主管部门的审批,工程建设标准明确;
◇ 选定的 BT 工程建设难度相对较少,建设风险基本可控;
◇ 项目发起人信用良好,具备按期回购的能力,能提供符合要求的回购担保;
◇ 工程规模适当,投资额度应在潜在投标人可承受的范围内。

工程案例:北京地铁奥运支线项目。

2. "轨道+土地"综合开发模式

综合开发是指在城市轨道交通建设的同时,利用其所提供的区位优势,对城市轨道交通站点周边及沿线的土地进行高密度的商业开发,进行房地产、商业办公和娱乐等经营项目的建设,通过土地公开出让或自主开发的方式,取得土地的增值收益,充分体现城市轨道交通沿线土地资源的潜在价值,平衡城市轨道交通的建设成本,补贴其运营亏损,实现其正外部效应的内部化,最终解决建设资金问题。

要求:
◇ 城市轨道交通车站及上盖建筑统一规划;
◇ 城市轨道交通车站 2km 范围内的土地利用统一规划。

综合开发的保障:
◇ 需要制定相应的法规政策来对综合开发的行为进行约束;
◇ 法制管理,利益协调,风险控制。

工程案例:香港地铁。

3. ABS 融资模式

资产证券化(asset backed securitization,ABS)是一种资产收入导向型融资方式,它集合一系列用途、质量、偿还期限相同或相近,并可产生规模稳定现金流的资产,通过一定的结构安排,对其组合包装后,以其为标的资产发行证券进行融资的方式。即,创立以收益性资产为担保的可转让性证券的融资过程。

优点:
◇ 降低融资风险;
◇ 降低融资成本;

◇ 实现所有权与运营权的分离；
◇ 改善项目公司的财务状况。

工程案例：重庆城投 ABS 案例。

4．市政债券融资模式

市政债券是指城市政府或其授权代理机构利用政府信用从社会上吸收资金用于提供公共物品和服务支出的长期债务融资。

部分公共物品和公共服务在较短的期限里需要较大的投资，而政府财政预算周期较短，一般为一年，税收刚性又很大，一般不可能在预算年度里根据公共服务的支出情况快速增加税收收入，所以很难在预算周期内实现财政收入平衡，为了有效提供公共物品和服务，发行市政债券有一定的客观必然性和合理性。

美国、日本不少地方政府都发行了市政债券。其经验有：
◇ 地方政府可以在一定范围内发行市政债券；
◇ 利用市政债券的期限结构调节地方资金；
◇ 市政债券主要用于地方公用事业和经济建设；
◇ 建立严格的市政债券管理制度。

我国发行市政债券还在探索中：法律前提条件；担保前提条件；市场基础条件；实践经验条件。

工程案例：上海城市轨道交通债券，苏州工业园区债券，"04 京地铁""06 京投债""08 京投债"。

5．企业负债融资模式

该模式是以城市轨道交通企业自身偿债能力为信用基础对外举债所采用的各种融资方式的统称，包括银行贷款、发行债券等方式。

负债融资模式是目前城市轨道交通项目筹集资金的主要渠道之一，它在规定的期限内必须支付利息，在债务期限结束时必须偿还本金。

主要方式有：
◇ 国内银行中长期贷款；
◇ 外国政府贷款和国际金融组织的长期贷款。

企业要使负债融资作用发挥出来，一定要适度举债。适度举债是指企业自有资金与借用资金比例应适当。负债融资能力能增强经营者责任心，促进生产的发展，优化企业内部管理，这些作用都是在适度举债的前提下才能实现和存在。

6．产业基金融资模式

产业投资基金是指一种对未上市企业进行股权投资和提供经营管理服务的利益共享、风险共担的集合投资制度，即通过向多数投资者发行基金股份设立基金公司，由基金公司自任基金管理人或另行委托基金管理人管理基金资产，委托基金托管人托管基金资产，从事创业投资、企业重组投资和基础设施投资等实业投资。

◇ 有利于推进我国城市轨道交通等基础设施产业的快速发展；
◇ 有利于切实防范与化解宏观流动性风险；
◇ 有利于缓解结构性资金供求矛盾；
◇ 有利于促进我国资本市场积极稳妥发展；

◇ 有利于改进国有资产管理；
◇ 有利于推进城市轨道交通建设领域的市场化改革。

11.6 轨道交通投融资的相关政策

1. 明确投融资主体

完善各投资主体的职责界定；落实城市轨道交通投资主体的自主权；制定城市轨道交通利益保障机制；理顺投融资主体与运营主体关系。

2. 多元化筹措建设资金

强调其独特的产业经济特征；充分考虑城市轨道交通项目极强的外部经济性特征；充分考虑城市轨道交通投资具有规模经济效益明显、网络资产价值具有放大潜力、资产保值增值能力强等特点；各类资金来源都表现为以政府主导为基本形式。

3. 产业开发政策

完善产业组织形式；规范沿线土地开发经营；规范沿线地下空间开发经营；拓展其他沿线资源开发；完善产业开发配套政策。

4. 资本市场融资政策

完善各类证券融资政策：积极拓展城市轨道交通企业股票发行；发行 ABS 债券；市政债券融资；企业债券融资。

完善各类非证券融资政策：银行贷款融资；租赁筹资；企业间债务融资；产业基金融资。

完善吸引外资政策：外商直接投资；外国政府贷款；国际金融组织贷款。

5. 票价政策

票价的制定要立足于吸引乘客；充分考虑公众的承受能力和选择；做好与其他公共交通方式票价水平的横向比较；正确认识票价与成本的关系；制定票价时要考虑对投资者的合理回报；采用上限制调价方式。允许企业在票价的上限范围内按一定的原则自主调价。

6. 经营成本控制及补贴政策

城市轨道交通可以由政府补贴运营，也可以由政府给予相关的扶持政策，对城市轨道交通企业进行变相的补贴。

税收政策：税制优惠；减免营业税。

补贴政策：设立城市轨道交通产业发展基金；电费合理计费与价格优惠。

复习思考题

1. 轨道交通的经济特征有哪些？
2. 轨道交通运营收益具有不均衡性指的是什么？
3. 轨道交通的"网""运"分离指的是什么？
4. 国外轨道交通融资模式有哪些经验可以借鉴？
5. 国内外轨道交通融资的规律有哪些？

6. 轨道交通的资金来源有哪些？
7. 城市轨道交通投融资体制模式有哪几种？
8. 轨道交通各个发展阶段相应的投资战略是什么？
9. 什么是 PPP 融资模式？
10. PPP 融资模式的特征有哪些？
11. 什么是 BT 模式？BT 模式有哪些主要特征？
12. 除 PPP 融资模式、BT 模式外，轨道交通还有哪些投融资模式？

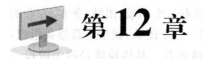# 第 12 章

运营筹备概述

12.1 决策与规划

1. 城市轨道交通运营筹备的任务

顾名思义,城市轨道交通运营筹备就是为新建轨道交通线路的安全可靠投入商业运营进行筹划准备。

要保证新线顺利投入运营,原则上必须具备两个基本条件:一是要有性能良好、设计合理、施工完善的轨道交通设备设施,为运营奠定坚实的物资基础;二是要有一个人、财、物、技术等资源齐备的管理集体,为顺利开通和持续安全、优质运营服务提供组织技术保障。

城市轨道交通作为一个长寿产品,建设阶段的结束只能说明产品初期制作基本完成,但要真正服务于乘客,尚需运营单位进一步开发、加工和应用,使产品功能与乘客需求相匹配。这期间需要具备下述条件:

◇ 要严格履行产品验收者的职责,保证按期从建设单位手中接收到质量良好、性能可靠的产品;
◇ 要合理地把握产品初期制作的设计标准和最终用户需求的平衡点;
◇ 要通过各种途径提前介入产品制作过程,及时、可靠地获取制作信息,并按验收标准和接管条件进行验收、接管;
◇ 要为产品运营期的深加工、应用进行人力、物力、资金和技术的资源筹备;
◇ 要为科学、经济、合理地调用这些资源服务于最终用户而进行组织架构和管理体系的设计;
◇ 要为安全、可靠的组织运营去研究、开发运营管理技术和提前进行实战演练,即综合联调演练;
◇ 要为开通后的试运营提供安全、可靠、优质的服务管理;
◇ 要配合政府和建设单位筹备工程竣工验收;
◇ 要为运营利益的分配去协调处理政府、投资、建设、能源供应、公交接驳管理单位的工作接口等。

如此大量复杂繁重的工作非几个人几天能够完成，必须有一个高效、团结、务实、专业的工作团队，经过长达3~5年的精心筹划和实施才可能做到。这个团队，就是运营筹备组织，它的任务和目标就是全面履行上述工作，确保新线顺利开通运营。具体说就是两个阶段三大块内容。

两个阶段是指"三权"接管前和"三权"接管后两个阶段。("三权"是指调度指挥权、属地管理权、设备设施使用权)

三大块内容包括"三权"接管前的外部工程建设筹备，内部运营管理组织架构、管理体系以及试运营所需人、财、物、技术等资源筹备，以及"三权"接管后的联调演练、开通试运营管理。

第一阶段，"三权"接管前要配合工程建设工作和筹备运营管理资源和管理体系。涉及的任务和工作程序：

◇ 确立运营筹备总体战略决策，确立运营筹备的总体目标、工作基本原则以及运营筹备人员介入工程建设的深度和参与形式；

◇ 在总体战略的指导下，筹建运营筹备处或运营筹备项目部，开始正式启动运营筹备工作；

◇ 以运营筹备处或运营筹备项目部为单位，根据开通运营目标要求和工程建设工期，全面、系统地策划和编制运营筹备计划，落实计划执行的责任主体；

◇ 按照计划，有目的、有组织、有步骤地以不同的形式直接或间接地参与工程建设的设计审查、用户需求书编制、设备监造、工程验收标准审查以及施工过程的协查、跟踪验收工作；

◇ 按照计划，有组织地开展运营组织架构，薪酬体系，规章制度管理体系，行车、客运、票务、维修、安全等组织模式的专题研究；

◇ 按照计划，提前组织编制"三权"接管方案、综合联调演练方案、开通试运营组织方案；

◇ 按照计划，有步骤、有层次地开展人、财、物、技术、后勤保障、安全保卫等资源筹备、单位工程验收和"三权"接管。

第二阶段，"三权"接管后至国家竣工验收前，要开展综合联调演练和组织新线开通试运营管理。

此时的运营筹备已由紧张的筹备期过渡到试运营期，开始了由综合联调演练到正式试运营的组织管理工作。涉及的任务和工作程序如下：

◇ 按照综合联调演练的方案和实施计划，组织开展各项综合联调和演练，并对存在的问题进行跟踪整改；

◇ 委托专业评估机构对即将开通的线路进行开通前的评估，明确是否具备开通条件；

◇ 组织新线开通试运营管理；

◇ 配合建设单位开展国家竣工验收，提交试运营总结报告。

2. 不同经营管理模式对运营筹备的影响

1) 对工作目标的影响

建设、运营分立模式条件下，城市轨道交通的运营商往往通过商业投标取得运营权，并受合同制约，所接受的已建成的城市轨道交通设备设施是运营筹备的基础。基于商业原则，它将在合同制约下追求最大商业利益。运营筹备的目标一般以有利性、经济性、时效性为主,具体来说就是尽可能获得状况优良的合同内设备,尽快实现可运营状态并投入运营,并通过运营实现经济效益。

建设、运营一体化模式条件下,城市轨道交通的运营商同时又是建设方和投资方,对城市轨道交通整个项目的运作效果负总责。事实上它同时是受政府委托的城市轨道交通建设代理者和运营商,它的企业目标是在追求经济效益的同时追求社会效益,并在运营投资、建设环节就对今后的运营所带来的经济和社会效果进行充分的预想和准备。

2) 对工作范围的影响

建设、运营分立模式条件下,运营商以合同为依据,组织运营筹备工作。对于作为合同前提条件的规划、设计和建设成果,在符合合同规定的条件下,无条件接受。其负责的运营筹备组织的工作范围仅限于合同内设备设施的验收、移交、接管和调试工作,合同外设备设施的采购、安装和调试工作,人、财、物等运营资源的筹备工作,并且将花费大量时间、资源和精力用于与投资方、建设方、监管方的协调和讨价还价,围绕运营合同的实施和管理工作,最大限度地维护其商业利益。运营筹备的关键点和难点在于合同管理和对外协调工作。

建设、运营一体化模式条件下,由于运营商同时也是投资方和建设方,其运营筹备组织的工作范围向建设环节延伸,即将组织运营的要求带到了投资和建设环节,运营筹备人员参与建设等相关环节工作,共同协调确保设计和建设成果为运营提供更好的平台和支持。各环节的协调使组织内部可以得到较为高效的运行。运营筹备工作的关键点和难点在于基于服务和运营的需要,在技术层面促使设计、建设等满足运营的要求。

3) 对组织形式的影响

建设、运营分立模式条件下,运营商的业务相对简单,因此组织架构也较为简单,主要根据合同对其权利和责任的要求设置组织架构。一般来说可包括运营服务单位、运营调度协调单位、维修支持单位、附属业务经营开发单位、专业管理单位等。决定组织形式的关键因素是运营商所运营的设备特点和运营规模。

建设、运营一体化模式条件下,负责设计、建设和运营的单位共存于同一个企业内,势必造成企业业务差异大、企业规模大。企业多以集团公司的形式出现,根据业务划分内部单位之间的界限。决定组织形式的关键因素是整个企业的发展战略。

3. 政府对城市轨道交通运营筹备的要求

城市轨道交通一直存在着公益性和福利性,从社会效益的角度考虑,轨道交通的发展离不开政府的帮助,政府是城市轨道交通的供给主体。因此,在建设、运营管理过程中,政府会通过各种手段对城市轨道交通的投资、建设和运营进行管制。这些管制,一般集中体现为票价限定、特许权投标等经济性管制,以及排污量、客运量、环境管制、劳动契约的管制、健康与安全的管制等社会性管制。

与企业相比,政府对城市轨道交通运营筹备的影响还延伸到了城市轨道交通项目的立项、规划、设计、拆迁等前期环节。

政府作为城市公共资源经营者,通过在前期环节中履行政府在立项、审批、财政支出管理等方面的行政管理职责,约束、引导城市轨道项目充分发挥其公益性和福利性作用。

基本手段包括:对城市轨道交通建设、管理方针、政策、条例的制定,城市轨道交通项目立项、规划、设计、拆迁方案的审批和决策,城市轨道交通项目参与主体的设定和限制,经营模式的选择,投资和补贴政策的制定等。城市轨道交通运营筹备工作必须基于政府以上的要求,在筹备目标、关键工期、工作量、工作范围、协调关系、内部组织分工等方面做出相应的调整。

4. 城市轨道交通运营筹备的基本原则

1) 全寿命周期成本最低原则

全寿命周期成本的核心思想是将产品建设阶段的生产成本目标和运营阶段的使用成本目标相互渗透、延伸,整合成一个中心目标——产品的全寿命周期成本目标进行统一管理,力求以最低的全寿命周期成本获得同样的经营效益。

避免因过度压缩建设投资、工期,导致降低系统功能和设备质量等级标准;避免因盲目追求技术的先进性,无视后期的运营维护管理,从而造成运营服务质量低下,维护成本大增。

2) 项目管理制原则

城市轨道交通每一条线路的建设、运营筹备工作都是一次性、不可逆的,且有明确的开通时间、开通标准等条件约束,实施过程中存在社会、经济、政策等外部不可预控因素影响,因此,应用项目管理的理论和方法开展运营筹备工作是客观的要求和科学的选择。

3) 层次需求性原则

运营筹备应本着从安全到先进、从重要到次要、从基本到辅助、从实用到美观、先搭骨架后提升档次的层次渐进原则,长远规划与近期实施相结合,做好工程接管和运营服务准备工作,实现城市轨道交通的持续健康、稳定的滚动发展。

4) 动态和静态统一的原则

在筹备计划的执行过程中不可避免地会发生一些作用因素的变化和执行成果的偏差。为此,在保证筹备计划的指导性、稳定性和权威性的基础上,必须根据实际情况对筹备计划进行同步跟进,对计划实行循环动态管理。

5) 线网兼容性原则

无论是城市的首条线路抑或增建、延续线路的运营筹备,均不应仅限于单条或两条线路,应全面或适当超前考虑整个城市线网建成后的情况,从整体线网运营角度去全面、综合、科学地进行人、财、物、技术等资源筹备规划。

5. 筹备组织

新线筹备组织,主要指新成立的且尚未承担过任何线路运营任务的运营单位在建设尾期,即新线开通试运营前期需要成立的组织单位,用于专门负责新线运营筹备组织工作,确保预开通线路的顺利接管及运营。

1) 筹备启动期的筹备组织

在筹备启动期,运营筹备工作的特点是政策面的工作性强、对外协调要求高,因此从节约资源、精简机构的角度出发,可采用以项目运作方式组建独立的运营筹备项目组。

首次开通运营线路的运营单位,必须在预开通线路正式投入运营前三年内,成立独立的项目组。同时,应设置合理的组织结构管理模式及人员配置,明确工作任务、职责以及项目组外部组织相关的职能,并最终落实筹备项目小组成员全部到位。

2) 筹备接管期的筹备组织

筹备接管期的特点是操作层面的工作性强,随着内部组织规模逐渐壮大,对内协调要求较高,且基本具备了城市轨道交通线路开通后的全部运营管理业务的雏形。

相应的,运营筹备接管期筹备组织必须在原有的项目组的基础上脱胎演化,逐步发展为长期、正式的组织架构,以满足独立承担运营业务运作的需要。

因此在工程建设后期,即开通线路正式投入运营前两年内,根据新线接管并投入运营的需要,运营商要在筹备启动期的组织架构的基础上,逐步建立起正式的运营管理组织机构,同时兼而负责运营筹备工作。在此期间,基于今后运营管理的需要,合理设计运营管理模式、组织架构及其功能,明确内部部门职责及定位,明确相关业务流程。

12.2 实施与控制

1. 人力资源筹备

人力资源筹备就是紧密围绕企业的发展战略,建立影响员工行为、态度以及绩效的各种岗位、绩效、薪酬、培训管理等制度体系,并综合运用规划、招聘、调配、考评、晋升、培训等手段,激发和调动员工的积极性和创造性,实现企业价值最大化的动态过程。

人力资源筹备分为宏观和微观两个层面,宏观层面指建立一套与企业发展战略相匹配的人力资源管理体系,微观层面是指根据企业发展战略的需要,进行人力资源储备。

一套完整的人力资源管理体系,包括选人、用人、育人、留人四个环节。其中,招聘和选拔系统是选人环节的基础,配置与使用系统是用人环节的基础,培训与开发系统是育人环节的基础,考核与薪酬系统是留人环节的基础。所有这些基础都离不开岗位管理、绩效管理、薪酬管理。

2. 资金筹备

运营筹备资金指城市轨道交通运营筹备从启动到开通试运营直至国家竣工验收前,贯穿于全过程的资源配置、运作发生费用所需的资金,以及线路竣工验收后预留的线路完善、整改项目资金。

(1) 资金筹备的基本任务:

◇ 确立资金涉及范围及资金使用规模,制定符合运营筹备需要的资金使用计划;

◇ 反映各时期资金使用总量、各类资金使用构成,把握资金使用进度;

◇ 遵循价值最大化原则,评价资金运用的适度性,促进运营筹备资金的合理运用。

(2) 资金筹备的最终目标:与运营筹备部门的目标具有一致性,以资金保证作为基础,实现线路接管完成和运营顺利开通。

(3) 资金筹备的直接目标:一方面为运营筹备提供财力保证,另一方面提供物力及资金需求信息。

(4) 资金筹备的具体目标:满足运营筹备业务的需要,使拥有的资金效益最大化。资金筹备的管理在保证运营筹备业务物力、人力等需求基础上,还要追求最大合理的效用,避免物资重复购置或无效使用造成存货积压、业务开发的不规范等,纠正不利差异,实现以至超过预期的效益。

3. 物资筹备

物资筹备的目标:城市轨道交通运营物资筹备的目标是优质服务、降低成本、保障供应,确保轨道交通运营筹备战略目标的实现。

物资筹备的任务:从组织保证、资金保证、技术保证、人员保证出发,运用现代化物流供应链管理技术及现代信息系统和信息技术,充分运用市场,开拓供应商,合理地组织物资采购活动,以最低的成本、合适的价格、合格的物资,保障运营筹备生产的供给。

◇ 确立物资筹备所需项目范围、种类、数量及到位时间,落实采购资金预算总额、来源等情况。

◇ 合理编制采购资金使用计划,编制符合运营筹备需要的物资采购计划。

◇ 根据采购计划合理组织采购活动,针对不同物资种类、资金的大小、数量的多少、市场化程度的高低以及政策的规定来确定一定的采购模式,实现高效、低成本的采购。

◇ 合理组织到货物资的质量、数量验收,以及入库存储、出库发放、配送供应等活动。

4. 后勤保障筹备

后勤保障分三个方面:

(1) 思想保障,其要点是对人员的需求期望值进行评估,并给予引导,将人员的需求期望值限定在一个合理的范围内,对企业而言就是向员工表明物资保障的程度;

(2) 金钱保障,主要由员工的福利待遇决定;

(3) 物资保障。

后勤保障的核心是对用于后勤工作的人、财、物进行组织的一种行为,表现的结果就是对人员提供衣、食、住、行的保障,是人员需求的期望值、收入及实物供应的综合结果。如食堂管理、公寓管理、汽车车辆管理、办公内外部环境管理等。

5. 运营技术与管理筹备

在整个运营筹备过程中,建立适宜、有效、充分的规章体系,确保线路开通运营的工期目标顺利实现和提供满足符合外部要求及其对外承诺的质量标准的运营服务,是十分必要和迫切的。

运营筹备期的建章立制过程可分为规章体系的建立、规章编制计划的制定、规章的编制、规章的实施、规章的修订五个环节。

规章系统的设计必须涵盖三个方面的内容:

(1) 管理制度;

(2) 技术标准及作业规程;

(3) 岗位作业规范及考核准则。

6. 工程建设阶段的运营筹备

这里指从线路建设起到运营单位"三权"接管之前,在以工程建设为主导的各个阶段中,运营单位为顺利实现工程接管所进行的相关筹备工作,这一阶段新线筹备工作除人、财、物、规章等基础进行不间断筹备外,重点需要开展以下几方面的工作:

◇ 及时而又渐进地参与工程建设的各个阶段,了解、熟悉工程现场与设备安装状态,掌握新环境、新设备、新功能和新技术,以致在新线接管后有能力开展系列联调演练工作,为确保开通试运营做好准备。

◇ 在参与工程建设各个阶段中,及时而又合理地将运营的需求、经验和教训表达到位,从运营角度及时发现并反馈工程存在的问题和需要完善的条件,并力争将其解决在工程的建设过程中。

◇ 在参与建设时期的设计和施工过程中,及时而又有效地整合运营单位的专业人力等资源,除学习和了解新线以外,还可以协助建设单位进行对工程建设的管理,以支持工程建设,确保工程进度和质量。

◇ 就其与运营筹备的相关性而言,该时期运营筹备工作可分为三个阶段:①新线工程用户需求形成与设计阶段;②新线工程设备招标与制造阶段;③新线施工现场安装调试与验收阶段。

7. 运营接管

对整个工程而言,在新线竣工验收前工程性质还未改变的前提下,运营接管是将新线各站点的设备设施使用权、车站属地管理权、行车调度指挥权("三权")从工程建设单位移交到运营单位的过程。对运营单位而已,接管意味着离开通试运营仅有一步之隔,意味着接管前的前期所有筹备工作将要具体改变。

新线接管的基本原则:以所需接管的站点、区间和设备完成单位工程验收或特设的阶段验收为接管的前提;以运营相关阶段性筹备工作目标的完成为基本条件。

接管的主要前提条件涉及车站与区间、控制中心、车辆段、正线系统设备等处完成单位验收、完成系统调试并具备设计功能、具备安全保卫措施并具备功能等。

8. 综合联调和演练

为保证乘客的舒适及安全,城市轨道交通内部设置了大量的设备设施系统,各设备设施系统都有各自的功能,同时又存在着大量的接口,以实现不同情况下的功能转换。

运营筹备期的综合联调是在各设备系统完成内部调试的基础上,从满足运营开通使用的角度,完整、细致地测试各系统在正常及故障等情况下的接口功能及系统性能,以检验轨道交通内部各系统按设计要求协同运作的能力。综合联调与各设备系统内部调试的区别在于它主要关注系统间的接口及综合功能的实现。

运营筹备期的演练是通过模拟运营过程中各种不正常及可能出现的紧急情况下的运作,检验为开始试运营编制的各种运营组织方案及应急预案的科学性、合理性及可行性并加以改进,同时加强并改进各运作岗位及维修岗位人员对新线各设备设施系统在正常及紧急情况下的运用能力。

9. 开通前的评估

开通前评估的目的是对即将开通的线路设备和运营准备情况进行全面、客观地评估,通过与设计的功能指标和有关标准进行比较,确定相关系统设备是否安全可靠运行,是否具备开通运营的条件。同时,根据实际情况提出相应的整改意见,最终完善整个系统在开通前的各项准备工作。

评估本着真实性、合法性、可行性、客观性和独立性的原则。评估的内容包括:建筑和结构评估;线路状况(限界、轨道)评估;车站基本情况评估;设备状况以及设备的调试情况评估;规章文本编制情况评估;开通前的运营演练情况评估;开通前的准备、人员组织及培训评估;劳动安全与卫生评估。

12.3 试运营与验收

1. 开通试运营

开通试运营方案是城市轨道交通新线全线开通运营组织工作的基本办法,旨在保障新线开通筹备工作稳定、有序地推进,确保新线开通后安全有序、优质、高效地为乘客服务。

开通试运营方案的主要内容包括：方案概述；编制依据；开通试运营条件；运营组织原则；行车组织方案；工程车运输组织方案；行车设备维修施工组织方案；客运组织方案；乘务组织方案；票务组织方案；维修组织方案；车辆组织方案；运营安全管理方案等。

轨道交通试运营期间的管理，在按照新线开通试运营组织方案实施的基础上，还要注意设备功能整治、运营管理优化及试运营工作分析总结等方面的组织管理工作。

试运营期间要全面开展设备功能普查及存在问题的整治，使运营设备维修人员全面掌握设备现状，加深对设备结构、功能的了解，同时使设备维修人员积累更多的现场工作经验，及时发现供货商和设备安装调试单位的"隐蔽工程"，尽早提出整改要求。

2. 竣工验收

竣工验收是城市轨道交通建设工程的最后环节。城市轨道交通新线的建设单位在经过一段时间的试运营后，提请新线所在城市发改委并经国家发改委批准，组织相关单位进行竣工验收。运营单位在做好试运营组织工作的同时应积极配合新线竣工验收。新线项目只有通过竣工验收后才能从建设阶段转入正式商业运营。

竣工验收的条件如下：
◇ 完成工程建设；
◇ 试运营一年以上；
◇ 该项目基本能够体现设计意图和满足城市规划要求，工程和设备功能基本能够满足设计标准和要求，运输能力和服务水平基本能够满足城市市民出行需求。

相关专业验收意见：消防验收；环保验收；职业病防治验收；卫生防疫验收；工程质量验收；安全生产验收；人防工程验收；规划验收；档案验收；供电专项验收；财务决算审计意见；竣工验收鉴定书。

运营单位配合竣工验收的主要工作如下：
◇ 合理有效的组织试运营；
◇ 全面审查各系统设施运营状况；
◇ 全面清理、核查各系统设备设施备品备件；
◇ 全面清理建设资金、资产；
◇ 合理评价试运营期间存在的问题；
◇ 现场配合专项验收工作；
◇ 编制试运营的主要内容。

试运营报告的主要内容：试运营整体情况；系统设备功能情况；主要遗留和需完善的问题；试运营效果评价。

3. 运营筹备后评价

运营筹备后评价又称事后评价，是运营筹备工作结束后，即新线通过国家竣工验收后，由运营单位组织，对整个运营筹备的决策规划、实施与控制以及开通试运营管理等各阶段、各环节的活动进行回顾、分析和总结，评价运营筹备的决策规划是否科学、经济，预期目标和主要效益指标是否实现，实施过程是否高效、有序、可控，开通试运营管理的经济效益和社会效益是否实现了预期目标，等，如图12-1所示。

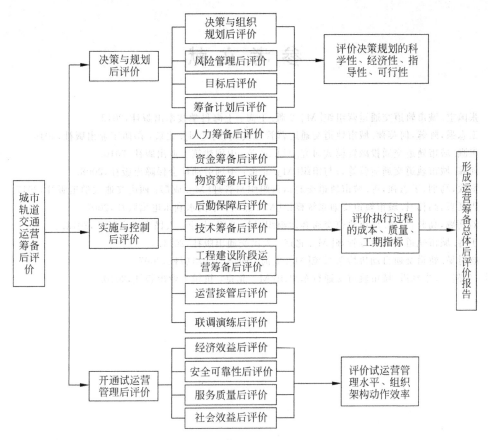

图 12-1 运营筹备的后评价内容

复习思考题

1. 城市轨道交通运营筹备期间需要完成的事情有哪些？
2. 不同经营管理模式对轨道交通运营筹备有何影响？
3. 轨道交通运营筹备的基本原则有哪些？
4. 筹备启动期的筹备组织的工作特点是什么？
5. 筹备接管期的筹备组织的工作特点是什么？
6. 筹备实施过程中，具体筹备工作分哪几方面？
7. 工程建设阶段运营筹备的主要工作有哪几方面？
8. 什么是运营接管？运营接管的前提条件有哪些？
9. 综合联调的主要目的是什么？
10. 轨道交通试运营期间的主要工作目标是什么？
11. 城市轨道交通竣工验收的前提条件有哪些？包含哪些具体的验收内容？
12. 运营单位配合竣工验收的主要工作有哪些？
13. 试运营报告的主要内容有哪些？

参 考 文 献

[1] 张国宝.城市轨道交通运营组织[M].2版.上海：上海科学技术出版社,2012.
[2] 王志强,陈蓉,何英萍.城市轨道交通运营管理实践教程[M].北京：国防工业出版社,2016.
[3] 王灏.城市轨道交通投融资模式研究[M].北京：中国建筑工业出版社,2010.
[4] 何霖.城市轨道交通运营筹备与组织[M].北京：中国劳动社会保障出版社,2008.
[5] 罗钦,马羽,王志强,等.城市轨道交通运营组织与管理[M].成都：西南交通大学出版社,2017.
[6] 唐复兴,高伟君.城市轨道交通系统概论[M].北京：中国水利水电出版社,2007.
[7] 刘莉娜,高蓉,王越.城市轨道交通客运组织[M].2版.北京：人民交通出版社,2012.
[8] 于涛.城市轨道交通票务管理[M].北京：人民交通出版社,2011.
[9] 赵时旻.轨道交通自动售检票系统[M].上海：同济大学出版社,2007.
[10] 牛凯兰,牛红霞.城市轨道交通行车组织[M].北京：机械工业出版社,2010.